D1613422

Wolfgang Wittkowski

Heinrich von Kleists „Amphitryon"

Quellen und Forschungen zur Sprach- und Kulturgeschichte der germanischen Völker

Begründet von

Bernhard Ten Brink und Wilhelm Scherer

Neue Folge
Herausgegeben von

Stefan Sonderegger
72 (196)

Walter de Gruyter · Berlin · New York
1978

Heinrich von Kleists „Amphitryon"

Materialien zur Rezeption
und Interpretation

von

Wolfgang Wittkowski

Walter de Gruyter · Berlin · New York
1978

CIP-Kurztitelaufnahme der Deutschen Bibliothek

Wittkowski, Wolfgang
Heinrich von Kleists „Amphitryon" : Materialien zur Rezeption
u. Interpretation. – 1. Aufl. – Berlin, New York : de Gruyter,
1978.
(Quellen und Forschungen zur Sprach- und Kulturgeschichte
der germanischen Völker : N.F. ; 72 = 196)
ISBN 3-11-006988-1

Satz und Druck: Walter de Gruyter & Co., Berlin
Buchbindearbeiten: Lüderitz & Bauer, Berlin
Printed in Germany

Für Charlotte

Das Buch wurde hergestellt mit Hilfe eines Druckkostenzuschusses der Ohio State University, Columbus, und mit Hilfe der unermüdlichen Gewissenhaftigkeit, mit der Frau Irmgard Buckel das Manuskript entschlüsselt und satzfertig gemacht hat.

Albany, N. Y.   W. W.

Inhalt

Vorbetrachtung
Zur Rezeption und Interpretation
von Kleists *Amphitryon*

Kleists *Amphitryon* wurde in den letzten zwanzig Jahren nicht ganz so
häufig untersucht wie *Kohlhaas* und der *Homburg*. Die Deutungen des
Lustspiels gehen indessen weiter auseinander. Methodische Grundsatz-
fragen, etwa nach dem geschichtlichen und dem Bedeutungsrahmen, den
man anzulegen hätte, scheinen einen Teil der Differenzen zu begründen.
Offenbar ist es jedoch bereits der Wortlaut selbst, an dessen Verständnis
sich die Geister scheiden. Das liegt an der Kniffligkeit mancher Schlüssel-
Passagen. Und die Verschiedenheit ihrer Lesungen treibt die Gesamt-
interpretationen so schroff auseinander, weil das Stück im Kern aus einer
einzigen Erörterung besteht, aus einer Alternativ-Frage und einer Antwort darauf, und weil beide, zumal die Antwort, verschleiert, variiert,
und von einer Parallelerörterung — man weiß nicht, ob erklärt oder
abermals verunklärt werden. Jedenfalls hat die Instrumentierung der
schmächtigen Thematik unter den Empfängern, den heute sogenannten
Rezipienten, eine einzigartige Verwirrung angerichtet. Keiner will recht
begreifen, wie der andere den Text gerade so verstehen kann. Man
begreift es nur, und dann allerdings sehr gut, wenn man die Ausgangs-
basis des anderen erkennt und einbezieht. In außergewöhnlichem Grade
nämlich wird das Lesen des *Amphitryon* von der weltanschaulichen Position bestimmt, die die Empfänger dem Text entnehmen und zur Grundlage der Textbeschreibung machen. Und einer wirft dem anderen die
größte Sünde des Literaturbeflissenen vor: daß er jene weltanschauliche
Position zu rasch und also im Licht eigener Vorzugstendenzen zur Basis
seines Interpretierens macht.

Oder ist es so, daß Kleists Lustspiel potentiell tatsächlich mehrere,
sogar entgegengesetzte Bedeutungen enthält? Immerhin müßten die
Bedeutungen und also Deutungen dann nicht notwendig gleichberechtigt
nebeneinanderstehen. Vielmehr könnte eine wahre hinter falschen sich
verbergen. Die falschen könnten sich am lautesten empfehlen und die
wahre übertönen. Wer hier mitginge, erläge einer Versuchung, die auf
seiten ihres Urhebers nicht ganz frei von Bosheit wäre. Man würde das
Opfer eines Katz- und Mausspiels, ja eines Gerichts-Prozesses. Man
landete — um die Reihe Kleistischer Vergleiche abzuschließen — in
einem geistigen Ringkampf auf der Verliererseite, freilich ohne es zu be-

merken, ja im Hochgefühl, sich gerade auf der Siegerseite zu befinden.
Wir hätten es mit einem hochironischen Spiel zu tun; wir wären mit
unserer Interpretations-Entscheidung tief in es hineinverwickelt und
dadurch exponiert, ganz wie das Publikum, zu welchem Jupiter am Ende
auf der Bühne spricht.

Solche und ähnliche Wirkungen auf das gegenwärtige und zukünftige
Publikum versprach sich die Wirkungsästhetik, die aus dem 18. Jahrhundert in Kleists Zeitalter, die „Goethezeit", hineinreicht, als eine
Selbstverständlichkeit[1]. Die *Amphitryon*-Rezipienten haben entsprechend
reagiert und neben ihrer Lesekunst vor allem ihre weltanschaulichen
Vorentscheidungen, Bedürfnisse hervorlocken lassen. Für den Beobachter
ergibt das eine Fundgrube. Sie bietet keineswegs nur literaturkritische
und -historische Erkenntnisse, sondern darüber hinaus wissenschafts-
und geistesgeschichtliche, religions- und sozialpsychologische, politische. Weltanschauliche Wünsche und Bedürfnisse, tradiertes Gewohn-
heitsdenken, kurz, das Ideologische lenkt das *Amphitryon*-Verständnis
nicht bloß bei Tageskritikern und gebildeten Liebhabern, zu denen man
auch andere Dichter zählen mag, sondern auch und gerade bei Gelehrten.
Dafür spricht sogleich ein auffälliger Umstand. Die beiden Lager, in die
man die Rezipienten teilen kann, nehmen zwar voneinander Kenntnis,
nähern sich einander aber nicht. Die Argumente wiederholen sich und
blieben seit dem ersten Echo in der Substanz unverändert. Das schränkt
auch die Wirkungschancen der vorliegenden Sammlung ein. Sie entstand
aus meiner Sicht, und ich ergriff im Streit der Meinungen Partei. Wer
dem Gegenlager angehört, wird mir auch jetzt kaum beipflichten. Natürlich wagte ich nicht, diese Sammlung vorzulegen, wäre ich meiner Sache
nicht sicher. Schließlich habe ich mich lange genug damit beschäftigt.
Doch ebenso natürlicherweise beeindruckt das niemand im Gegenlager.
Und damit stecken wir mitten in der Schwierigkeit wissenschaftlicher
Verständigung oder „Kommunikation".

Ein altes Mittel, diesen Knoten zu entwirren, ist der Hinweis eben auf
die Werk-Rezeption und ihre Geschichte. Nach dem oben Gesagten freilich braucht vor überspannten Erwartungen kaum gewarnt zu werden.
Vollends ernüchtert hat die „*Rezeptionsästhetik*", die sich neuerdings

[1] Vgl. Wittkowski: Octavio Piccolomini. Zur Schaffensweise des „Wallenstein"-Dichters.
Jb. d. dts. Schillerges. 5. 1961, 10–57, und in: Schiller, Wege der Forschung 1972, 407–
465. Rainer Warning dagegen zitiert Walter Benjamins berühmten Satz *Kein Gedicht
gilt dem Leser, kein Bild dem Beschauer, keine Symphonie der Hörerschaft* als Beleg für
eine „Geringschätzung der Aufgabe und Leistung der Adressaten" und bestimmt dergleichen als „Erbe klassischer Ästhetik". Dieses fundamentale historische Mißverständnis charakterisiert auch andere Beiträge des Bandes, den Warning herausgegeben hat:
Rezeptionsästhetik. Theorie und Praxis. Fink: München 1975, S. 9.

etablieren wollte und es wohl auch schaffte, obwohl man sie auf dem
Münchener Germanistentag 1973 in Grund und Boden kritisierte[2]. Eine
„rezeptionsästhetische Grundlegung"[3] wurde eben keineswegs geliefert.
Das Vorgebrachte ist im Hinblick auf die Wissenschaftspraxis durchaus
nicht neu. Die grundsätzlichen Überlegungen enthalten manches Anre-
gende, stehen jedoch auf philosophisch schwachen Füßen. Man hat
Hegel, Marx und Heidegger gelesen, wohl auch Adorno. Doch damit
umzugehen und überhaupt „grundlegend" zu denken, ist nicht ganz so
kinderleicht, wie deutsche Literaturwissenschaftler vielfach annehmen.
Dergleichen dient hier wie meist als eindrucksvolles Vehikel, gewisse
weltanschauliche Vorentscheidungen in die Wissenschaft zu schmuggeln.
Wenn man das nicht beabsichtigt, sondern gerade umgekehrt trachtet,
„Objektivität" zu gewährleisten, dann um so schlimmer; dann tut man
— in der Wissenschaft! — unbewußt das Gegenteil von dem, was man
bewußt zu tun meint. Den Teufel der Subjektivität und des Ideologischen treibt man aus mit dem Beelzebub einer Theorie, die den gleichen
Schwächen dient, sie nun aber — und das ist das Gefährliche — im
Schleier einer überwindenden Objektivität einführt und unsichtbar,
immun macht gegen Korrektur.

Mit Recht kennzeichnet Karl Robert Mandelkow die Wirkungs- oder
Rezeptionstheorien aus Ost- und Westdeutschland als Produkte ihrer
ideologischen Umwelt: *„Gerade die Probleme der Rezeptionsästhetik zeigen in aller Evidenz den ideologischen Charakter literaturtheoretischer Debatten"*[4]. Man kann das gar nicht
genug hervorheben. Denn was hat der Praxis und besonders der theorie-
besessenen deutschen Germanistik mehr geschadet als das unzulängliche
Theoretisieren? Wilfried Barner warnt vor einer *„Neuauflage der alten
klassisch-modernen ‚Nachleben'-Studien mit verändertem Etikett"*.
Schon damals machte man *„allgemeinere Aussagen über die geschichtlich
sich ablösenden Rezipienten"*, *„Aussagen, die man geschichtlichen Über-
blickswerken vorfabriziert entnahm"*. Solche *„wirkungs- und rezeptions-
geschichtliche Arbeit, sofern sie primär auf große Linien zielt, steht von
vornherein in der Gefahr, das Widerstrebende, Unverträgliche, Überraschende auszuklammern oder zu verdrängen. Allzu leicht dient sie nur*

---

[2] Vgl. die zahlreichen Vorträge zum Thema „Rezeption" in: *Historizität in Sprach- und
Literaturwissenschaft*, hrsg. Walter Müller-Seidel. Fink: München 1974.

[3] Hans Robert Jauß: *Literaturgeschichte als Provokation*. Suhrkamp: Frankfurt 1970,
S. 186.

[4] Vgl. Anm. 2, *Historizität*, S. 389. Im Anschluß an eine Kritik durch W. Pannenberg
vermerkt Warning S. 19 zutreffend, Hans Georg Gadamer (*Wahrheit und Methode*, 3.
A. Tübingen 1972) fordere, der Interpret müsse seine „Vorurteile als positiven Faktor
in den Verstehensprozeß einbringen".

der Bestätigung von bereits Gewußtem oder Geahntem — zwar mit
neuer Terminologie und mit manchen neuen Materialien, aber doch ohne
die Texte und ihre Rezipienten neu zu Gesicht zu bekommen". „*Daher*
gilt im Augenblick neben der reflektierten Theoriebildung dem begrenz-
ten, aber überschaubaren Ausschnitt der Vorrang, nicht als Flucht ins
Detail, sondern als Zwang zur Rechenschaft"[5].

Es geht natürlich nicht darum, die Autorität einer Theorie zu rechtfertigen, sondern um die Rechenschaft, die praktische Arbeit von sich
selbst ablegt. Doch wie die Dinge heute liegen, muß gerade rezeptions-
geschichtliche Arbeit sich abschirmen gegen fragwürdige Erwartungen,
die die Theorie hat wecken mögen. Wolfgang Iser etwa bestreitet die
Objektivität des Kunstwerkes und will, daß dessen Sinn erst im und vom
Rezipienten geschaffen werde[6]. Das emanzipiert den Leser aufs schmei-
chelhafteste und stiftet zwischen den abweichenden Meinungen eine
friedliche Demokratie völlig gleicher Gültigkeit — die von völliger
Gleichgültigkeit allerdings schwer zu unterscheiden sein dürfte. Jeder
Meinungsstreit würde sich ja erübrigen. Er ist indessen treibender Motor
der Wissenschaft. Vor allem: er ist Tatsache, es gibt ihn; und es g i b t den
Genuß, die Rezeption selbst alter Werke und den Dialog mit ihnen; man
kann sie vergessen, neu entdecken, neu verstehen, mißverstehen, debat-
tieren — das alles aber keineswegs, wie Iser unbedacht drucken ließ, weil
ihr Sinn vom Empfänger stammte, sondern selbstverständlich gerade nur
weil ihr Sinn von uns Lesern entdeckt[7], erschlossen werden muß oder
auch sich uns aufzudrängen scheint.

Der Sinn eines Textes erscheint uns als objektiv in der Struktur vorhanden, unabhängig von unserem Dafürhalten und Begreifen. Deshalb,
und nur deshalb kann es den Anreiz geben, über das richtige, das angemessene Begreifen sich zu streiten, und auch die verschiedenen Rezeptionen zu vergleichen, sie auf ihre Gründe, Hintergründe, Voraussetzungen hin zu befragen, sie zu „hinterfragen", wie man heute menschen-
freundlich zu sagen beliebt. Bezieht man aber all das direkt auf das
gegenwärtige Interesse, erforscht man die historischen Erwartungshori-
zonte, die Fragen und Antworten zum Zweck der aktualisierenden
„*Vergegenwärtigung und Umbildung des Vergangenen für die gegen-*
wärtige Erfahrung", dann muß die Langeweile total und tödlich werden.
Denn was sonst könnten wir dann erfahren, als was wir ohnehin und
besser wissen? Hans Robert Jauß, der hier zitiert wird, glaubt nämlich an

---

[5] Vgl. Anm. 2, *Historizität*, S. 557.
[6] Die Appellstruktur der Texte. In: *Rezeptionsästhetik* (Anm. 1), S. 228—252.
[7] Iser benutzt S. 243 aufschlußreicherweise selbst den Ausdruck „entdecken", und hat
    später seine extreme Position unter dem Eindruck der Kritik weitgehend zurückgenom-
    men. Vgl. *Der implizite Leser*. Fink: München 1972.

den Fortschritt des Verstehens und Erkennens noch im Sinne Hegels, von dem er sich ebenso hartnäckig wie vergeblich abzusetzen sucht. Hegels Vorstellung von der Selbstrealisierung des Weltgeistes in der Geschichte verleitet Jauß auch zu dem Glauben an *„die sukzessive Entfaltung eines im Werk angelegten, in seinen historischen Rezeptionsstufen aktualisierten Sinnpotentials"*. Indem Jauß eine derartige Emanation der jeweiligen Werk-Substanz durch den Aspekt der Rezeption ergänzt, formuliert er nur die Totalisierung des subjektiven Erkennens zu Ende. Dabei läßt er, so sehr er die freie Antizipation von Wahrheiten, Erfahrungen durch den Leser unterstreicht, die Wahrheiten von Kunst und Leben dem Inhalt nach zusammenfallen. D. h. eine Ästhetik ist seine Rezeptionsästhetik gerade nicht oder zu wenig. Obwohl er praktisch unterscheidet zwischen dem, was objektiv im Text steht, und dem, was subjektiv rezipiert wird, läßt er theoretisch beides als Rezeption und als Hegelsche Objektivation von Geist zusammenfallen und vermag dann theoretisch nicht mehr subjektiv und objektiv zu unterscheiden – sein schlimmster Beitrag zu der methodologischen Verwirrung unseres Faches.

Freilich ist er damit nicht der Erste, sondern einer von vielen in der langen Reihe der Hegelnachfolger und -rezipienten. Das zeigt seine Polemik gegen *„Hegels falschen Begriff des Klassischen"* bei Hans Georg Gadamer, der sich von Hegel ebenfalls zu lösen sucht und nicht vermag; auch Jauß vermag es eben nicht. Er argumentiert mit einem Ausfall gegen das platonische Schema der zeitlos gültigen Wahrheiten und Werke, die man (laut Hegel und Gadamer) jederzeit unmittelbar immer wieder erkennen könne. Gewiß hat er nicht ganz unrecht: es gibt da historisch bedingte Schwierigkeiten. Aber er demonstriert selbst ständig, und nicht zuletzt mit seiner *Iphigenie*-Interpretation, daß man erstens um das platonische Schema nicht herumkommt, und daß man zweitens sich selbst die Interpretation unnütz erschwert oder verdirbt, wenn man sich die Geschichte der subjektiven Rezeptionen anstatt den objektiven Text zur maßgeblichen Autorität erwählt. Das platonische Schema setzt sich bei Jauß durch, wenn er von dem wohlbekannten Faktum spricht, daß Werke vergessen, verkannt und erst viel später verstanden werden. Das heißt doch, daß sie unverändert da sind, gleichgültig ob jemand sie adäquat erkennt oder nicht. Und im Fall der Goetheschen *Iphigenie* macht er sich sogar anheischig, endlich hinter den Schichten der Rezeption den ursprünglichen Sinn des Textes wieder aufzudecken. Daß er es wiederum mit Hilfe der Rezeptionsgeschichte selber unternimmt, schafft freilich weitere Probleme. Sie haben abermals zu tun mit Hegel.

Es liegt an sich nämlich gar kein Anlaß vor, Rezeption vor allem als Geschichte, als lineare Aufeinanderfolge von Rezeptionsstufen zu sehen.

Jauß sucht diesen Prozeß interessant zu machen durch die Annahme eines dramatischen Frage- und Antwort-Spiels. Racine etwa befragt den Iphigenie-Mythos auf Möglichkeiten, die auch für ihn aktuell sind; und seine eigene Antwort trifft oder verfehlt, je nachdem, den Frage- und Erwartungshorizont der Zeitgenossen. Goethe wiederum befragt Racine und seine Lösung. Er nimmt Racines Frage auf und beantwortet sie neu – Jauß meint, wie wir sehen werden, im Zeichen des Idealismus. Gegenüber Goethes Werk soll dann wieder der Leser unserer Tage seine Fragen auf dem Herzen haben; und Jauß bestimmt, welche es sind: sie betreffen die Praxis der Geschichte, d. h. der Gesellschaft – und er fragt abschließend – für mich das Klügste an der ganzen Arbeit – ob wir da nicht wieder einem *„neuen Mythos der Gesellschaft"* verhaftet seien[8]. Womit er bereits zugibt, daß seine Fragestellung den Anspruch, die heute einzig legitime zu sein, willkürlich usurpiert.

Aber zurück zur Konzeption der linearen Aufeinanderfolge von Frage und Antwort. Jauß durchbricht sie, wenn er von der Antwort des Künstlers auf den Erwartungshorizont der Zeitgenossen spricht. Ich meine, diese Dimension, die gleichsam quer zum Geschichtsablauf steht, ist auch im Hinblick auf das, was der Künstler rezipiert, viel stärker zu betonen. Der Künstler setzt sich wie andere Menschen vornehmlich mit seiner Gegenwart auseinander. Er denkt anders als bestimmte Gruppen und Autoritäten; ja meist lehnt er sich gegen sie auf, auch wenn er sich damit anschließt an andere, schwächere Gruppen und nicht anerkannte Autoritäten. Der Kampf der Geister entbrennt nicht zwischen Gegenwart und Vergangenheit. Die ist an sich vorbei, sie kann uns weder schaden noch sich gegen uns verteidigen. So entbrennt der Kampf stets mit der Zeit, den Zeitgenossen. Sie geben uns Ärgernis, und wir können es ihnen geben. Vergangenheit wird bekämpfenswert erst, wo und sofern sie in die Gegenwart hereinreicht und einer Position zu Autorität und Macht verhilft. Die Nichtübereinstimmung mit Vergangenheit und Gegenwart, die heute sogenannte Negation, ist das Wichtigste; und um sie auszumachen, bedarf es prinzipiell nur der Abweichung in einem wesentlichen Punkt. Ein paar mehr ermöglichen schon ziemlich guten Aufschluß. Anders das von Jauß empfohlene Verfahren.

Um die – und hierin besonders ist er Hegelianer – von Jauß bevorzugte Übereinstimmung mit der jeweiligen Gegenwart zu zeigen, müßte man, wie er verlangt, deren ganzen Erfahrungs- und Erwartungshorizont abmessen – eine unendliche, nie zu erfüllende Aufgabe. Die Gefahr: man begnügt sich mit verkürzenden Formeln und errichtet so ein ungeheures Truggebilde. Jauß wirft sich ihr ohne weiteres in die Arme. Der

---

[8] Jauß: Racines und Goethes Iphigenie. In: *Rezeptionsästhetik* (s. Anm. 1), S. 380.

Kernsatz seines theoretischen Credo lautet: „*Qualität und Rang eines literarischen Werks ergeben sich weder aus seinen biographischen und historischen Entstehungsbedingungen noch allein aus seiner Stelle im Folgeverhältnis der Gattungsentwicklungen, sondern aus den schwer faßbaren Kriterien von Wirkung, Rezeption und Nachruhm*"[9]. All das läßt sich indessen nur für einen kleinen Teil des literarischen Werkbestandes, und selbst da nur fragmentarisch nachweisen. Übrig bleibt die „*Selektion*" von Fällen, die dann auch gleich dem aktuellen Interesse dienen mögen[10]. Und wieder möchte man nicht für möglich halten, daß eine solche, relativ lange, programmatische Erklärung mit geradezu schlafwandlerischer Sicherheit das Wesentliche, Thema und Struktur des Textes, ausläßt und der Subjektivität, anstatt ihr abzuhelfen, Tür und Tor öffnet, indem sie sie kurzerhand zur Objektivität erklärt und damit unkenntlich, unkorrigierbar macht.

Rezeption ist ja zunächst eine subjektive Angelegenheit, und es fragt sich gerade, wie weit sie auch objektiv ist, d. h. ihrem Objekt, dem Werk, gerecht wird. Sie sagt vielleicht über die Rezipienten mehr und Zuverlässigeres aus als über das Rezipierte. Ja, es gibt das völlige Versagen, Verkennen, Vergessen; und oft sorgen die Umstände dafür, daß Werke unbekannt, unrezipiert bleiben — ändert das aber auch nur das Geringste an ihrer Qualität?

Jauß bringt es fertig, in einem an sich interessanten Aufsatz über *Das Ende der Kunstperiode — Aspekte der literarischen Revolution bei Heine, Hugo und Stendhal*[11] Victor Hugos revolutionäre Dramaturgie für folgenlos zu erklären. Dabei weiß die zünftige Literaturwissenschaft schon lange, daß Georg Büchner, der zwei Dramen Hugos übersetzte, seine neuartigen Dichtungen nicht bloß in der Nachfolge von Lenz und Goethe schrieb, sondern auch unter dem ermunternden Eindruck der *Préface de Cromwell*. Er gehört in die Geschichte der Hugo-Rezeption. Ihn selber rezipierte man damals freilich kaum. Die Literaturgeschichte ignoriert ihn jedoch deswegen ebensowenig wie Hugos Theorie.

„*Rezeption, Vergegenwärtigung und Umbildung des Vergangenen für die gegenwärtige Erfahrung*" lassen sich ja weder durch eine reichbelegte noch durch eine karge oder völlig fehlende Rezeptionsgeschichte einschränken. Es ist auch gar nichts einzuwenden gegen „*Aktualisierung*", wenn das lebendige Interesse sich von der historischen Frage des Werkes provozieren läßt zu neuen und womöglich unbequemen Antworten. Jauß liefert also eine „*Provokation der Literaturwissenschaft*", weil er die

---

[9] Jauß, s. Anm. 3, S. 147.
[10] Jauß, s. Anm. 9, S. 387.
[11] Vgl. den Anm. 3 genannten Band.

Provokation durch Literatur gerade unterbindet und umkehrt in die Provokation der Literatur durch den Leser. Er löst das Phänomen der „Geschichtsresistenz"[12] des objektiven Werkes auf in die historisch relative Subjektivität seiner Rezeptionen und des Rezeptionselementes im Werk, das nun gleichrangig neben jene rückt. Vor allem ersetzt er die „Autorität" des Objektiven und des objektiven Textes, der zum möglichst objektiven Lesen provoziert, durch eine Theorie, die das Subjektive schon als objektiv ausgibt und es durch sich selbst, die Autorität der Theorie, als objektiv und wissenschaftlich autorisiert. Das wissenschaftliche Bemühen um Objektivität wird von Jauß systematisch unterlaufen.

Wie sehr den Theoretiker sein Sicherheitsbewußtsein verführt, die Sorgfalt im Praktischen, auf die alles ankommt, zu vernachlässigen, werden wir an Gadamers Amphitryon-Deutung erleben; sie unterscheidet sich von allen übrigen durch ihren unglaublichen Mangel an intellektueller Disziplin. Jauß demonstriert das Phänomen, dessen Wichtigkeit für die Wissenschaft schwerlich überschätzt werden kann, außer am Fall Büchner an einem Beispiel, an dem er, wie Gadamer an Amphitryon, seine Theorie praktisch-methodisch veranschaulichen will. Es fügt sich zudem in den Rahmen dieses Buches; denn die Iphigenien-Rezeption betrifft auch Kleists Amphitryon. Jauß klassifiziert seinen Vergleich zwischen „Racines und Goethes Iphigenie" als eine „neue Interpretation, die sich der Herausforderung stellen und prüfen will, ob die klassische ‚Iphigenie' für uns noch − oder wieder aktualisierbar ist"; oder anders ausgedrückt, „ob der ‚ursprüngliche', sagen wir genauer: der mit dem Erscheinen von Goethes Werk zutage getretene oder von seinen Zeitgenossen so wahrgenommene Sinn der ‚Iphigenie' auch unserer Zeit noch oder wieder etwas zu bedeuten vermag"[13].

Um es vorwegzunehmen: die Interpretation ist alles andere als neu. Und die Herausforderung, der sie sich stellt, ist keine echte, sondern nur das künstliche Produkt der rezeptionsästhetischen Spekulation. Wieder setzt ja Jauß voraus, daß das Werk seine „Bedeutung erst in der Konvergenz von Text und Rezeption konstituiert". Folgerichtig weigert er sich, den Text selbst genauer zu betrachten, und hält sich stattdessen an das, was andere Rezipienten darüber sagten. Doch für Racine beruft er sich nicht einmal auf dessen und auf Goethes Zeitgenossen, sondern auf Roland Barthes (Sur Racine, Paris 1963) und nimmt dann einfach an, Goethe habe Racine ebenso verstanden, ohne daß er über diese ungeheuerliche Spekulation ein Wort verliert.

---

[12] Gerhard Kaiser: Nachruf auf die Interpretation? Zu Wolfgang Iser, Die Appellstruktur der Texte. In: Kaiser: Antithesen. Athenäum: Frankfurt 1973, S. 69.
[13] Vgl. Anm. 1, Rezeptionsästhetik, S. 354. Zum Folgenden S. 355, 374, 367, 369, 380.

Der Jauß-Schüler Siegfried J. Schmidt hat mit Studenten eine Reihe *Interpretationsanalysen* veranstaltet, darunter eine über den Aufsatz seines Lehrers[14]. Dort vermerkt man jene Entgleisung und einige weitere; z. B. stützt Jauß sich für Goethe auf Adorno (der da selbst eine alt-überkommene Ansicht weiterreicht) sowie auf das, was man so im allgemeinen vom Hof zu Weimar weiß. Hinzuzufügen wäre u. a.: wie oben erwähnt, reibt der Verfasser sich an der Autorität eines erstarrten Klassizismus. Gewiß wirkt dieser Hegelsche Begriff des Klassischen in unsere Zeit herein als Kult einer legendären Klassik. Diese fixiert man vollends, wo man sie schilt, ohne sonderlich zu unterscheiden zwischen Klassik und Klassik-Rezeption. Man verfährt so zum guten Teil unter dem Einfluß von Jauß; und Jauß hält es natürlich ebenso.

Ebensowenig Umstände macht er im entscheidenden Punkt, wenn er nämlich nun für das Frage- und Antwort-Spiel zwischen Racine einerseits und Goethe samt seiner ganzen Generation andererseits feierlich *„zwar nur einen, dafür aber einen sehr bedeutenden Kronzeugen unter den Zeitgenossen Goethes"* beschwört: *„Es ist Hegel, der gerade an Goethes Iphigenie die Umwandlung des alten, institutionellen in ein neues, verinnerlichtes Verhältnis von Mensch und Gott . . . beschrieb"*, ein *„neues Einvernehmen zwischen dem mündig gewordenen Menschen und der göttlichen Autorität"*. Diese habe sich bei Racine mit grausamer Willkür geäußert. Goethes Iphigenie nun erlebe eine ähnlich *„radikale Erschütterung der geheiligten autoritativen Bindungen"*, verpflichte aber — *„Rettet mich, und rettet Euer Bild in meiner Seele!"* — *„die göttliche Autorität . . . auf das gemeinsame Gesetz des Guten"*. Damit schließt Jauß an die fromm-konservative Iphigenien-Deutung an sowie an Hegel, seinen bevorzugten Gewährsmann, dem Schillers *Wallenstein* das Herz zerriß und dessen Dialektik auf die Vermittlung aller Gegensätze drängte, da *„ihm die erleichterte Brust so unentbehrlich war"*[15].

Im Falle Goethes kam Hegel nun allerdings auf seine Kosten, einfach weil das alte Autoritätsverhältnis wegfiel und alles Entscheidende, wie er es sah, hervorgebracht wurde durch die neue *„Göttin"* Iphigenie, durch die *„eigenen Mächte des menschlichen Gemüts"*. Der fromme Glaube an das schöne Einvernehmen mit einer neuen, humanen Götter-Autorität dagegen mag zwar hegelisch sein, ist aber in diesem Falle nicht authentisch Hegel. Der Hegelianer Jauß erfindet jene harmonische Synthese

[14] Walter Kindt / Siegfried J. Schmidt (Hrsg.): *Interpretationsanalysen*. Fink: München 1976. Darin der Aufsatz von Michael Kunze: Probleme der rezeptionsästhetischen Interpretation. Überlegungen zu Hans Robert Jauß: Racines und Goethes Iphigenie. S. 137, 138, 142, 143.

[15] Emil Staiger: Das Geburtsjahr 1770. Hölderlin, Hegel und Beethoven. *Hölderlin-Jb. 1969/70*, S. 100–103.

offenkundig, weil er sich selber nach ihr sehnt. Weder durch den Text
Hegels noch, wie wir sehen werden, Goethes läßt er sich darin hindern
— ein Analogon zu der freilich unerreichten Art Gadamers, den *Amphitryon* zu lesen.

Nichts Neues also als Ergebnis des anspruchsvollen Aufwands. Nur
die von Barner befürchtete „*Bestätigung von bereits Gewußtem oder Geahntem*", das von Jauß selbst gefürchtete „*Wiedererkennen von schon
Erkanntem*"[16]. Vor allem aber fällt jenem Kritiker die „*erstaunlich kurze
und nahezu beiläufige Weise der Behandlung*" auf, die eine „*intersubjek-
tive Überprüfbarkeit im wissenschaftlichen Diskurs*" nicht möglich
macht, so daß der Kern, die Rekonstruktion eines Frage-Antwort-Hori-
zonts, „*als spekulatives Gedankengebäude gewertet werden muß*". Der
Kritiker macht sich nicht anheischig, die Hypothese selbst zu widerlegen; er begnügt sich (entsprechend den Lehren seines Meisters
Schmidt) mit der immanenten Demontage des Verfahrens. Wenn er eine
„*Überschätzung der Möglichkeiten textinterpretierender Methoden*" bemängelt, steht er an sich ganz auf der Seite des Kritisierten. Und Jauß
„interpretiert" tatsächlich. Darum kommt man eben nicht herum, wenn
man etwas über Texte sagt. Aber was er überschätzt, ist weit eher die
Möglichkeit, mit so wenig Textbetrachtung auszukommen. Hauptsächlich setzt er sich mit anderen Interpretationen, Rezeptionen auseinander.
Darüber versäumt er es, die Texte genauer anzusehen. Er analysiert sie
läßlicher, als die immanente Interpretation das je gestattet hätte. Und
wenn er Hegels *Ästhetik* von 1818 als Echo auf das Erscheinen der *Iphigenie* 1787 wertet, ja überhaupt wenn er Hegel und Goethe unter der
Rubrik „*Idealismus*" zusammengehen läßt[17], dann bedient er sich vor-
fabrizierter Schemata der Ideengeschichte so großzügig, wie geistes-
geschichtlich orientiertes Interpretieren sich das längst nicht mehr erlaubt. Hegels autoritatives Urteil (nämlich wie es lauten müßte) scheint
ihm, Jauß, eigene Anstrengungen zu erübrigen. Indem er Goethes Intention und Leistung auf jenes geschichtsphilosophische Fazit reduziert,
verfehlt er die spezifisch künstlerische Aussagestruktur der *Iphigenie* —
und zugleich auch deren geschichtsphilosophischen Sinn. Bevor wir
darauf eingehen, noch ein Blick auf die Frage, die der heutige Leser Jauß
an das berühmte Werk zu stellen hat und wie er sie beantwortet.

Die Frage lautet: Hat das „*Vertrauen auf die Überzeugungskraft des
wahren Wortes*" heute noch eine Chance in der Geschichte, der Gesellschaft und ihrer Politik? Die Antwort: Nein. Denn man hat hier nicht
zu schaffen mit human Gesinnten. Goethe aber habe das Problem mit

---

[16] Vgl. Anm. 3, S. 162.
[17] Vgl. zu diesem Problem unten Anm. 19.

seiner klassizistisch harmonischen Form überdeckt. Ein solches Urteil ist leicht gesprochen; es kann auf Beifall, Rezeption und Wirkung rechnen. Andererseits könnte es mancher mit Beispielen widerlegen. Jauß selber ahnt, daß dieses Gerede von Geschichte und Gesellschaft selbst schon die Folge einer neuen Mythenbildung ist. Doch er läßt sich dadurch nicht beirren in seiner aktualisierenden Rezeption, die freilich wieder einmal — eine Fehlrezeption darstellt. Um in der Nachbarschaft *Iphigenies* zu bleiben: Egmont und Tasso scheitern mit ihrem ähnlich gearteten Vertrauen an den Umständen und an den Partnern. Wenn Thoas, der Barbar, eigentlich ein Weimaraner ist, wie man Goethe vorwarf, dann schafft der Dichter eben damit die günstigen Voraussetzungen, ohne welche das Vertrauen tatsächlich keine Chance hat. Andererseits haben Adorno und mit ihm Jauß wiederum bemängelt, daß der humane Thoas tragisch entsagen muß. Hier sind sie es, die mit Hegel eine totale Harmonie verlangen, an die Goethe offenkundig nicht geglaubt hat. Bei einer solchen Konstellation der Wünsche ist eben auch bei vollkommener Humanität keine reine Lösung möglich. Goethe trägt dieser Lebenswahrheit Rechnung. Er ist kein Schönfärber.

Und es gibt in der Welt der *Iphigenie* noch einen weit tiefergehenden Riß. Er betrifft das Verhältnis des Menschen zu den Göttern. Wir kommen damit, wie angekündigt, auf die ästhetische Struktur des Werkes und seiner Aussage zurück. Zunächst erscheinen die Götter grausam, so grausam wie bei Racine. Der Text stellt diese Vorstellung aber als Projektion menschlicher Grausamkeit hin, und Jauß läßt das gelten. Die Vorstellung der guten Götter hält er dagegen, wie vielfach üblich, für echt, für objektiv. Tatsächlich nennt der Text sie nicht ausdrücklich Projektionen. Trotzdem aber könnten sie es sein. Auch die Rezeptionsästhetik erinnert ja daran, daß Texte nicht alles sagen und zumal das Wesentliche bloß „gestalten". Und was „gestaltet" Goethes Text? Die rettende Deutung des Orakels erfolgt durch Orest, der übrigens auch mit dem Vertrauen anfing. Die Götter rühren zur Rettung keinen Finger. Ähnlich, wie es im Harfnerlied aus *Wilhelm Meister* heißt, führen sie vielmehr die Menschen in Not und überlassen sie dort sich selbst. Zweimal, in der Hades-Vision und im Parzenlied, erscheint Tantalus als einer, den die Götter grausam hart bestrafen. Insofern hat Goethe Racines Vorstellung von der strengen Autorität der Götter nicht humanisiert noch, wie Jauß es dem Interpreten Hegel unterstellt, dem mündig gewordenen Menschen ein innerlich-harmonisches Verhältnis zur Autorität der Götter beschert.

Goethe, der Dichter des Harfnerliedes und der *Prometheus*-Hymne, rettet in *Iphigenie* das Bild der Götter nicht. In diesem Punkt bleibt er Racine also gerade nahe. Daß die Götter gut seien, ist wie im Gedicht

Das Göttliche eine Setzung im Sinne des Kantischen „Als-ob", eine Setzung, die dem Menschen Ehre macht, die seine Lebenszuversicht und seinen Mut, Gutes zu tun, unterstützt. Objektive Wahrheit will sie nicht sein, und das wird ausdrücklich gesagt. Im Drama interpretiert Orest das Orakel auf die bekannte wohlwollende Weise. Das entspricht seiner gutmütigen Natur; es unterstützt die Bereitschaft, einander zu vertrauen und Gutes zu tun. Das ist den Göttern gegenüber ein vertrauensvolles Als-ob, wie es sein Vertrauen der unerkannten Schwester gegenüber und deren vertrauensvolle Offenheit gegenüber Thoas sind. Das Als-ob schafft so die strukturelle Einheit des Dramas. Ein Als-ob ist auch Iphigenies Erhöhung zum beispielhaften „*Bild*" am Schluß. Jauß will dort schon den Mythos des Ewig-Weiblichen erblicken, den doch erst die Nachwelt schuf. Mythos ist feste Lehre. Iphigenie wird aber „*Göttin*" genannt, ohne es zu sein. Sie ist Bild, Symbol, ein Denkanstoß, Appell und Vor-Bild.

In *Dichtung und Wahrheit*, Buch 15, spricht Goethe von der Wirkung des Werkes und von seiner Wirkabsicht. Es ist der Protest gegen archaische Vorstellungen, die „*ihr selbst unbewußt, in einer sonst höchst aufgeklärten Gesellschaft schlummerten*". Damit meint er offenbar nicht nur die Vorstellung projizierter grausamer Götter, sondern überhaupt die Vorstellung einer konkreten göttlichen Autorität, die Vorstellung, der Mensch solle so sein wie sie. Und wenn er schon nicht auskommt ohne sie, dann soll er wenigstens so tun, als seien sie gut, vor allem soll er selbst gut sein, gleichgültig wie die Götter objektiv beschaffen sind, ja selbst wenn sie so grausam sind wie in *Iphigenie*. Das ist (oder ist beinahe) die autonome Humanität des mündigen Menschen, der ohne institutionalisierte Autorität auskommt und ohne harmonisierende Utopie. Darum nannte Goethe das Stück „*verteufelt human*" (19. 1. 02 an Schiller). Und mit alledem wandte er sich gegen das Autoritätsdenken und die Harmonisierungstendenzen, wie sie damals die Aufklärer und die Frommen und wenig später Hegel und dann seine Nachfolger vertraten.

Ähnlich verhält es sich, werden wir sehen, mit Kleists *Amphitryon* und dessen Untertitel *Ein Lustspiel nach Molière* — und ähnlich mit den „revolutionären" Interpretationen, die man neuerdings dem Werk widmete. Jauß spricht von der Revolution der Kunst und seiner Rezeptionsästhetik, die jene Revolution überhaupt erst aufdecke. In Wahrheit verhält es sich umgekehrt. Die revolutionären Tendenzen Goethes, die man erkannt, jedoch noch nicht allgemein bekannt gemacht hat, werden vollends verdeckt. Die Harmonie zwischen dem „mündigen" Menschen und einer domestizierten Autorität ist ein Wunschtraum, den erst unsere Zeit entschiedener rezipiert und als revolutionär in eine Vergangenheit projiziert, die umgekehrt gerade ihre Skepsis gegenüber der Harmonie mit Autorität als revolutionär empfand – und dazu wohl eher ein Recht hatte.

Wie gesagt, das bereitet einigermaßen vor auf das, was uns bei der Rezeption des Kleistischen *Amphitryon* erwartet. Nach dem Ausgeführten versteht es sich von selbst, daß unser Verfahren ein völlig anderes zu sein hat. An sich wäre eine Untersuchung möglich, wie ich sie in meinem Buch *Der junge Hebbel. Zur Entstehung und zum Wesen der Tragödie Hebbels* (1955, 2. Auflage, De Gruyter: Berlin 1968) vorlegte. Das Ergebnis war gleichfalls eine prometheische Revolte gegen eine Autorität, diesmal gegen die des alttestamentlichen Gottes, wie ihn die Zeit verstand. Zugleich war das eine „Revolution" der Forschung oder der Rezeption, die Gott als Gegenspieler Judiths voreilig abgeschafft und damit das Drama um seine Dramatik, um seine Rebellion gebracht hatte. Die Methode verband damals mehrere Verfahrensweisen, hauptsächlich Textinterpretation und die Verfolgung von Hebbels Schillerrezeption (letztere verlieh dem Buch seine Gliederung). All das geschah Schritt für Schritt, so eingehend wie möglich. Solch ausführliches, genaues Untersuchen des Gegenstandes selbst in seinem engeren Kontext unterschiede jene Rezeptionsstudie von dem Gebaren der Rezeptionsästheten unserer Tage.

Gleichzeitig mit den Veröffentlichungen, mit denen Jauß und Iser Ende der 60er Jahre Aufsehen erregten, erschien meine erste Amphitryon-Studie. Zur eingehenden Textanalyse gesellten sich wieder Vergleiche mit anderen Werken Kleists, weiter die Rezeption des Stoffes in der Reihe Molière, Kleist, Giraudoux. Der Vergleich mit Molière, Paradestück der Germanistik, fiel dabei neuartig aus: Mit seinem *Lustspiel nach Molière* schien Kleist, *„Der neue Prometheus"*, eine Allianz mit der Vergangenheit einzugehen, um gegen seine Gegenwart, gegen den autoritätshörigen Kult der Klassik und der religiösen wie sozialen Mächte zu rebellieren, aus guten Gründen allerdings in ironischer Verschleierung.

Die Interpretation bedeutete den Bruch mit dem größten und damals nahezu alleinherrschenden Teil der Forschungstradition. Lawrence Ryan ließ sich von Walter Müller-Seidel zum Sprecher der Reaktion machen und löste meinerseits die zweifache Ausdehnung meiner ersten Rezeptionsstudie aus: den knappen Überblick über die Forschung dort erweiterte ich unter dem Titel

Die Verschleierung der Wahrheit in und über Kleists *Amphitryon*
Zur dialektischen Aufhebung eines Lustspiels

oder

„über den neuen mystischen Amphitryon"
(Goethe, Tagebuch 15. Juli 1807)

in der Festschrift für Bert Nagel *Wahrheit und Sprache* (Kümmerle: Göppingen 1972, 151–170) zu einem Bericht über die Rezeption des Kleistischen *Amphitryon* durch die Kritik. Und die Linie Molière-Kleist-Giraudoux erweiterte ich in der Festschrift zum 300. Todestag *Molière and the Commenwealth of Letters. Patrimony and Posterity* (University Press of Mississippi: Jackson, 1975, 475–498) zu einer Geschichte des Amphitryonstoffs in den Gestaltungen von Hesiod bis Hacks. Hier ging es also um die Rezeption Hesiods durch die Tragiker, um deren Rezeption durch Plautus, die Plautusrezeption, die Molière-Rezeption Kleists und seiner Zeitgenossen, die Kleistrezeption der Dichter, wobei die der Forscher unausgesprochen, aber kräftig mitwirkte. Beide Verlage erlaubten dankenswerterweise den Wiederabdruck der Arbeiten in veränderter Form.

Auf Kleist fällt da beidemale fast nur indirektes Licht; und die zwei Rezeptionsströme der Dichter und der Forscher erscheinen wiederum in meiner Perspektive, in der Perspektive meiner Rezeption. Der szenenweise Kommentar und die Forschungszitate dort sowie unter den Dokumenten zur älteren Amphitryon-Rezeption rücken den Quellen zwar erheblich näher, doch bleibt die Perspektive des Herausgebers und Verfassers richtunggebend für die Auswahl, für die mehr oder weniger ausgesprochene Wertung und das thematische Interesse. Das hängt einmal damit zusammen, wie und warum das Unternehmen in seinen einzelnen Phasen entstand. Eine unparteiische Darbietung aller Fakten und Standpunkte, die sich zumindest anstreben ließe, würde es indessen dem Leser gerade nicht erleichtern, sich zurechtzufinden. Vor allem fehlte ihm der Anreiz, sich ein eigenes Urteil zu bilden. Dazu wird er hier herausgefordert. Es geschieht in jedem der vier Teile, die sich hoffentlich ausreichend ergänzen und die man übrigens unabhängig voneinander sowie in jeder beliebigen Reihenfolge lesen kann.

Alles hier dargebotene Material soll letztlich der Interpretation, dem verständnisvollen Lesen des Kleistschen Stückes dienen. Die Mitteilungen zu dessen Rezeption beanspruchen darüber hinaus Interesse an dieser selbst, an den Rezipienten bis in die Gegenwart. Das stets lebendige Interesse an der Aktualität von Kunst stößt hier auf das Phänomen, das schon im Falle Jauß auffiel: man redet von Rebellion und hält sich doch ans Überkommene. Was m. E. bei einer Interpretation, die sich um Objektivität bemüht, gerade nicht geschehen sollte, geschieht bei der Auseinandersetzung mit Kleists *Amphitryon* fortwährend: sie offenbart am Interpreten, wie er sich stellt zum Autoritätsproblem, zu Religion, Gesellschaft, zu Ethik und Erkenntnis. Z. B. beharren die deutschen Kritiker aus den verschiedensten weltanschaulichen und politischen Lagern auf der respektvollen Bewahrung höchster Autorität, wo m. E. Kleist, der durchaus kein Demokrat war, ihr die Gefolgschaft kündigte.

Parallel zu diesem Quietismus geht der Vorzug des Erkennens vor der Ethik, die auf praktisches Verhalten, Tun hinausläuft. Vor dem gefürchteten Moralisieren bewahrt man sich damit gerade nicht. Moralisieren heißt ja: beanstanden, daß jemand nicht auf der Seite steht und nach den Maximen verfährt, die man selber grundsätzlich vertritt. Ethisch ist auf der anderen Seite das, was Gegenstand des Moralisierens werden kann: die „existentielle" Sphäre unseres Stellungnehmens, Verhaltens, Handelns, und zwar in so oder so qualifizierbarer Reaktion auf etwas, was die Welt an uns heranträgt: tapfer, feige, liebevoll, egoistisch, nobel usw. Darauf richten die Klassiker, Kleist und noch viele spätere Dichter das Hauptaugenmerk. Daneben gibt es jedoch – und nicht zuletzt in der Literaturwissenschaft – ein Denken, dem es stattdessen um die Beschaffenheit der Welt zu tun ist und um die Ursachen dafür. Das ist Metaphysik, Ontologie, auch Soziologie, Geschichte, eine Angelegenheit des Wissens und Erkennens, des Philosophierens und Spekulierens. Vor allem handelt es sich, sofern man dabei den Bereich des Ethischen ausschließt, um eine Art mehr oder weniger subtilen Materialismus: man erwartet alles Heil von den Gegebenheiten und den Veränderungen der Welt, ob durch Menschen oder Götter (wie Hölderlin). Man verhält sich beobachtend, man betrachtet gleichsam das ganze Leben wesentlich als Rezeption. Im Anschluß an die Heilsgeschichte hat die idealistische Weltgeistspekulation der Fichte, Schelling, Hegel, haben Hölderlin, Kierkegaard, Marx und Heidegger – so sehr einige von ihnen zu einer Philosophie des Handelns, ja des permanenten Revoltierens beitrugen – diese Beschäftigung mit dem Weltzustand vertreten und verbreitet.

Universalkonzepte und -rezepte solcher Art sind es, die vornehmlich einladen zum Moralisieren. Stets sind bei ihnen beträchtliche metaphysische Voraussetzungen mit im Spiel – Spekulationen, zu denen letztlich irrationale Wünsche und Bedürfnisse ermutigen. Mystisch nennt Goethe das und nennt noch Heine es. Und Heine stellt dem wie die Aufklärung den Rationalismus des kleineren, aber solideren Anspruchs gegenüber (vgl. die Zeugnisse nr. 15, 27). Es ist die rationale Entlarvung, Widerlegung eines Übergriffs, der sich auf das irrational-mystische Recht von Autorität und Konvention beruft, und gegen den das wachgebliebene ethische Empfinden protestiert wie Prometheus gegen die autoritäre Macht des Zeus.

An manchen Autoren und ihrer Rezeption kann man beide Denkweisen besonders gut studieren, weil sie dort aufeinanderstoßen. Ein Beispiel ist Kleists *Erdbeben in Chili*. Die religiös gestimmten Interpreten der Nachkriegszeit sahen das Entscheidende darin, daß Gott dem Helden Don Fernando das Kind, für das er kämpfte, schenkte und daß Fernando dafür dankbar sei. Heute ist man sich wohl darüber einig, daß alle Aus-

sagen über Gott hier in den Modus des skeptischen Als-ob gehören, daß
der metaphysisch-mystische Glaube sich verhängnisvoll auswirkt und
Fernando Genugtuung empfindet über den selbstlosen Einsatz seines
Lebens, durch den er das Kind rettete. Auf ähnliche Weise konfrontiert
Kleist die beiden Standpunkte in den ironischen Legenden *Die Heilige
Cäcilie oder die Gewalt der Musik* und *Der Zweikampf.* Allerdings rückt
er den rationalen (und auch den ethischen, obwohl er ihn hier weniger
stark betont) entschiedener ironisch in den Hintergrund. Dadurch leistet
er der irrtümlichen Überschätzung des metaphysisch-mystischen, des
frommen Glaubens, einigermaßen boshaft Vorschub: boshaft, weil der
Leser dann so entscheidet, wie er nach Kleist leider zu entscheiden
pflegt, wie er aber gerade nicht entscheiden sollte[18]. Wirklich räumte die
rational-ethische Betrachtungsweise im Falle Kleists, wenn auch nicht
durchgehend, der mystisch-metaphysischen lange Zeit das Feld. Sie tat
das auch im Falle des *Amphitryon.* Dafür gibt es eine ganze Reihe
Gründe. Einmal Kleists ironisches Verfahren, das die Leser täuschen und
auf die Probe stellen will. Die Folge solcher Wirkungsästhetik war sogleich die Fehl-Rezeption durch Adam Müller, die ihrerseits auf Goethe
wirkte und dessen Unbehagen an Kleist auf eine ebenso feste wie falsche
Basis stellte (vgl. die Dokumente nr. 6—19 und Müllers unausgesproche-
nen Widerruf nr. 21). Der Vorgang veranschaulicht geradezu „klassisch", daß ein Werk völlig mißverstanden werden, seine Wertschätzung
auf totalem Mißverstehen beruhen kann und also Werk und Rezeption
gründlich zu unterscheiden sind.

Hinderlich für das Verstehen war außerdem die Macht des metaphysisch-mystischen Denkens neben, vor und wieder nach der Klassik. Zum
Beispiel herrscht sie bei Hölderlin[19] und vielen Romantikern. Das hängt
mit deren Affinität zur Religion zusammen. Die Orientierung am Weltzustand und seinen Veränderungen hat sich seitdem weiter ausgebreitet
und die ethische Orientierung zunehmend verdrängt[20]. Wie ja auch das
reale Leben, Geschehen, Tun und Verhalten sich immer pragmatischer
und automatischer den faktischen Gegebenheiten anpaßt, während das
Ethische sich zunehmend begnügt mit der Funktion einer unverbind-
lichen, teils zweckdienlichen, teils dekorativ-erbaulichen Rhetorik. Drit-

---

[18] Vgl. meine Abhandlung: Skepsis, Noblesse, Ironie. Formen des Als-ob in Kleists „Erdbeben". *Euphorion* 63, 1969, 247—283.
[19] Wittkowski: Hölderlin, Kleist und die deutsche Klassik. In: *Deutsche Literatur zur Zeit
   der Klassik*, hrsg. Karl Otto Conrady, Reclam: Stuttgart 1977, 319—336.
[20] Ich versuche das zu zeigen in dem Aufsatz: Handeln, Reden und Erkennen im Zusammenhang der Dinge. Raabes „Horn von Wanza" und Fontanes „Irrungen Wirrungen"
   — ethisch betrachtet. In: *Wege der Worte*. Festschrift Wolfgang Fleischhauer, hrsg. Don
   Riechel. Böhlau: Köln 1978.

tens wurde diese Entwicklung wohl auch von den Regierungsministerien gefördert.

Die Klassiker und Kleist sahen das Rangverhältnis umgekehrt. „*Handeln ist besser als Wissen*", schreibt Kleist am 31.1.1801 an seine Braut. Damals hat seine sogenannte Kantkrise begonnen. Kant hatte den existentiellen Vorrang des Ethischen vor dem erkennenden und metaphysischen Vermögen theoretisch begründet. Er machte den Menschen seinem Gewissen und dem Sittengesetz gegenüber verantwortlich. Die hier zurückgesetzten Autoritäten von Thron und Altar empfanden das wie alle Welt als revolutionär. Als sie die Auswüchse der Französischen Revolution in der Gestalt Napoleons niederwarfen und sich zu Restauration der alten Ordnung verbündeten, verbannten sie daher folgerichtig den Verkünder der sittlichen Autonomie von den Universitäten und reinstallierten dort die spekulative Metaphysik in der Nachfolge eines Leibniz; das waren nun Hegel und Schelling. Kierkegaard, Marx und Heidegger haben trotz aller Kritik an ihren Vorläufern die Vormacht dieser Strömung bis ins 20. Jahrhundert gesichert. Denker, die Kants Errungenschaften fruchtbar machten, auch im Hinblick auf eine kritische Beschränkung ontologischer Spekulation und Geschichtsmetaphysik, bleiben dagegen neuerdings wenig beachtet.

Wer sich mit Rezeption etwas befaßt hat, weiß, daß der Nachruhm gerade nicht der Qualität entspricht oder sie gar, wie Jauß[21] behauptet (s. o.), ausmacht und bemißt. Man rezipiert wohl im Rahmen der gestellten Fragen, aber sie werden eben erstens, wie wir sagten, zusammen mit den selbstgegebenen Antworten entworfen, und zweitens werden sie uns nahegelegt, suggeriert und aufgezwungen von Moden, Lehrern, Ministerien, kurz, von Mächten und Autoritäten. Diese aber halten sich, zumindest wo sie erfolgreich bei den vielen sind, weniger an das, was sein sollte, als an das, was den Bedürfnissen der vielen zusagt. Oder bestimmen unsere Wünsche schon legitimerweise, was sein soll? Dagegen spricht eben der fortdauernde Streit über den Vorrang der Bedürfnisse und über die Methoden, wie sie zu befriedigen seien. Ein Aspekt dieses Streites ist der Gegensatz zwischen dem metaphysisch-mystischen und dem ethisch-rationalen Denken. Er durchzieht auch Kleists *Amphitryon* und dessen Rezeption. So reicht die Beschäftigung damit und mit der Frage nach der angemessensten Interpretation über das Wissenschaftsproblem in die Probleme unseres Lebens[21].

---

[21] Teile dieser *Vorbetrachtung* stimmen weitgehend überein mit einem Artikel, in dem ich ausführlicher auf die Arbeiten von Jauß eingehe: Unbehagen eines Praktikers an der Theorie. Zur Rezeptionsästhetik von Hans Robert Jauß. *Colloquia Germanica* 12, 1979.

Amphitryon — Stoff, Problem, Rezeption

1. Möglichkeiten der Gestaltung, besonders in der Goethezeit

Amphitryon 38: so betitelte Jean Giraudoux sein Drama aus dem Jahre 1929. Vermutlich hielt er sich für den 38. Bearbeiter des Themas. Ob das zutrifft oder nicht, der Amphitryon-Stoff gehört zu denen, die über die Jahrhunderte hinweg die Dichter miteinander ins Gespräch und in Wettbewerb gebracht haben. Was mochte daran reizen?

Jupiter besucht die schöne Alkmene in Gestalt ihres Gatten Amphitryon und zeugt mit ihr den Herkules. Daraus konnten die Dramatiker ganz Verschiedenartiges machen: 1. religiöse Weihespiele ernsten oder auch heiteren Charakters, in welchen die Tat Jupiters verherrlicht würde; 2. Dichtungen eines offenen Protestes, die im tragischen oder komischen Stil den Besuch als ehebrecherischen Betrug und dessen fromme Verherrlichung als sittliche Wertverfälschung bloßstellen; 3. Verbindungen von (1) und (2): Dichtungen eines verschleierten Protests, die die gleiche Kritik vorbrächten wie (2), sie aber verhüllten durch fromme Festlichkeit oder harmlosen Scherz à la (1). Dieser dritte Typus eröffnete ein weites Feld für alle Spielarten poetischer Hinterhältigkeit, der Ironie, des Raffinements der höheren Widerstandsdichtung. Stücke solcher Art gäben ihren wahren Charakter allerdings nicht ohne weiteres zu erkennen. Sollte es damit zusammenhängen, daß die Literaturhistorie keines der Amphitryondramen diesem dritten Typus zugewiesen hat? Aber auch der zweiten Gruppe ordnete sie selten eines zu. Sie fand zwar Spuren von Unbehagen, Widerspruch, erblickte darin aber meist Symptome für den Verfall religiöser Glaubensgewißheit und für eine rein weltliche Problemstellung. Das heißt: in ihren Augen wurden nur Stücke des ersten Typs dem Stoff wahrhaft gerecht.

Einerseits ist das nicht verwunderlich und andererseits doch. Die Geschichte des Abendlandes ist ja die Geschichte der Religion und der verehrungsvollen Unterwerfung unter den höchsten Gott und jede ihm zugeordnete Autorität. Zugleich ist sie aber auch die Geschichte der Emanzipation des Menschen und seines Gewissens im Protest gegen die Bevormundung durch die Religion und andere Autoritäten mit ähnlich ausschließlichem Geltungsanspruch. Zumindest seit dem Erwachen des human-humanistischen Denkens in der Antike und wiederum in der Renaissance geriet das Amphitryon-Thema zwangsläufig ins Spannungsfeld jener beiden Grundeinstellungen. Zwischen ihnen galt es jeweils zu entscheiden ungefähr derart:

Wie ist der Besuch des Gottes zu beurteilen? Ist er eine Wohltat, eine
Gnade – oder Beleidigung und Mißbrauch der göttlichen Überlegenheit?
An den Antworten, die hierauf möglich sind, scheiden sich die
Geister. Wer daran festhält, daß ein Verbrechen auch Verbrechen bleibt,
wenn ein Gott der Übeltäter ist, der orientiert sich an einer Wertordnung, die ihm absolut und ewig gilt und an der er das Verhalten aller,
auch der obersten Autoritäten, mißt; er urteilt ethisch. Wer dagegen
meint, der Wille der obersten Instanz ist immer gutzuheißen, sie kann,
was wir gewöhnlich ein Verbrechen heißen, in Wohltat und Auszeichnung verwandeln – der entscheidet gegen die absolute Geltung einer
ewigen Wertordnung und für die unbedingte Autorität der Religion bzw.
der Gesellschaft oder der politischen Macht, also für deren Befugnis,
unsere Wertvorstellungen von Fall zu Fall umzuorientieren. So gesehen,
geht es bei dem Amphitryon-Thema um die Alternative: Autonomie
oder Autoritätsgebundenheit des ethischen, des Wertdenkens.

Zugegeben, das klingt paradox und überspitzt. Eine Religion, eine
Gesellschaft, eine politische Instanz, die unseren innersten Protest
herausfordern – sie gehen uns nichts an; sie sind nicht die unseren. So
einfach sieht das aber nur in der abstrakten, übergeschichtlichen Theorie aus.

Es geschieht ja immer wieder, daß Menschen, die bisher unangefoch-
ten eine bestimmte Weltanschauung teilten, plötzlich mit ihr in Konflikt
und dadurch vor jene Alternative geraten. Für viele wird in solchen
Fällen die gesellschaftliche Konvention, die Parteidoktrin, der religiöse
Glaube unbedingte Geltung behalten oder erst wahrhaft erlangen. In
einem Falle wie Amphitryon mag es dem gläubigen Anhänger des
Mythos so ergangen sein. Auch für den Christen liegt ersteres dank der
Analogie zur Empfängnis Jesu durch Maria nahe. Darin bestätigte ihn
z. B. Leibniz, der den gordischen Knoten des Problems zerhieb, indem
er erklärte, Gott handle stets im Einklang mit der ewigen Ordnung.
Noch weiter ging Schelling, indem er Gott mit der Ordnung identifi-
zierte. Anders dachten Kant und Kierkegaard. Sie hielten jene harmonischen Konzeptionen für Verwechslungen und unterschieden schärfstens zwischen Religion und Ethik. Allerdings zogen sie entgegengesetzte Konsequenzen. Kant erklärte die Ethik für autonom und die
institutionalisierte Religion für deren Magd, die ein Geschlecht von
höher entwickelter Sittlichkeit einst werde entbehren können (*Über die
Religion innerhalb der Grenzen der bloßen Vernunft* 1793). Kierkegaard
dagegen lehrte umgekehrt am Beispiel Abrahams, der seinen Sohn erst
opfern und dann wieder nicht opfern soll, die „*Suspension des Ethischen*"
(Kahn 236): der Mensch soll sein Gefühl für Gut und Böse hintansetzen,
wo immer es zusammenstößt mit den Forderungen der göttlichen
Autorität (*Furcht und Zittern* 1843).

Die Alternative zwischen Autonomie und Autoritätsgebundenheit der Ethik wurde also auch und sogar besonders in der Version „Ethik oder Religion" bekräftigt, zugunsten teils der ersten, teils der zweiten. Als Kleist lebte, wurde sie vermutlich lebhafter erörtert als je zuvor und später. Auf die Seite Kierkegaards gehörte unter diesem Gesichtspunkt Adam Müller, Herausgeber von Kleists *Amphitryon* (1807), mit Kleist Herausgeber der Zeitschrift *Phöbus* (1808/09), Konvertit und Philosoph, Verherrlicher Preußens und Staatsdiener des restaurativen Österreichs. Er verkündete die Autorität des christlichen Glaubens mit einem Rigorismus und leugnete die absolute Gültigkeit sittlicher Werte mit einer so *„bodenlosen Sophisterei"*, daß selbst sein Freund Friedrich Gentz voll Schrecken und *„Abscheu"* sich *„auf Tod und Leben"* dagegen wehrte (Brief vom 21. März 1807).

Kleists sogenannte Kantkrise bezeugt, daß der Dichter vor der Bekanntschaft mit Müller dem Gegenlager nahestand. Etwa im *Teutschen Merkur*, den Kleists Gönner Wieland redigierte, äußerte man den heftigsten Widerspruch des Gewissens gegen die zum Teil spektakulären Übergriffe der katholischen Kirche, besonders gegen die Ketzerverfolgungen der Inquisition, gegen die Tyrannisierung des geistigen Lebens durch beide Kirchen und gegen deren Bund mit den Thronen Europas. Demgegenüber wollte man die wahre Religion, auch gerade die von Jesus gelehrte, wiederherstellen, und zwar unabhängig von jeder etablierten, institutionalisierten, (Kant sagte:) *„gottesdienstlichen"* Religion, allein auf dem Boden der erfahrbaren Natur des Gewissens, des Wissens um die Forderungen eines absoluten Sittengesetzes. Natur und Sittengesetz galten als höchster, dem Menschen zugänglicher Ausdruck des Göttlichen; und des Menschen höchste Möglichkeit, sich selber zu vergöttlichen, war seine sittliche Vervollkommnung (vgl. Goethes Gedicht *Das Göttliche*).

Die Alternative „Ethik oder Religion" hieß also zugleich „Wahre oder falsche Religion". Die falsche wollte alles Leben und Handeln den autoritären Regeln eines Kultes unterwerfen und der Kontemplation Gottes unterordnen. Kants Erkenntniskritik verurteilte einen derartigen spekulativen Übergriff ins Metaphysische als philosophische und sittliche Vermessenheit (*Kritik der reinen Vernunft*, I. Teil, 3. Hauptstück, 1781; *Prolegomena zu einer jeden künftigen Metaphysik, die als Wissenschaft wird auftreten können*, 1783). Friedrich Bouterwek, vermutlich der Urheber der Kant-Krise, der Kleistischen Erkenntnisskepsis, nannte die Metaphysik sogar die *„Wissenschaft der spekulativen Resignation"* (*Anfangsgründe der spekulativen Philosophie*, 1800. Vgl. nr. 27). Nach Fichte war es intellektuell unredlich, den Namen Gottes, des unbekannten Wesens, anders zu benutzen als im übertragenen Sinne von

„Gewissen". Gotteskunde, Theologie galt als müßige Spekulation und Ablenkung von der eigentlichen Religion, dem Sittengesetz. Alles existentielle Gewicht fiel auf das praktische Verhalten in der konkreten Situation, und zwar im Zusammenhang mit einer sittlichen Wertordnung, die vom Gewissen klar vernommen werden konnte — nämlich sofern dieses unverbildet wie im Paradiese war und nicht verfälscht durch die herrschenden Konventionen.

Derartige Erörterungen bildeten einen wesentlichen Teil der Aufklärungsbewegung. Damals verkündete das Bürgertum seine Mündigkeit. In Deutschland besonders trat man dabei für die Mündigkeit des einzelnen ein, unter Protest gegen die kirchliche Bevormundung, im Sturm und Drang auch gegen den Feudalismus. Es war eine Art Aufstand des *Prometheus*, wie Aischylos ihn in seiner Tragödie und Goethe in seiner Hymne zeichneten. Es war ein Pochen auf ursprüngliche menschliche Rechte und Fähigkeiten, deren Unterdrückung hinfort unvereinbar mit der neu erlebten Menschenwürde schien, zugleich ein Pochen auf diese Menschenwürde im leidvollen Aufbegehren gegen die Mächte und das Denken der Unterdrückung, sowie in stolzer Bereitschaft, trotzig-ungebeugt weiter zu leiden, falls die Befreiung nicht gelang. Solches Scheitern war in Deutschland auf politischem Gebiet fast unvermeidbar. Die theoretische Auseinandersetzung der Ethik mit der Religion hatte dagegen gute Chancen im Preußen des freigeistigen Friedrich II., dessen Autorität jedem die Freiheit garantierte, nach eigener façon selig zu werden. Nach Friedrichs Tod, vor allem aber als Europa sich von der Französischen Revolution mehr und mehr bedroht fühlte, versteifte sich die konservative Reaktion auch auf geistig-religiösem Gebiet. Kant wurde Anfang der neunziger Jahre von den flachen Aufklärern und von der Orthodoxie noch ohne viel Erfolg bekämpft. Fichte und der Kantianer Friedrich Karl Forberg dagegen wurden 1798/99 in einen Atheismusstreit verwickelt, der ganz Deutschland aufregte und gewiß auch von Kleist genau verfolgt wurde. Der Gymnasialdirektor Forberg kam straflos davon, während der berühmte Philosoph seinen Lehrstuhl in Jena verlor.

Der unterschiedliche Ausgang hat mit dem verschiedenartigen Vorgehen der Autoren zu tun. Kant ließ die kirchliche Religion als Magd der Ethik gelten und übte im Schutze dieses Zugeständnisses um so gründlichere Kritik. Er trat auch nicht weiter öffentlich gegen die Religion auf, als der Nachfolger Friedrichs II. es ihm verbot, ein Gegner der Aufklärung und Anhänger mystisch-spiritistischer Tendenzen. Fichte hingegen griff völlig kompromißlos an. Er beschuldigte die Theologen geradezu des Atheismus und des Teufelsdienstes (*Über den Grund unseres Glaubens an eine göttliche Weltregierung, Appellation an das Publikum über die ... beigemessenen atheistischen Äußerungen*). Forberg war geschützt durch seine Obskurität und den berühmten Kant, dessen Religionsphilosophie er diskutierte. Auch er bezeichnet die autonome Ethik als Religion. Und er bevorzugt dieses sein Verfahren, *„an einen alten Ausdruck einen neuen Begriff zu binden, und dadurch diesen der Gefahr auszusetzen, von jenem wieder verschlungen zu werden,"* gegenüber der anderen Möglichkeit, *„den alten Ausdruck gänzlich beiseite zu legen, aber dann zugleich auch bei sehr vielen schwerer, oder gar nicht, Eingang zu finden."*

Um Wirkung in die Breite also war es ihm zu tun; zugleich aber wußte er, daß er nicht alle überzeugen konnte. Abschließend fragt er herausfordernd, *„. . . ist nicht der Begriff eines praktischen Glaubens mehr ein spielender, als ein ernsthafter philosophischer Begriff? . . . die Antwort auf diese Frage überläßt man billig dem geneigten Leser, und damit zugleich das Urteil, ob der Verfasser des gegenwärtigen Aufsatzes am Ende auch wohl mit ihm nur habe spielen wollen!"*

Dieser Perspektivenwechsel scheint dem Publikum Gelegenheit zu geben, sein Unverständnis für das Gewicht der Darlegungen und damit die traurige Beschaffenheit seines Denkens und seiner Gesinnung bloßzustellen. Vielleicht sollte auch die nunmehr eingeführte preußische Zensur die Chance haben, das Ganze nicht so ernst zu nehmen und von einer Inquisition abzusehen. Also ironische Verhüllung des Protestes, den Fichte so überscharf zuspitzt; äußere Konzessionen an die herrschende Denkweise und dadurch Gewinn der Freiheit, ohne Gefahr Kritik und Protest vorzutragen, ja den Gegner zu verhöhnen.

Man sieht, die dritte Grundform möglicher *Amphitryon*-Dramen lag zur Zeit Kleists, einer Epoche der Zensur, der Reaktion, gewissermaßen in der Luft — zumal der Stoff die zeitgenössische Auseinandersetzung zwischen Ethik und Religion in nuce enthielt. Solange nämlich der nächtliche Besucher unerkannt bleibt, wird die Tat völlig anders beurteilt als nachher, wenn er sich offenbart als höchster Gott, wenn also die von der Religion beherrschte gesellschaftliche Denkweise, die Konvention des Mythos relevant wird. Dank diesem Perspektivenwechsel von einer Position zur anderen präsentiert der Stoff die Alternative zwischen Religion und Ethik in ihrer ganzen Spannweite, und er fordert auf zur Stellungnahme, zur Entscheidung. Vgl. S. 45—47.

2. Der Amphitryon-Stoff — Geschichte seiner Gestaltungen von HESIOD bis HACKS

Das Amphitryon-Thema entfaltet sich naturgemäß noch nicht zum Problem, wo der Glaube an den Mythos noch unangetastet ist. Auf dieser Grundlage beschreibt um 700 v. Z. HESIOD, der Mitschöpfer der griechischen Götterlehre, in einem epischen Gedicht als erster ausführlich die Fabel. Alles Gewicht liegt auf der Zeugung des Herkules, des Retters und Beschützers der Menschen. Zeus besucht Alkmene zu diesem hohen Zweck, freilich auch um die Leidenschaft zu stillen, die das Muster aller Frauen in ihm weckte. Wir erfahren nur, daß er bei Nacht erscheint; noch nicht, ob er dabei Amphitryons Gestalt annimmt. Dieser kehrt in derselben Nacht von einem Kriegszug heim und zeugt den Ipikles. Alkmene bringt beide Söhne als Zwillinge zur Welt. Welchen Eindruck die zwei Besuche während einundderselben Nacht auf ihre Seele machten, bleibt im Dunkeln. Die fromme Andacht kennt noch keinerlei psychisches oder ethisch-metaphysisches Problem.

Das muß sich spätestens mit AISCHYLOS geändert haben, der nach mehreren anderen Dichtern den Stoff als Tragödie gestaltete (sie ist ebensowenig wie die anderen antiken Amphitryon- bzw. Alkmene-Tragödien erhalten). Der Schöpfer des *Prometheus* ist ja der erste, von dem wir wissen, daß er über den Zwiespalt zwischen göttlichem Walten und ewiger Ordnung nachgrübelte[1]. Stehen gut und böse unverrückbar fest? Sollen wir Gottes Handeln nur dann gut nennen, wenn es gut ist? Oder sollen wir alles und nur das als gut bezeichnen, was Gott und weil Gott es für gut erklärt bzw. selber tut? Im vorliegenden Fall hieß das: Ist der Besuch des Gottes wirklich, wie die Religion will, Wohltat, Gnade, Auszeichnung? Oder ist er Beleidigung der Menschen und Mißbrauch der göttlichen Übermacht? Oder schärfer zugespitzt: Hört darum, weil es ein Gott war, die erschlichene Umarmung auf, Betrug und Ehebruch zu sein? Kann der Rang des Gottes den Namen des Verbrechens auslöschen und in Segen umwandeln? Natürlich kann er es, gemäß den Lehren der Religion, und zumal wenn eine hierarchisch gegliederte Gesellschaft sich die Religion als Institution und Konvention zueigen macht. In vorchristlicher wie in christlicher Zeit war der Amphitryon-Stoff das gegebene Feld, auf welchem „Prometheus" im Namen einer ewigen Ordnung und

---

[1] Bruno Snell: *Die Entdeckung des Geistes*, 1946.

autonomen Ethik gegen die Umwertung der Werte, gegen die Bevormundung durch die Autorität von Religion und Konvention Protest erhob.

Bei Aischylos hatte Alkmene vielleicht die prometheische Kraft, Zeus' Werben zurückzuweisen, so daß er sich gezwungen sah, die Gestalt des einzig geliebten Gatten anzunehmen. Trotzdem dürfte sein Drama ein mythisch-religiöses Weihespiel gewesen sein, ebenso das des SOPHOKLES und auch das des EURIPIDES[2] – wenigstens äußerlich. Eine Vasenzeichnung überliefert, daß seine Alkmene schon auf dem Scheiterhaufen steht, als Zeus erscheint und ihre Schande in Triumph verwandelt. Man mag sich fragen, ob der *deus ex machina* die allerhöchste Regelung nicht doch als eine willkürliche Umwertung der Werte bloßstellte, die konventionelle Lösung also ad absurdum führte. Freilich geschähe es verhüllt und ließe dem Publikum samt seinen Priestern die Möglichkeit, das Stück als Weihespiel zu nehmen. Wie dem auch sei, man sieht, der Amphitryon-Stoff bietet grundsätzlich Gelegenheit nicht nur zum prometheischen Protest, sondern zugleich zu dessen ironischer Verhüllung. Darauf hat man bisher nicht geachtet. Uns interessiert im folgenden, ob ein Dramatiker jene beiden Möglichkeiten nutzte und was ihn dazu bewog. Die Überlieferung verweist uns von nun an zwar auf die Komödie. Alkmenes und auch Amphitryons Schicksal konnten dennoch in tragischem Licht erscheinen und den ernsten Kern des Problems andeuten, zumal der Mythos und noch mehr eben die Komödie genug Deckung boten – genug, um Jupiter (und was immer er repräsentieren sollte) zur Zielscheibe der Satire zu machen.

Der *Amphitruo* des PLAUTUS (um 200 v. Z.) bildet den Anfang der Reihe und zugleich das Muster, dem die Epigonen und insbesondere die Meister Molière und Kleist unbedenklich folgten. Im Rom des 2. punischen Krieges galt Griechenland als Paradebeispiel jedes sittlichen Verfalls. In griechischem Gewand konnte man die puritanisch-patriotische, patriarchalisch-autoritative Wertordnung des offiziellen Roms auf den Kopf stellen; und damit hatte Plautus ungeheuren Erfolg[3]. Kleist zieht im *Prinz Friedrich von Homburg* das berühmteste Beispiel jener Väter heran, die ihre ungehorsamen Söhne hinzurichten pflegten: den Konsul Brutus. In *Amphitruo* verfuhr Plautus freilich einmal anders. Die patriotische, treu-liebevolle Alcumena steht in seinem komischen Gesamtwerk

---

[2] Zu den antiken Gestaltungen des Themas vgl. Franz Stoeßl: Amphitryon. Wachstum und Wandlung eines poetischen Stoffes, *Trivium* 2 1944, S. 93–117; zur Plautus-Nachfolge Karl v. Reinhardstoettner: *Plautus. Spätere Bearbeitungen plautinischer Lustspiele,* 1886; eine Gesamtgeschichte des Motivs bietet Örjan Lindberger: *The Transformations of Amphitryon,* 1956.

[3] Vgl. Erich Segal: *Roman Laughter*, Cambridge 1968.

einzig da und gehört samt einigen ihrer Nachfolgerinnen zu den edelsten Frauengestalten der Weltliteratur. Aber warum erscheint sie hier? Und warum behandelt Plautus den Mythos (auch mit ihm beschäftigt er sich allein in diesem Stück) nicht ganz ohne Ehrerbietung, insbesondere die Epiphanie Jupiters? Mußte er das? Immerhin treten Roms Götter auf! Aber auch, wenn er keine Zensur zu fürchten hatte, verliehen jene ernsten Elemente dem Stück erst das Gewicht, ohne welches die Satire rettungslos zur Posse verflacht wäre.

Das scheint nun allerdings weitgehend doch der Fall zu sein. Vor allem ist hier wichtig, daß nicht nur Jupiter die Gestalt Amphitryons annimmt, sondern auch Merkur die des Sklaven Sosias. So kommt es zu den komischen Verwechslungen und Verwirrungen, die zwei Jahrtausende lang als unübertrefflich empfunden und im wesentlichen unverändert übernommen wurden. Aber während später die aufsässigen Witze des Sklaven vom herkömmlichen Respekt vor der göttlichen Autorität befreien, ist es hier Merkur, der Jupiters und sein eigenes Treiben auf eine Weise verteidigt, die zynisch durchblicken läßt: Das Tun der Götter ist nicht zu rechtfertigen. Es bedarf dessen jedoch nicht einmal; denn sie haben die Macht. Daher gilt alles, was sie tun, als gut. Diese höhnisch unverhüllte Ironie erheitert und erbittert. Besonders provozierend wirkte die ernsthafte Versicherung:

> ... nemo id probro
> profecto ducet Alcumenae; nam deum
> non par videtur facere, delictum suom
> suamque ut culpam expetere in mortaem ut sint.   v. 492ff.

> ... und keiner soll
> Alkmenes Gattentreue je bezweifeln!
> Denn eines Gottes kühner Übergriff
> Kann nie verletzen eines Menschen Ehre.

So hat man die Stelle übertragen[4], nicht ganz wortgetreu. Aber hier wird in der Tat vorausgesetzt, daß das Vergehen, weil angetan von einem Gott, den Menschen nicht beleidigt, sondern ehrt. Amphitryon, noch bei Kleist offiziell der Hauptbetroffene, bedankt sich denn auch überschwänglich für die Ehre, mit Jupiter „des Hauses Glück" teilen zu dürfen. Die fromme Pointe bildet die Achse fast aller späteren Bearbeitungen. Auch hier wird sie festlich gesteigert durch Jupiters Epiphanie und die Verkündigung der Ruhmestaten des Herkules. Dann freilich schließt Merkur als Theaterherold mit der Aufforderung:

> Und nun, ihr lieben Hörer, rührt zu Ehren
> Des höchsten Gottes kräftig eure Hände!

[4] AMPHITRYON. Plautus, Molière, Dryden, Kleist, Giraudoux, Kaiser. Hrsg. J. Schondorff, Vorwort Peter Szondi. 1964, S. 50.

Das ernüchtert auf lächerliche Weise. Nicht bloß, weil man dem Gott so profan huldigt, sondern auch, weil Merkur schon im Prolog den Gott mit dessen Darsteller gleichsetzte: er habe Lampenfieber und dürfe nach leidlicher Aufführung erwarten, daß man ihn beklatscht. Dergleichen erhöht den befreienden Spielcharakter der Komödie. Aber es erinnert auch daran, daß beide Götter im Stück herabgesetzt werden – oder soll es gerade davon ablenken? Eben dadurch schüfe Plautus sich die Möglichkeit, die Umwertung der Werte durch die höchste, hier die religiöse Autorität aufs Korn zu nehmen; und er nutzt sie ebenso gründlich wie bissig aus. Sogar die Gattungsdefinition bezieht er ein. Merkur kündigt die Fabel des Trauerspiels an, unterbricht sich aber: *„Ihr runzelt eure Stirnen?" „Ich bin ein Gott, ich kann es ändern". „Ich mache sofort ein Lustspiel aus dem Trauerspiel, und ohne einen einz'gen Vers zu streichen!"* Endlich entscheidet er für *„Tragikomödie"*, und zwar wegen der mitwirkenden Helden und Götter. Die Begründung könnte kaum konventioneller und fadenscheiniger sein. Offenbar verweist der Vorgang gleichfalls auf den ideologischen Charakter der von der obersten Autorität willkürlich aufgezwungenen Wertordnung. Das geschieht hier aber immer scherzhaft, scheinbar harmlos, und verhüllt damit den prometheischen Protest, der sich in jenen Hinweisen Luft macht.

Dieser triumphale Einsatz der Amphitryon-Komödien blieb während der Antike unerreicht. Im christlichen Mittelalter lebte er als kümmerliche Posse fort (VITALIS VON BLOIS, Anfang 12. Jh.). Plautus selbst wurde vergessen, bis Nicolaus Cusanus 1427 zwölf seiner Komödien, darunter *Amphitruo* in Deutschland neu entdeckte. Eine Lücke im IV. Akt füllte der Humanist Kardinal HERMOLAUS BARBARUS mit derb possenhaften Szenen. Diese Fassung bearbeitete man mehrfach zu möglichst obszöner Unterhaltung, aber auch zu frommer Erbauung. Noch fast im Stil der Moralitäten schrieb der Geistliche Herr JOHANNES BURMEISTER seine *Sacri Mater Virgo* (1621). Er setzte Herkules mit Jesus gleich und die drei Hauptfiguren mit Maria, Joseph und dem Engel Gabriel, das Ganze also, biblisch und Goethesch gesprochen, mit der „Überschattung" Marias durch den Heiligen Geist.

Die Möglichkeit, den Stoff in diesem Sinne auszudeuten, war nun immer gegenwärtig – und forderte gerade darum die Renaissance dazu heraus, seine prometheische Potenz wieder zu beleben. Die italienische Version des PANDOLFO COLLENUCCIO (15. Jh.) dehnt zwar – um dem Haus d'Este zu huldigen – den Bericht über die Geburt des Herkules gewaltig aus; am Schluß aber meint Amphitryon, zum Publikum gewandt, Jupiter hätte ihm seine Gunst ebensogut und besser auch auf andre Weise zeigen können[5]. Der Portugiese LUÏS DE CAMÕES läßt ihn (zwischen 1540

---

[5] Lindberger op. cit. S. 46, 50.

und 1550) sogar ähnlich reagieren wie dann Molière: als Jupiter ihm sagt, er dürfe sich geehrt fühlen, antwortet er mit einem Schweigen, das eine beredte‐Sprache spricht. Vorher nämlich beklagte er den Verlust von Glück und Ehre mit echten Herzenstönen. Jupiter wird etwas herabgesetzt: erst als schon beschlossen ist, daß er Alkmene genießen will, bläst ihm Merkur die mythisch so wichtige Geburt des Herkules als opportunen Rechtfertigungsgrund ein.

Noch eindeutiger geht es bei JUAN TIMONEDA (1559) zu[6]. Jupiter hat sich herabgelassen, Alkmenes Körper *„auszuleihen"*, Amphitryons *„Dinge"* (*cosas*) zu gebrauchen. Sosias drückt sich noch deftiger aus. Überhaupt kommt nun seine Rolle zur Entfaltung. Er protestiert gegen Jupiters Tun, beschimpft ihn und dessen Sohn Merkur und beklagt die ganze Bescherung endlich etwa so: *„Ich weiß wirklich nicht, was ich von euch Göttern denken soll. Der Vater ein Ehebrecher, der Sohn ein Mörder, Sosias geprügelt, Alkmene entehrt, Amphitryon gehörnt"*. Die Parallelität der Beleidigungen ist bedeutsam. Sosias spricht auch von einer Handlungsparallele, von einem Besuch Merkurs bei der Dienerin. Doch erst Molière wird das ausführen und durch die grob-direkte Aufforderung zur Untreue durch Merkur in der Maske des Sosias eine vielsagende Parallele schaffen zu Jupiters galant-frivoler Werbung. Und vollends erst wieder bei Kleist würde die Dienerin, im Kontrast zu Alkmene, den Besuch wie bei Timoneda als Ehrung ansehen, Sosias dagegen als Hurerei. Seine Frechheiten gipfeln diesmal allerdings in dem Verlangen, zur Kompensation für die Schwängerung Alkmenes solle Jupiter den Menschenmännern ein paar Göttinnen zur Verfügung stellen. Der Feldherr wird mehrfach aufgefordert, den Schlingel zum Schweigen zu bringen. Einmal tut er es mit der vielsagenden Begründung: *„Göttern gegenüber äußert man seine Meinung nicht so ungeschminkt!"* Ein andermal weigert er sich: Jupiter habe ihn so beglückt, daß er niemand böse sein könne, schon gar nicht jenem Einfaltspinsel. Das nimmt Einiges vorweg von der boshaften Ironie, mit der Molières Sosias am Schluß brilliert. So hat vielleicht niemand die Möglichkeiten, die dem Stoffe innewohnen, vielseitiger und kräftiger entwickelt als Timoneda. Mag auch sein, daß er bei den göttlichen Übergriffen an die Anmaßungen weltlicher und geistlicher Instanzen dachte. Freilich, er hätte dabei große, unverbindliche Distanz gewahrt. Wir sehen wohl, wie sehr man sich gekränkt fühlen könnte; doch wir sehen nicht, daß wirklich jemand leidet. Und diese antiken Götter können wir durchaus nicht ernstnehmen. Die Posse breitet sich um der Posse willen aus; sie raubt der

---

[6] Meine Ausführungen über Camões und Timoneda stützen sich hauptsächlich auf Informationen, die ich Professor Aristobulo Pardo an der Ohio State University, Columbus, zu danken habe.

Autoritätskritik jeden Ernst und damit den Charakter eines Wagnisses, das der Verschleierung bedürfte.

SHAKESPEARES *Comedy of Errors* (um 1590) enthält einige *Amphitruon*-Motive. Sie betreffen das Verhältnis zwischen Herr und Knecht, zwischen der Gesetzeskonvention und der Natur des Menschen und natürlich Sein und Schein. Die Herren und Diener, die man verwechselt, sind jeweils Zwillinge und gleichen Namens. Den Dienernamen Dromio trägt auch der Kollege des Sosias in dem gleichzeitigen Prosastück *The Birth of Hercules*, das gelegentlich auch deshalb Shakespeare zugeschrieben wurde, gewiß zu Unrecht. Die trocken-gelehrte Bearbeitung des Plautus erschien anonym. Sie vermehrt die possenhaften Partien. Dafür läßt sie alles weg, was an das problematische Verhältnis zwischen Hoch- und Niedriggestellten, Göttern und Menschen rührt. Erregten jene Elemente in einflußreichen Kreisen von einiger Bildung so viel Ärgernis, daß man es für nötig hielt, das römische Muster restlos zu verdünnen und um seine satirische Substanz zu bringen?

JEAN ROTROU spielt in der Literaturgeschichte stets die undankbare Rolle des Molière-Vorläufers. Gegenwärtig findet indessen seine ironisch verhüllte Sozialkritik wachsendes Interesse[7]. Das verdient auch seine Komödie *Les Sosies* (1636), die zudem einen langanhaltenden Erfolg hatte, noch neben dem Stück Molières. Sie gehört den frühen Werken an, mit denen der Dichter Anschluß an die klassizistische Strömung suchte. Daher lehnte er sich wieder enger an Plautus an, dämpfte jedoch die Diener-Possen und hob die Würde der Götter. Ausfälle gegen sie gewannen durch die pompösen Alexandriner einerseits Gewicht, andererseits wirkten sie ohnmächtig und absurd. — Im Prolog kündigt Juno die Leiden des Herkules an: ihre Rache für Jupiters Untreue. Vor Eifersucht vermag sie, wie Mercure meldet, nicht der Hauptleidenschaft der Olympier zu frönen, dem Genuß des Nektars. Solche Satire bleibt innerhalb der Götterwelt und geht die Menschen wenig an.

Anders der einleitende Monolog Mercures. Der Mond soll Jupiters Abenteuer unterstützen durch Verlängerung der Nacht. Moralische Bedenken werden aus dem Weg geräumt durch Hinweis auf die Vorrechte der Götter. Molière wird das nur schärfer akzentuieren, und ebenso die bittere Resignation, mit der Amphitryon schon hier die göttliche Nebenbuhlerschaft zur Kenntnis nimmt:

> *Je plaindrois mon honneur d'un affront glorieux,*
> *D'avoir eu pour rival de monarque des dieux!*

[7] Z. B. Jacques Morel: *Jean Rotrou. Dramaturgie de l'ambiguité*, Paris 1968; Harold C. Knutsen: *The Ironic Game. A Study of Rotrou's Comic Theatre*, Berkeley 1966. Robert J. Nelson: *Immanence and Transcendence. The Theater of Jean Rotrou*, Columbus 1969.

> *Ma couche est partagée, Alcmène est infidèle,*
> *Mais l'affront en est doux, et la honte en est belle,*
> *L'outrage est obligeant; le rang du suborneuer*
> *Avecque mon injure accorde mon honneur.*
> *Alcmène [. . .]*
> *Peut entre ses honneurs conter un adultère;*
> *Son crime la relève, il accroît son renom . . .*

Ein Hauptmann sagt zu Amphitryon:

> *Vous partagez des biens avecque Jupiter.*

Doch Sosie ist skeptisch:

> *Cet honneur, ce me semble, est un triste avantage:*
> *On appelle cela lui sucrer le breuvage.*

Der höfische Stil setzt die Stände-Hierarchie voraus; sie verlangt hier, daß die Menschen genasführt und dem Gelächter preisgegeben werden. Rotrou aber ist der erste Dichter, der die Menschen dafür rächt, indem er die Götter gleichfalls genasführt und lächerlich erscheinen läßt. Allen voran den Göttervater. Das fällt um so schwerer ins Gewicht, als Jupiter das höfische Heldenideal am vollkommensten verkörpert. Und dennoch: um Alcmène zu genießen, besucht er sie in Amphitryons Gestalt; dann aber merkt er enttäuscht, daß ihre Zärtlichkeit nicht ihm galt, sondern dem, für welchen sie ihn hielt. Nachträglich versucht er, seine Identität durch allerlei Anspielungen kenntlich zu machen. Alcmène bemerkt auch überrascht, welche Jugendlichkeit seine Haut bewahrte und wie ungewöhnlich unter Eheleuten die galante Liebeserklärung ist, mit der er ihren Zwist beilegt. Dergleichen heißt indessen nur, daß sie trotz aller Anzeichen Jupiter nicht erkennt und ihn für ihren Gatten hält: daß der Gott also die Rolle dessen spielen muß, den er zum Hahnrei machte. Der Spieß kehrt sich gegen ihn selber um; er fing sich in der eigenen Schlinge. Viel Aufhebens wird davon freilich nicht gemacht. Es ergibt sich mehr als unausgesprochene Folgerung. Wie denn überhaupt die ironische Verhüllung der Autoritätskritik zum guten Teil dadurch geleistet wird, daß das Motiv nur gelegentlich anklingt.

Ganz anders JEAN BAPTISTE POQUELIN, genannt MOLIÈRE. Er macht seinen *Amphitryon* (1668) zu einem Meisterwerk unter anderem dadurch, daß er alle Teile von einer thematischen Mitte her gestaltet, und das ist die Autoritätskritik. Trotzdem hat man das Stück immer als das genaue Gegenteil eines prometheischen Protests verstanden. Seit der Romantik, einer Zeit der nationalen Rivalität mit Frankreich, nahm man das Stück in Deutschland als bloße Posse, als Farce, höchstens als eine Gesellschaftskomödie, die den betrogenen Ehemann verspottet (so A. W. Schlegel, siehe Zeugnis Nr. 27, und zuletzt Szondi, Ausgabe S. 22). Das Ganze erschien als untertänigstes Kompliment für Ludwig XIV. und sein

Abenteuer mit dem Ehepaar Montespan, das damit dem Gelächter preisgegeben worden sei. Diese Auffassung trifft schwerlich zu. Wahrscheinlich wußte Molière, als er sein Drama schrieb, noch gar nichts von jener Affäre. Und er hatte wenig Grund, sich zu mokieren. Seine eigene Geliebte hatte vorher in aller Öffentlichkeit einen Hofadligen zum Liebhaber gehabt. Als er heiratete, munkelte man, es handle sich um die Tochter der Geliebten. Ludwig schlug dieses Gerücht kraft seiner Autorität nieder, indem er — an sich keine Besonderheit — die Patenschaft für das erste Kind seines Schützlings übernahm. Der König war außerdem der einzige, von dem Molière wirksame Hilfe in seiner prekären Lage erhoffen konnte, und daher der letzte, den er mit einem schließlich recht zweifelhaften Kompliment verstimmen durfte. Worin aber bestand seine schwierige Situation?

Dank der Machtstellung der Kirche war es Brauch, diese von den Gegenständen der vornehmlich satirisch gestimmten Dichtung des Jahrhunderts auszunehmen. *Tartuffe* bedeutete den sensationellen Bruch mit diesem Usus. Die Entlarvung klerikaler Heuchelei schlug ein wie eine Bombe und rief die religiöse Autorität, die Kirche, auf den Plan. Der wegen seiner Sittenlosigkeit berüchtigte Pariser Erzbischof und die geheime Compagnie du Saint-Sacrament, deren Mitglieder in den höchsten Staatsämtern saßen, konnten Ludwig zwingen, das Stück gleich nach der Uraufführung von der Bühne zu verbannen. Im nächsten Jahre wiederholte sich das Gleiche mit *Pierre de Festine*, allerdings erst, nachdem das Stück seine Wirkung getan hatte. Im Mittelpunkt steht Don Juan, ein notorischer Nonkonformist. Er verhöhnt die Unterwerfung unter die Autorität der Konventionen. Bevor er seine luziferisch-prometheische Laufbahn endigt, läßt er seine Sünden ironischerweise in der Heuchelei gipfeln, in der Sünde des Tartuffe. Das wurde sofort verstanden. Der Pariser Erzbischof drohte jeden zu exkommunizieren, der — nicht etwa den *Pierre de Festin*, sondern — den *Tartuffe* las. Das richtete sich vornehmlich gegen Ludwig, der das Kursieren von Manuskripten ebenso duldete wie Privatlesungen. Nun aber übernahm die Allerchristlichste Majestät sogar die Schutzherrschaft der Molièreschen Truppe. Und das, obwohl der Dichter in der Streitschrift eines Geistlichen als Teufel in Menschengestalt, als „monstre" beschimpft und beschuldigt worden war, er untergrabe den Glauben, beleidige Gott und sei der Sakramente unwürdig[8]. Diese waren ihm freilich ohnehin versagt. Als Schauspieler war er automatisch exkommuniziert. Seinen Entschluß, Schauspieler zu bleiben, auch als sich ihm andere Möglichkeiten boten, wird man wohl auch im Lichte dieser Bestimmung sehen müssen.

[8] John Palmer: *Molière* 1933, P. 384.

Molières Anhänglichkeit an die Kirche scheint nichts Übertriebenes an sich gehabt zu haben. Die Gegenseite bewahrte ihm dafür ein unerschütterliches Gedächtnis. Als er 1673 auf dem Sterbebette lag und man nach dem Priester rief, damit der große Mime, wie es üblich war, seinen Beruf, bei dessen Ausübung er am selben Abend zusammengebrochen war (*Le Malade Imaginaire*), widerrufen und die Sterbesakramente erhalten könne – da weigerten sich zwei Geistliche zu kommen, und der dritte kam zu spät. Ein christliches Begräbnis vermochte nicht einmal der König durchzusetzen. Immerhin hatte er 1669, als sich sein Verhältnis zu Rom verschlechterte, ermöglicht, daß *Tartuffe* wieder auf die Bühne kam und dort seinen einzigartigen Triumphzug antrat: das Stück sprach dem Jahrhundert aus dem Herzen[9].

In die sechs Jahre seit der Uraufführung 1664 fallen Molières erste Meisterwerke *Le Misanthrop* und das *Don Juan*-Drama 1665, *Amphitryon* 1668. Dazu kommen zwei Bittschriften, sogen. *Plazets*, an Ludwig, die Wiederaufführung des *Tartuffe* betreffend, sowie das Vorwort zu dessen Buchausgabe 1669. Hier überall praktiziert Molière die Lehre, die er aus dem Streit um die Heuchler-Komödie für sich selber ziehen mußte: der Mensch ist Gefangener der Gesellschaft, und als solcher muß er heucheln. Er muß sich den herrschenden Vorstellungen und Sitten unterwerfen, auch wenn sie unvernünftig, unnatürlich, ja lasterhaft sind. Er muß sich den Instanzen beugen, die jene Denkweise mit ihrer Autorität aufrechterhalten und verteidigen. Diese Situation ist alles andere als amüsant. Sie ist in vielen Fällen tragisch. Der Dichter aber präsentiert sie als komisches Phänomen, das heißt nicht einfach lächelnd oder: um zum Lachen zu bringen, sondern mit traurig-kühlem Sinn für das Lächerlich-Absurde, und um den Sinn dafür zu wecken.

Allenthalben nimmt er den trügerischen Tugendschein des Bösen, die Autorität der äußerlichen Konvention und den konventionellen Glanz, das Decorum der gesellschaftlichen Autorität aufs Korn. In den Plazets und dem Vorwort feiert er den König als Quelle aller Macht und Autorität – in einer Sache, in der Ludwig jahrelang ohnmächtig war gegen die religiöse Autorität. Der Bittsteller hat sogar die Stirn, sich auf das zustimmende Zeugnis des päpstlichen Legaten zu berufen, der einer der verpönten Lesungen des *Tartuffe* in Versailles hatte beiwohnen – und sich wohl oder übel der Autorität des königlichen Beifalls anschließen müssen. Diese Verbeugungen vor der Autorität sind voll versteckter, vielleicht kaum versteckter Ironie. Und gleichzeitig ironisieren sie den, der sich verbeugt, der heuchelt. Mit dieser Selbstironie jedoch erhebt der Autor sich über sich selbst und über die Welt, die ihn zum Heucheln

---

[9] Percy Addison Chapman: *The Spirit of Molière. An Interpretation.* 1940, p. 222.

zwingt. – Daneben spricht er freilich eine völlig klare Sprache. Die Komödie straft das Laster; und die Kirche darf davon nicht ausgenommen werden. Und sie hat kein Recht, Angriffe gegen sie als Angriffe auf Gott hinzustellen. Solche Äußerungen, zusammen mit dem verbissenen Kampf um die Wiedereinführung des *Tartuffe*, machen Molières Angriff gegen die institutionalisierte Religion zu einer Erscheinung des Jahrhunderts, welcher sich höchstens die Rebellion des Blaise Pascal an die Seite stellen läßt. Zugleich spiegelt die Affäre seine Auffassung des Komischen.

Molières Figuren reden von sich selber wie von einem Dritten[10]. Wenn sie von ihrem Fühlen, Denken, Handeln sprechen, reden sie zugleich immer von dem Fühlen, Denken, Tun, das die Gesellschaft von ihnen erwartet. Das bedeutet Abstand des Bewußtseins zum eigenen Selbst und zur Gesellschaft. Und es offenbart den komischen Konflikt. Indem nämlich der Mensch den Forderungen der Gesellschaft zu genügen sucht, kollidiert er nur allzuhäufig mit den Normen der Natur und der Vernunft. Dann erscheint es lächerlich, absurd, wenn man konform geht mit den Konventionen der Gesellschaft und den Diktaten ihrer Einrichtungen[11]; und es scheint nur vernunft-, naturgemäß, sich ihnen zu widersetzen. Das hat aber seine Schwierigkeiten. Denn die Gesellschaft ist die Welt, in der wir leben. Darum wäre es ebenso absurd und töricht, wollte man mit ihr brechen – und es ist nur vernunft-, naturgemäß, wenn man sich anpaßt, um zu überleben. So ist die Situation des Menschen von Grund aus zwiespältig, absurd, lächerlich und traurig[12], vielleicht kann man sagen: tragikomisch. Der Dichter jedoch und manche seiner Figuren erheben sich über sich selbst und dank jenes distanzschaffenden Bewußtseins über diese Welt, in welcher sie gefangen sind und mit der sie sich wohl oder übel arrangieren müssen. So hielt der Dichter es im Kampf um den *Tartuffe*; so hält es sein Don Juan; und so halten es manchmal die Figuren in *Amphitryon*. Vor allem aber hält der Dichter es so mit ihnen: er stellt sich und uns ironisch über sie.

Ein Ehebruch traf damals den liebenden Partner nicht weniger als heute. Das Ganze war aber zugleich in höherem Grade eine öffentliche Ehrenangelegenheit, und zwar vornehmlich des Mannes. Amphitryon ist daher zusätzlich verpflichtet, der Sache auf den Grund zu gehen. Nun ähnelt ihm sein Nebenbuhler aber zum Verwechseln; und der ruhmbedeckte Feldherr fühlt die Versuchung, an thessalische Hexerei zu glauben

---

[10] Szondi (vgl. Anm. 4) S. 46f.
[11] James Doolittle: Human Nature and Institutions in Molière's Plots. *Studies in Seventeenth-Century French Literature*, ed. J. J. Demorest, 1962, S. 153–164.
[12] W. G. Moore: Molière's Theory of Comedy. *L'Ésprit Createur* VI, 3 1966, S. 137–144.

– was im philosophischen Jahrhundert aber eine weitere, ebenso unerträgliche Blamage wäre. Die beste Lösung, die der Arme sich denken kann, ist vernünftig und albern zugleich: Alcmène müßte den Verstand verloren haben. Das heißt keineswegs, daß er sie nicht liebte. Auch sein Rachedurst ist durchaus echt. Aber er ist ihm zugleich vorgeschrieben. Und gerade deshalb besitzt Amphitryon die Freiheit, sich zu überlegen, ob er sich ihm überlassen soll oder nicht, ob er den Skandal mit Stillschweigen begraben oder „*ausposaunen*" soll. Er entscheidet, wie es sich für ihn gehört, fürs „Ausposaunen". Indessen bezeugt der Ausdruck keinen übertriebenen Respekt für das vorgeschriebene Verfahren. Komisch, aber auch naturgemäß ist solcher Vorbehalt, und ebenso ist es dessen Überwindung zugunsten der Konvention wie des Herzens.

Daß Amphitryon echtes Ehrgefühl besitzt, beweist der Schluß. Jupiter gesteht zwar seine Niederlage ein – Alcmènes Zärtlichkeit galt nur Amphitryon; doch er verlangt, Amphitryon solle den Besuch als Ehre akzeptieren. Diese Zumutung samt der Unmöglichkeit, sie offen abzuweisen, erbittert den Feldherrn zutiefst. Sein Schweigen spricht – wie bei Camões – eine klare Sprache. Es ist allerdings nicht die tragisch-heroische Sprache eines Helden, sondern die natürliche eines immerhin vernünftigen und richtig empfindenden Menschen in einer absurden Welt. Sie verpflichtet zum *Decorum* und zum Gehorsam gegen die Autoritäten in Religion und Gesellschaft.

Betrachten wir Amphitryons Konflikt genauer, so finden wir, daß da im Grunde zwei Konventionen kollidieren: nur weil die eheliche Treue zur gesellschaftlichen Konvention veräußerlicht worden ist, kann sie überwogen werden durch die andere Konvention, der Ehebruch mit einem hohen Herrn sei für alle Beteiligten ehrenvoll. Das trifft auch zu für Jupiters Unterscheidung zwischen Geliebtem und Gemahl. Szondi (S. 53 f.) ist „*überrascht*", das „*so kleistische Motiv schon bei Molière anzutreffen*", wo es nur Randmotiv sei und mit Alcmènes Verwunderung ein frühes Ende finde. Jupiter dringe mit seiner Unterscheidung nicht durch, und könne es gar nicht; sie passe ja gar nicht zu Molières Thema, der „*Verspottung des gehörnten Ehemannes*"; der Dichter nehme sie nur in Kauf „*um der Verwechslungskomik und des deus ex machina willen*". Die Unterscheidung paßt indessen ausgezeichnet und tritt sogar als Kernmotiv hervor, sobald man sich nicht weigert, Jupiters Scheitern als Thema gelten zu lassen. Indem der Gott seine Niederlage am Ende zugibt, gelangt das Motiv, das übrigens auch in der großen Mittelszene auftaucht, zu folgerichtiger Durchführung, und zwar deutlich so, daß das Ehepaar gewiß genasführt, in Wahrheit jedoch gerechtfertigt wird auf Kosten Jupiters. Molière hat die Unterscheidung zwischen Geliebtem und Gemahl, übrigens ein konventionelles Steckenpferd der Precieusen-

Mode¹³, indeß auch anderswo im gleichen Sinn bekämpft. In *Amphitryon* mochte er dem Geschmack der Hofgalants scheinbar entgegenkommen. In den *Femmes Savantes* tut er das nicht. Armande (Molières leichtfertige Frau gab den Namen und spielte die Rolle) möchte lieber einen Verehrer als einen Gatten haben. Positive Gegenfigur ist Henriette, die den geliebten Mann zum Gatten haben will. Sie möchte die Konvention der Ehe mit lebendigem Gehalt erfüllen und nichts wissen von außerehelichen Aventüren, wie sie in der Gesellschaft auf geradezu konventionelle Weise an der Tagesordnung sind und wo der Liebhaber um so größere Chancen hat, je weniger er dem Gatten gleicht. Alcmène denkt wie Henriette. Darum muß Jupiter scheitern, zumal in der Gestalt des Gatten. Freilich scheitert er nur in Sachen einer auf Liebe gegründeten Treue. Dagegen siegt er nach außen als der höchste Herr, dessen betrügerischer Ehebruch niemals ein Verbrechen, sondern stets eine ehrenvolle Auszeichnung bedeutet.

Daß dieser Sieg in ironischem Licht gesehen werden soll, bekräftigen Prolog und Nebenhandlung. Im einleitenden Dialog zwischen Mercure und der „Nacht" geht es um den Begriff des göttlichen *Decorums*. Die Götter, so vernehmen wir, verdanken die meisten ihrer Attribute dem Erfindungsgeist der Dichter. Sie sind eingekerkert in eine höchst unbequeme Feierlichkeit, wissen sich der Zwangsjacke aber zuweilen heimlich zu entledigen. Zum Beispiel soll jetzt die „Nacht" bei Jupiters Abenteuer Kupplerdienste tun. Als sie, mit mäßigem Unbehagen, einwirft, ein solcher Dienst gelte doch nicht als besonders ehrbar, da belehrt sie Mercure:

> *Ein solcher Dienst gilt niedrig*
> *Nur bei kleinen Leuten.*
> *Wer hohen Stand's sich glücklich preist,*
> *Bei dem ist, was man tut, stets schön und gut;*
> *Und je nachdem, für was man gilt,*
> *Sieht sich die Sache anders an.*
>
> *Un tel Employ n'est bassesse,*
> *Que chez les petites Gens.*
> *Lors que dans un haut Rang on a l'heur de paroistre,*
> *Tout ce qu'on fait est toûjours bel, et bon,*
> *Et suivant ce qu'on peut estre,*
> *Les choses changent de nom.*   126 ff.

Dementsprechend fordert Mercure selbst, der Diener solle die empfangenen Götterprügel als Ehre entgegennehmen, wie Jupiter dasselbe von Amphitryon hinsichtlich des Ehebruchs verlangt. Während dieser schweigend protestiert, tut Sosie (den Molière vermutlich selber spielte)

¹³ A. Adam: *Histoire de la littérature française au XVII siècle*, tome III, 1956, S. 363 f.

es ausdrücklich. Darin geht Molière nicht wesentlich über Rotrou hinaus. Dagegen gibt er – eine weitere wichtige Erfindung – dem Diener eine Frau, Cleanthis. Ihr empfiehlt Mercure in Gestalt ihres Mannes den Ehebruch mit einem Thebaner, er kann sie jedoch zu keinem Fehltritt bewegen. Im Unterschied zu Alcmène hätte sie zwar vielleicht Interesse und weigert sich mehr aus Abhängigkeit von der öffentlichen Meinung, die der Dienerin dergleichen nicht nachsehen würde. So ist diese Gefangene der Konvention nur lächerlich. Zugleich aber läßt sie diejenigen noch lächerlicher erscheinen, die als Gefangene der Konvention umgekehrt den Ehebruch mit einem hohen Herrn als Auszeichnung betrachten.

Eine weitere Parallele zum Hauptthema liefert die Verwechslungskomödie als solche. Amphitryon und Sosie sollen beide durch ihre Doppelgänger ihres Ichs beraubt werden, genauer: ihres Ichbewußtseins. Komischerweise scheint das bei dem Diener fast zu gelingen. Die Diskussion, die er mit Mercure über seine Identität führt, erinnert entfernt an das „*Cogito ergo sum*" des Descartes. Man hat ferner in dem ganzen Vorgang eine Anspielung auf die cartesische Lehre vom *malus genius* sehen wollen, der die Menschen irreführe[14]. Wie dem auch sei, die amüsanten Anstrengungen des Dieners, sich das eigene Ich hinweg zu raisonieren, sind gewiß nichts weiter als eine Satire auf die affektierte Vernünftelei, auf die Philosophie-Mode. Molière, der auf dem Jesuitenkolleg bei dem unabhängigen Denker und Descartes-Kritiker Pierre Gassendi (1592–1655) studierte, war von Unkenntnis der Philosophie ebenso frei wie von deren Überschätzung. Das Wichtigste an jenen Episoden ist jedoch, daß weder Sosie noch Amphitryon jemals ihr natürliches Ichgefühl verlieren. Der Diener ist sozusagen die verkörperte Parodie des „*Cogito ergo sum*", nämlich: ‚Ich nähre, fürchte, freue mich; folglich existiere ich'. Und darin läßt er sich nicht beirren. Das aber heißt: die Götter müssen auch auf dieser Ebene eine Niederlage hinnehmen. Molière würzt sie noch, indem man ihr Tun, solange man sie nicht erkennt, mit derben Schimpfwörtern quittiert, sie selbst der Teufelskumpanei bezichtigt und „*monstre*" nennt, wie das dem Dichter des *Tartuffe* geschehen war. Ja, man ruft gegen sie den Schutz der gerechten Götter an. Die Taktik der Maskerade erweist sich so als Bumerang. Und selbst als die Götter sich offenbaren, machen nur die Feldherrn – wer aber weiß, wie ihnen wahrhaft zumute ist? – die öffentliche, konventionell-ideologische Umwertung der Werte mit. Herr und Diener dagegen beharren auf ihrem Protest. Sie tun es so deutlich wie bei Rotrou. Mercure stellt sich vor. Sosie, den er aus Langeweile durchgebläut habe, könne sich deshalb

---

[14] Lionel Gossman: Molière's ‚Amphitryon'. Publ. Mod. Lang. Assoc. 78, 1963, pp. 201–213.

trösten: „*Denn eines Gottes Schläge sind für den, der sie erduldet, große Ehre*" (*Font honneur à qui les endure*). Sosie protestiert: er wäre ohne solche Komplimente sehr wohl ausgekommen und wünsche keine Wiederholung: „*Ich hab in meinem Leben keinen teuflischeren Gott gesehn als dich*" (*Un Dieu plus diable*). Die Schlußszene zwischen Jupiter und Amphitryon steht dazu in Parallele:

JUPITER (*in einer Wolke*)
Schau her, Amphitryon, wer der Betrüger ist.
Mit deinen eignen Zügen siehe Jupiter erscheinen:
An seinen Zeichen kannst du ihn erkennen;
Und das genügt, so glaube ich, um deinem Herzen
Zu jener Ruhe zu verhelfen, die es sich ersehnt,
Daß Frieden und daß Sanftmut darin Einkehr halten.
Mein Name, den die ganze Erde unablässig preist,
Erstickt hier das Gerücht, das sich verbreiten konnte.
Mit Jupiter zu teilen,
Hat Entehrendes nichts an sich;
Wahrhaftig, nur zum Ruhme kann es dem gereichen,
Als Nebenbuhler sich den obersten der Götter je zu wissen.
Für deine Liebe find ich darin keinen Grund zu törichtem Gerede:
Und mich erfaßt in diesem Abenteuer
Heftige Eifersucht, so sehr ich Gott auch bin.
Alkmene ist nur dir allein, so sehr man sie umwirbt;
Und deine Leidenschaft mag darin ihren Frieden finden,
Daß keinen andern Weg es gab, ihr zu gefallen,
Als die Gestalt des Gatten anzunehmen:
Daß Jupiter im Schmucke seines ewigen Ruhms
Aus sich allein nicht über ihre Treue triumphieren konnte,
Und daß, was er von ihr empfing,
Nur dir allein von ihrem glühend Herzen ward gewährt.

Regarde, Amphitryon, quel est ton Imposteur;
Et sous tes propres traits, voy Jupiter paroistre.
A ces marques, tu peux aisément le connoistre;
Et c'est assez, je croy, pour remettre ton Cœur
    Dans l'etat auquel il doit estre,
Et rétablir chez toy la paix et la douceur.
Mon Nom, qu'incessamment toute la Terre adore,
Etouffe icy les bruits qui pouvoient éclater.
    Un partage avec Jupiter,
    N'a rien du tout qui des-honore:
Et sans doute, il ne peut ester que glorieux
De se voir le Rival du Souverain des Dieux.
Je n'y vois, pour ta flame, aucun lieu de mumure;
    Et c'est moy, dans cette avanture,
Qui, tout Dieu que je suis, dois estre le Jalous.
Alcmène est toute à toy, quelque soin qu'on employe;
Et ce dot à tes feux estre un Objet bien dous,
    De voir, que pour luy plaire, i n'est point d'autre voye,
        Que de paroistre son Epous:

Que Jupiter, orné de sa gloire immortelle,
Par luy-mesme n'a pû triompher de sa foy;
Et que ce qu'il a reçeu d'elle,
N'a par son Cœur ardent, esté donné qu'à toy.   1890—1912

Jupiter nennt sich selbst einen Betrüger und weiß, daß er Amphitryon Kummer bereitet hat. Er setzt aber voraus, sein Name verwandle die Schmach ohne weiteres in Ruhm, den Kummer in Genugtuung. Das ist ein anmaßend-tyrannischer Verstoß gegen Natur und Vernunft, in diesem naiv-selbstverständlichen Vertrauen auf das konventionelle *Decorum* ebenso komisch wie gefährlich. Komik liegt außerdem darin, daß der allmächtige Gott seine Eifersucht und Ohnmacht, seine Niederlage bekennt. Sosie kommentiert wie bei Rotrou:

> Herr Jupiter versteht's, die Pille zu vergolden.
> *Le Seigneur Jupiter sçait dorer la Pilule.*   1913

Die Vergoldung scheint indessen für Amphitryon wenig an dem üblen Geschmack zu ändern. Er antwortet nicht, und Jupiter ermahnt ihn:

> So laß den düstern Kummer fahren, der am Herz dir zehrt,
> Und gib den ganzen Frieden dieser Glut, die in dir schwelt.
> Ein Sohn soll dir geboren werden, Herkules benannt,
> Von dessen Heldentaten wird die weite Welt erschallen.
> Ein tausendfältig fruchtbar Glück ergießt sich über dich,
> wird allen zu erkennen geben, daß ich dein Schirmherr bin,
> Und alle Welt will ich dazu bewegen,
> Dich um dein Schicksal zu beneiden.
> Du kannst dich kühn verlassen
> Auf die dir verheißene Erwartung.
> Ein Frevel wär's, daran zu zweifeln:
> Worte eines Jupiter
> Sind Schicksalssprüche. (Er verschwindet in den Wolken)

> *Sors donc des noirs chagrins, que ton Cœur a soufers,*
> *Et rens le calme entier à l'ardeur qui te brûle.*
> *Chez toy, doit naistre un Fils, qui sous le nom d'Hercule,*
> *Remplira de ses faits, tout le vaste Univers.*
> *L'èclat d'une Fortune, en mille biens féconde*
> *Fera connoistre à tous, que je suis ton suport,*
> > *Et je mettray tout le Monde*
> > *Au poinct d'envier ton Sort.*
> > *Tu peux hardiment te flater*
> > *De ces espérances données.*
> > *C'est un crime, que d'en douter.*
> > *Les Paroles de Jupiter*
> > *Sont des Arrests des Destinées.*   1914—1926.

Mit *Fortune* können hier nur äußere Dinge gemeint sein, die die Hochschätzung der Welt genießen, und diese Hochschätzung durch die Welt selbst. Jupiter will die Welt bewegen, Amphitryon um sein Glück

zu beneiden – gleichgültig, ob es ein wahres Glück ist oder nicht. Der
Gott legt allen Nachdruck auf seine Macht, das Urteil der Leute zu
lenken – Akzentuierung des Nur-Äußerlichen, der Geltung, im Unterschied zur Sache selbst, gleichzeitig aber auch Akzentuierung dessen,
was Jupiter tatsächlich vermag und ist – und was er nicht vermag, nicht
ist. Es spiegelt sich in der Reaktion der Menschen. Amphitryon beharrt
auf seinem Schweigen. Der Glückwunsch eines Unterfeldherrn

> Wahrhaftig, mich entzückt solch Huldbeweis ...
> *Certes, je suis ravy de ces marques brillantes ...*   1927

klingt mehr wie eine über-beflissene Versicherung, die die Genugtuung,
nicht selbst betroffen zu sein, nur schlecht verhüllt. Sosie aber unterbricht ihn mit seinen berühmten Schlußworten:

> Ihr Herren, wollt ihr meiner innern Stimme folgen?
> So laßt euch keinesfalls
> Auf solchen artigen Glückwunsch ein:
> Das wär ein schlechtes Unterfangen,
> Denn einesteils und andernteils sind schöne Redensarten
> Nur mißlich für solch Kompliment.
> Gott Jupiter hat uns viel Ehr erwiesen,
> Und seine Güte ist für uns ganz ohnegleichen;
> Unfehlbar Glück verheißt uns seine Huld,
> Fortuna wird ihr Füllhorn über uns ergießen,
> Ein Sohn soll hier aus über-mutigem Herz geboren werden:
> Das alles ist vortrefflich:
> Laßt den Reden uns jedoch ein Ende setzen,
> Daß jeder sachte sich nach Haus verziehe.
> In solchen Fällen dünkt es mich
> Das Beste, ja den Mund zu halten.

> *Messieurs, voulez-vouz bien suivre mon sentiment?*
> *Ne vous embarquez nullement,*
> *Dans ces douceurs congratulantes.*
> *C'est un mauvais Embarquement:*
> *Et, d'une, et d'autre part, pour un tel Compliment,*
> *Les Phrases sont embarassantes.*
> *Le grand Dieu Jupiter nous fait beaucoup d'honneur;*
> *Et sa bonté, sans doute, est pour nous sans seconde:*
> *Il nous promet l'infaillible bonheur,*
> *D'une Fortune, en mille biens féconde;*
> *Et chez nous il doit naistre un Fils d'un très-grand cœur,*
> *Tout cela va le mieux du Monde.*
> *Mais enfin coupons aux discours;*
> *Et que chacun chez soy, doucement se retire.*
> *Sur telles Affaires, toûjours,*
> *Le meilleur est de ne rien dire.*   1928–1943.

Sosie wendet sich an das Publikum, an uns. Er warnt vor jenen Glück-
wünschen: angeblich, weil sie der hohen Ehrung nicht angemessen Aus-

druck geben können; dann aber, in einer überraschenden Wendung: weil es das Beste sei, zu schweigen. Das könnte sich auf den Glückwunsch des Unterfeldherrn beziehen, der wohl eine ganz andere Gesinnung durchblicken lassen soll. Jedenfalls rechtfertigt Sosie das Schweigen seines Herrn. Und Amphitryon könnte sich schwerlich so bedanken, daß sein Schmerz, seine Entrüstung ganz verborgen blieben. Man könnte seine Situation tragisch nennen, zumal auch sein Schweigen letzten Endes verräterisch und darum vergeblich ist. Amphitryon ist Gefangener und Opfer der gesellschaftlichen Konvention. Als unterlegener Repräsentant von Natur und Vernunft könnte er Held einer Tragödie sein. Und Molière gestaltet ihn nicht in diesem Punkte komisch. Komisch ist vielmehr, daß Amphitryon abweicht von der Konvention des hier vorgeschriebenen Dankes; und komisch-absurd ist es, daß die Konvention des ehrenden Götterübergriffs sich gegen Vernunft und Natur siegreich behaupten kann, und unter öffentlichem Beifall. Das war deutlich. Hatte Molière gehofft, der antike Stoff könne als Alibi dienen und die Beziehung auf die Gegenwartsprobleme tarnen, dann wurde er enttäuscht. Nach der ersten Aufführung wurde auch *Amphitryon* verboten. Die Unterbindung seiner breiten Rezeption spricht aber durchaus nicht gegen seine Qualität. Im Gegenteil. Sie vervollständigt gerade den Rang dieses Meisterstücks eines prometheischen Protests gegen die religiöse und gesellschaftliche Autorität.

Im gleichen Sinn bearbeitete den Stoff in verwandter Zeitlage ein bohrender und des Ärgernisses fähiger Geist Englands. JOHN DRYDENS *Amphitryon* (1690) kehrt allerdings, so scheint es auf den ersten Blick, die Satire übermäßig klar und derb, so eindeutig hervor, daß das Allotria zum Selbstzweck wird und jeden tieferen Sinn begräbt. Da ist gleich die Eingangsszene. Merkur nennt Jupiters Abenteuer unumwunden Ehebruch, ja Hurerei. Phöbus nimmt in Gedanken Anstoß an dem Kontrast zwischen dem äußerlichen *Decorum* der Heiligkeit und dem heimlichen Frevel. Jupiter gibt zu, wegen all der Frommen müßten Könige und Priester die Tugendhaften mimen. Seine Schöpfer-Allmacht gebe ihm das Recht, über seine Kreaturen zu verfügen, wie ein absoluter Fürst über seine Untertanen. Der Kommentar der Untergötter: Die Allmacht, einem Manne Hörner aufzusetzen und ihn trotzdem nicht zu verunzieren, heiße, Recht und Unrecht nach dem *Decorum* des gesellschaftlichen Ranges zu unterscheiden, in Wahrheit also nicht zu unterscheiden. Das sei Despotie; der Schwache halte aber lieber den Mund.

Am Ende wird das wieder aufgenommen. Was Jupiter genießt, wird eben dadurch rein und heilig. *„What Jupiter enjoys, he sanctifies from vice"*. Die Ehrung ist bei Licht besehen jedoch nur die Versüßung einer bittren Pille, ein kniffliger Punkt, über den man besser schweige, was

Amphitryon auch tut. So bleibt Jupiters *Decorum* der obersten Autorität
gewahrt; und er darf zugeben, daß er besiegt wurde von dem Ehepaar
(das deutet auf Giraudoux voraus). Denn alle Zärtlichkeit, die er der
schönen Frau entlockte, galt ihrem Mann. Andere Autoren werden
Dryden darin folgen, daß Alkmene zwischen den beiden Amphitryonen
wählen muß und den Gott wählt — was Irrtum und beileibe keine Entscheidung für das Göttliche bedeutet — und daß sie bei der Epiphanie
zugegen ist. Auch sie hüllt sich auf Jupiters Erklärung hin in Schweigen.
Im Kontext der angeführten Kommentare kann das nur bekräftigen, was
sie unmittelbar vor der Offenbarung sagte:

> *I know not what to hope, nor what to fear.*
> *A simple error is a real crime,*
> *And unconsenting innocence is lost.*

Das sind Worte schwerster Niedergeschlagenheit. Zusammen mit
Amphitryons Verzweiflungsausbrüchen geben sie dem Protest gegen die
Umwertung der Werte durch die gesellschaftlich anerkannte religiöse
Autorität zusätzlich menschlich-sittliches Gewicht. Aber so deutlich und
überdeutlich das alles hervorzutreten scheint, Dryden hat die Tendenz
des Stückes andererseits vielfältig verhüllt — und sie doch wieder durchblicken lassen. Die Satire maskiert sich erstens gewissermaßen durch sich
selbst, nämlich durch ihre völlig hemmungslose Unverschämtheit. Dergleichen konnte einfach nicht ernsthaft auf gegenwärtig herrschende Verhältnisse anspielen. Um so näher lag vielmehr zweitens die Beziehung auf
den gestürzten Charles Stuart II., der dem Theater, insbesondere den
Schauspielerinnen, große Gunst erwiesen und damit dem ganzen Hof ein
Beispiel gesetzt hatte.

Dem Thema der Erotik ist der Epilog gewidmet. Aber gerade er verwandelt die Verdammung der Vergangenheit in Lob. Er endet mit dem
Sehnsuchtsruf der Frauen, Jupiters Galanterie und die Vitalität seiner
Mitgötter möchten wiederkehren im nächsten Zeitalter. Das gegenwärtige nämlich, das dem ersten Reich der Olympier folgte, fordere eine
strenge (sprich: puritanische) Lebensauffassung. Mit solcher *„severety of
life"* ende man zwar ohnehin, sobald man nicht mehr imstande sei zu
sündigen; bis dahin aber sei sie doch zu trostlos.

Die Frivolität dient offenkundig als Vehikel für das andere Thema:
Wie rasch wechseln die Epochen und ihre Wertsysteme! Zwei Jahre nach
der glorreichen Revolution von 1688 war das hochaktuell. Die Widmung
spricht das unumwunden aus. Sie wendet sich an eine einflußreiche Persönlichkeit der Revolution, an jemand, der den Autor seine Treue zur
vergangenen Epoche nicht entgelten lasse. Eine Wendung wie *„in this
ruin of my small fortune"* enthüllt die Ironie der Phrase *„this wonderful
Revolution"*. Diese hatte Dryden seine einträglichen Posten als Hof-

historiograph und *Poeta Laureata* der Stuarts gekostet. Walter Scott bemerkte solche Ausfälle gegen das derzeitige Regime[15]. Später indessen erklärte man das Stück für eine reaktionäre, sehnsüchtige Rechtfertigung der guten alten Zeit – ohne satirische Spitze gegen die jetzige[16]. Wendet Dryden sich doch schon im Prolog dem Thema Erotik zu, nachdem er einleitend sich verbreitet darüber, daß die Satire ohne echten Zorn weder provoziere noch gefalle. Eine schillernde Behauptung. Mag sein, daß man sie verstehen sollte als Erklärung, die Satire, die den Autor einst berühmt machte, sei ihm jetzt nicht mehr erlaubt[17]. Dem Wortlaut nach handelt es sich aber eher um die Ankündigung einer Satire. Und das Stück ist eine solche jedenfalls. Die Bemerkungen in Prolog und Epilog lassen keinen Zweifel: die Umwertung aller Werte durch die oberste, die religiöse Autorität, geißelt keineswegs bloß Charles' II. erotische Extravaganzen, sondern ebenso die allerhöchste Regelung, daß, was gestern gut hieß (das Katholische), heute schlecht war.

Das eben mußte den Dichter selbst schwer treffen. In *Religio Laici or A Layman's Faith* (1682) hatte er die Autorität von Kirche, Bibel und Vernunft mit skeptischen Vorbehalten diskutiert. Nach seiner Konversion feierte er in *The Hind and the Panther* (1685/6) die Autorität der katholischen Religion. 1693 erschien sein letztes Werk, eine ganze Sammlung lateinischer Satiren in Übersetzung. Sein *Amphitryon* von 1690 wurde ein großer Bühnenerfolg. Spürte und genoß das Publikum, daß sich hinter der Kritik am Vergangenen und dem mythischen Allotria eine Satire auf das neue Regime verbarg? Oder genoß es, weil die Provokation so gut verborgen war, unbefangen nur die derbsaftige Unterhaltung? Bedenkt man, wie gutgläubig die „Kritik" die Dinge sieht, möchte man Letzteres annehmen. Doch das Verständnis für die zweideutige Sprache des verborgenen Protests verliert sich eben oft fast unmittelbar mit der jeweiligen politisch-gesellschaftlichen Situation. Ja, immer wieder erstaunt man, wie wenig die Autoritäten davon merken, daß sie angegriffen werden.

Da ist z. B. das Opernlibretto *Anfitriao* des ANTÓNIO JOSÉ DA SILVA. Es lehnt sich offenbar mehr an Rotrou an, jedoch im Geist Molières. Hier übertreffen Juno und Jupiter nämlich alles, was wir bisher von der Grausamkeit der Götter hörten. Jupiter läßt Amphitryon zum Tod durch den Strang verurteilen. Aus Eifersucht betört und bestich Juno den machtgierigen Priester-Richter Teiresias, daß er Alkmene wegen Ehebruchs und Sosias wegen seiner Dienste für den nur angeblich

---

[15] Walter Scott: *The Life of John Dryden* 1805; Neudruck 1963, p. 306.
[16] Ned. B. Allen: *The Sources of John Dryden's Comedies* 1935 pp. 234, 236; Lindberger, *op. cit.*, p. 98f.
[17] Kenneth Young: *John Dryden. A Critical Biography* 1954, p. 166.

falschen Amphitryon im Tempel opfert. Teiresias weiß, daß Alkmene subjektiv unschuldig ist, schlägt seine Gewissensbisse aber in den Wind. Jupiter verhindert das Äußerste, entschädigt das Paar zu dessen dankbarer Zufriedenheit mit dem göttlichen Nachkommen Herkules und entschuldigt Alkmene: sie mußte einem Trick erliegen, der einem göttlichen Impuls entsprang, der Liebe. Der Schlußchor wundert sich, welch hohen Flug die Religion der Liebe nehmen kann[18].

Da Silva hatte und erhielt traurige Ursache genug, darüber zu erstaunen. Als portugiesischer Jude (1705 – 1739) wurde er von der Inquisition ständig verfolgt, mehrfach gefoltert und endlich gehängt, nachdem seine Frau und seine Eltern dieses Schicksal vor ihm erleiden mußten. Sein Stück aber wurde ebenso wie seine anderen in Lissabon vielfach aufgeführt, von der Inquisition nicht verboten und 1759 zum viertenmale aufgelegt.

Noch bevor da Silva geboren wurde, erschien die vielgelesene *Unparteyische Kirchen- und Ketzergeschichte* (1700) des Pfarrers Gottfried Arnold. Sie versicherte, der Ketzer sei der bessere, der wahre Christ. Ende des Jahrhunderts erklärte Thomas Paine in *The Age of Reason* (1794/95), alle historischen Religionen seien Erfindungen zum Zweck der Unterdrückung von Wissenschaft und Freiheit. Das Buch wurde gleich nach Erscheinen ins Deutsche übersetzt (1796). Verleger und Übersetzer wahrten allerdings die Anonymität. Und die umfangreichen Erläuterungen griffen den Verfasser scheinbar wegen seiner Unchristlichkeit an, in Wahrheit aber wegen seiner allzugroßen Nachsicht gegen Kirche und Bibel. Das ist der verhüllte Aufstand des Prometheus. Auch die berühmteste Gestaltung des Motivs, ein Gedicht, erschien zuerst anonym, ohne Wissen des Verfassers, in einer Schrift, die der sogenannte Pantheismusstreit zwischen Lessing und Mendelssohn auslöste[19]. Es ging um den Pantheismus des Spinoza, und damals hieß das für viele: Atheismus. Das Gedicht war Goethes Hymne *Prometheus*. Und Goethe schrieb scherzend, er komme „*bey dieser Gelegenheit mit Lessing auf einen Scheiterhaufen zu sitzen.*"[20] Später reihte er rückblickend den Prometheus seiner Hymne den Titanen an, die damals seine „*Heiligen*" waren, „*Glieder einer ungeheuren Opposition im Hintergrund meiner Iphigenie.*"[21]

---

[18] Professor Pardo, dem ich auch hier Dank für seine Hilfe schulde, hält es für möglich, daß Jupiters Eröffnung und der fromme Dank des Paares an Mariä Verkündigung anklingen. Dabei könnte es sich um einen sehr ernstgemeinten Angriff gegen das Christentum handeln.

[19] Friedrich Heinrich Jacobi: *Über die Lehre des Spinoza in Briefen an Herrn Moses Mendelssohn* 1785.

[20] 11. September 1785 an Jacobi.

[21] *Dichtung und Wahrheit*, 15. Buch.

Gleichwohl rettete er, so fand man, in jenem Drama das Bild der Götter durch einen guten Ausgang[22]. Und das tat jedenfalls sein Verehrer JOHAN DANIEL FALK in zwei Gestaltungen des Amphitryonstoffs. In dem umfangreichen, antikisierenden Lustspiel *Amphitruon* von 1804 verzichtet Jupiter dem Geist Goethescher Humanität gemäß darauf, Alkmene zu besuchen. Im selben Jahr erholte sich Falk gleichsam von seinen feierlichen Anstrengungen mit der Posse *Das Ich und das Nicht-Ich, oder die lustige Hahnreischaft:* Alkmene ist eine Gewohnheits-Ehebrecherin, die selbst einen Jupiter nicht länger als vier Wochen zum Liebhaber möchte. Der Gatte gibt sich mit einer finanziellen Abfindung zufrieden[23]. Molière liefert hier nur die Verwechslungskomödie. Im übrigen wird er korrigiert: Falk verspottet die Götter, wo sie nur Karikaturen, also gar nicht getroffen sind; und er rettet, wie Goethe anscheinend in *Iphigenie,* ihr sittliches Bild, wo sie mit herkömmlicher Würde auftreten. Denn was die höchste, die religiöse Autorität angeht, so vermeidet Falk jeden Affront, ja, jede riskante Zweideutigkeit. So forderten es die klassizistische Ästhetik der Gattungsreinheit und die europäische Reaktion auf den Königs- und Religionssturz durch die Französische Revolution.

HEINRICH VON KLEIST, der preußische Protestant, war ebensowenig ein grundsätzlicher Feind weltlicher und religiöser Autorität. Im Gegenteil, er erwartete alles Heil von dort. Doch gerade darum legte er den höchsten Maßstab an ihre positiven Erscheinungsformen; und das hieß: er unterzog sie einer ebenso leidenschaftlichen wie raffiniert verhüllenden Kritik. Von seinem ersten Drama bis zu seiner letzten Erzählung wies er – in zunehmend versteckter Form – auf die Gefahren hin, die sich aus der Selbstgerechtigkeit weltlicher Autorität und aus der handgreiflichen religiösen Lebens-Interpretation ergeben können. Das Göttliche fand er, wie die ganze Goethezeit, in parapsychischen Nachtseiten der Naturvorgänge und, wie die Klassik, im Menschen der sittlichen Vollendung[24]. Der Pantheismus des Zeitalters findet sich bei ihm einzig im *Amphitryon* (1807), und zwar einzig im Munde Jupiters, an einer Stelle deutlich nach dem Vorbild Falks, der seinerseits Goethes *Faust* nachahmte, wie er seit

---

[22] Vgl. die Erörterung oben S. 8–12.

[23] H. Sembdner hat beide Stücke neu herausgegeben (*J. D. Falks Bearbeitung des Amphitryon-Stoffes* 1971) und die äußeren Beziehungen zu Kleist untersucht im *Jahrbuch der deutschen Schillergesellschaft* 13, 1969, S. 361–396. Vgl. S. 65, Zeugnisnr. 24a.

[24] Vgl. Vf.: Skepsis, Noblesse, Ironie. Formen des Als-ob in Kleists „Erdbeben". *Euphorion* 1969, 249–283: „Die heilige Cäcilie" und „Der Zweikampf." „Kleists Legenden und die romantische Ironie". *Colloquia Germanica* 1972, 17–58; Weltdialektik und Weltüberwindung. Zur Dramaturgie Kleists. *Deutsche Dramentheorien*, hrsg. R. Grimm, 1972, 270–292.

1790 als *Fragment* vorlag, nämlich Fausts Credo, seine Antwort auf Gretchens Frage: „*Wie hast du's mit der Religion?*"

Überwiegend pflegte die Kritik zumal der letzten Jahre diesen Pantheismus bei Kleist ernstzunehmen, auf seiner Basis die behauptete Identität Jupiters mit Amphitryon zu akzeptieren und so das Stück zum religiösen Weihespiel zu stempeln. Sofern man sich dafür (was selten geschah) auf Momente der Rezeption berief – auf Kleists Anlehnung an Falk und Goethe, auf Kleists persönliche Erörterung des Stoffs mit Falk (1803)[25] –, machte man es sich zu einfach. Der Text selbst führt den Identitätsgedanken deutlich ad absurdum. Jupiter beschwört die pantheistische Vorstellung, Gott sei in der Natur, ja gerade, um Alkmene zur Verehrung des Gottes im Unterschied zu Amphitryon zu bewegen – ein Beginnen, das hier wie überall schon an Jupiters Amphitryonmaske komisch scheitert. Der Gott spricht bei Kleist auch davon – und das ist völlig neu –, er werde sich in seiner wahren Gestalt zeigen und Alkmene in den Olymp einführen zu ewigem Ruhm. Die Umworbene lehnt das zur komischen Enttäuschung Jupiters entschieden ab. Am Ende soll sie sich – so deuten viele Interpreten das wehrlose „*Ach!*" – die Sache anders überlegen.

Damit nähme sie zuletzt eine Position ein ähnlich wie durchgehend die *Semele* in FRIEDRICH SCHILLERS gleichnamiger „lyrischer Operette" aus der *Anthologie auf das Jahr 1782*. Sie will Jupiter, den sie in einer Jünglingsmaske liebt, in wahrer Gestalt sehen. Sie zwingt ihn, sich zu offenbaren. Das tötet sie; und Jupiter verflucht sich selbst. Ähnlich dann am Schluß bei Kleist, der überhaupt viele Einzelwendungen von Schiller übernahm. Des Gottes Selbstverfluchung würde freilich mit einem endlichen „Ja" Alkmenes zu dem Besuch schlecht harmonieren. Man hat sie denn auch stillschweigend übergangen oder gar aufwendig umgedeutet, wo sie ins Konzept der Interpretation nicht paßte. Das war dann das Konzept des Weihespiels, der Verherrlichung des Gottes und seines Anspruchs, der Huldigung für die höchste Autorität und die bestehende Konvention. Der Untertitel *Ein Lustspiel nach Molière* verhüllte dann untertreibend die tiefsinnige Überhöhung der Autoritätssatire. Bliebe es umgekehrt bei dieser, wäre der Untertitel ein Bekenntnis zu dem Franzosen, gleichsam ein Kampfruf im Streit der Geister für und gegen die Unterwerfung unter die Autorität von Gott und Gesellschaft, Religion und Konvention. Literarisch hätte sich Kleist damit gegen Goethes *Iphigenie* und Falk gewendet, auch gegen Schiller. Dessen Operette rührt an den Konflikt nicht ernstlich. Dafür ließ sich Semeles eindeutige Sehnsucht nach dem Gott durch ebenso eindeutige Umkehrung bei Alkmene satirisch gut verwenden – nämlich als eine Satire *nach Molière*.

[25] Sembdner, vgl. Anm. 23.

Wie die Dinge nun auch liegen mögen, soviel dürfte klar geworden sein: der Tatbestand der Rezeption sagt uns noch nicht, w i e rezipiert wurde, w i e Frage und Antwort lauteten. Auf keinen Fall darf man von den rezipierten Werken und zeitgenössischen Positionen direkte Analogien zu dem Text herstellen. Dieser selbst nur kann den Ort angeben, der ihm im Horizont der Rezeption zufällt. Natürlich müssen dessen Bezüge immer wieder mitbetrachtet werden. Man muß es, weil im Falle des *Amphitryon* diese Bezüge vorliegen und, gleichgültig ob man möchte oder nicht, als Korrektive der Interpretation fungieren. Sie sollten die Rivalität der Deutungen wesentlich mit entscheiden. Doch dürfen sie das Lesen selbst nicht vorbestimmen. Sie werden ja durch dessen Resultate selber erst bestimmt. Andererseits mögen sie von vornherein der subjektiven Phantasie Zügel anlegen und verhindern, daß der Text in völlig fremde Kontexte eingeordnet und von dort gedeutet wird. Mehr freilich als einen allgemeinen, vorläufigen und hypothetischen Rahmen geben sie zunächst nicht ab. Sie deuten an, worum es gehen mag und mit welcher Art Alternativen, Gegensätzen man bei Fragen und Antworten zu rechnen haben könnte. Im Hin und Her zwischen Text und Kontext, Werk und Korrektiven, verengen sich die Möglichkeiten, vielleicht bis zu einer letzten, die uns eindeutig erscheint. Als Ziel wenigstens wird das dem Wissenschaftler immer vorschweben, auch wenn er findet oder ihm bescheinigt wird, daß er es nicht erreichte.

Die ältere *Amphitryon*-Kritik wird unter den Dokumenten zur Kleist-Rezeption, die neuere in dem Kapitel „Probleme der Interpretation" sowie im Szenen-Kommentar hervortreten. Beide plädierten teils für das Weihespiel-Konzept, teils für das der Autoritätssatire. Unter ihrem Einfluß findet sich das gleiche Schwanken in den späteren Gestaltungen des Stoffes. Ob sie jeweils Kleist folgen, ihm widersprechen, ihn gegen eine Deutungsrichtung unterstützen – diese Fragen wären auf Molière als den wichtigsten Vorläufer auszudehnen und erst noch gründlich zu untersuchen. Hier nur kurz die wichtigsten Stationen der weiteren *Amphitryon*-Rezeption durch Schriftsteller.

WILHELM HENZEN ließ sein Stück (1905) als Bühnenbearbeitung Kleists erscheinen. Neben stilistischen Schlimmbesserungen baute er eine gröbere Version der Falkschen Lösung ein: es kommt nicht zum Besuch Jupiters; und zwar scheucht Alkmene den Gott geradezu davon, indem sie sich auf die eheliche Treue beruft. Das ist sehr prometheisch gedacht. Aber ein Gott, der sich vom Zetern einer Frau in die Flucht schlagen läßt, kann schwerlich noch als Gegenstand eines ernsthaften Wagnisses gelten.

Das ist auch der wunde Punkt an JEAN GIRAUDOUXS *Amphitryon 38* (1929). Jupiter wird hier am Schluß der Schutzpatron der Gatten; er erlaubt ihnen, das Ideal ehelicher Liebe und Treue zu verwirklichen.

Andererseits hat er Alkmene doch besucht und Herkules gezeugt, wie es der Mythos forderte und Jupiter selbst ersehnte. Der Gott verzichtet lediglich auf einen weiteren, den offiziellen Besuch; und er läßt das Paar auf dessen Bitte hin den Tag einfach vergessen — eine wohltätige Aufhebung der Tragödie, wie Kleists Alkmene sie umsonst erfleht. Er gibt in dieser Weise nach, weil Alkmene sich eher das Leben nähme, als ihm zu Willen zu sein, und weil ihm ihre selbstgenügsame Beschränkung auf die Werte des rein menschlichen Daseins imponiert. Es ist komisch und zugleich herzbewegend, wie der Allmächtige sein Hauptziel nicht erreicht — daß Alkmene ihn ihrem Gatten vorzöge — und wie der Allwissende einsehen lernt, daß es unter den Menschen eine prometheische Eigenständigkeit gibt, vor deren Tugenden der Sanftmut, Treue, Hingabe der Machtanspruch der Götter jämmerlich zuschanden wird. Darum ist Alkmene nach seinem Wort „*le vrai Prométhée*" (II, 3).

Freilich gibt es daneben die offizielle mythische Ideologie, derzufolge das Göttliche dem Menschlichen in jeder Hinsicht überlegen ist und ein Ehebruch mit Gott ehrenvolle Auszeichnung bedeutet. Doch in prometheischem Geist verneint das vorbildliche Paar die Autorität jener Konvention selbstverständlich und gelassen. Der Protest erfolgt, wenigstens für den Zuschauer, völlig unverhüllt; und er wird von Jupiter gebilligt. Dadurch eben hört der Gott auf, der ganz andere, Furchtbare zu sein, und der Aufstand gegen ihn hat nur sehr wenig von einem prometheischen Wagnis an sich. Die Ironie, die sich hauptsächlich gegen die Masse und die Götter richtet, ist eindeutig, also um ihr bestes Salz gebracht. Die kommentierende Dienerhandlung — seit Plautus das komische Glanzstück aller Bearbeitungen — fällt fort, wie überall nach Kleist. Alkmene, die die erfahrene Leda für sich einspringen lassen will, wird trotzdem von Jupiter getäuscht. Leda empfängt Amphitryon im Glauben, es sei Jupiter; und jener hält sie für Alkmene. Ein blasser und wenig amüsanter Ersatz für die kunstvoll-komischen Kontraste und Analogien, für den derben Übermut der aufgegebenen Verwechslungspartien.

Sie fehlen auch in GEORG KAYSERS *Zweimal Amphitryon* (1943). Der aus Nazi-Deutschland emigrierte Dichter vergröberte den Stoff zu einem Anti-Kriegsstück und einer Werbeschrift für Religion. Die salbungsvolle religiöse Exzentrik echot die deutschen akademischen Kleistvorlesungen von 1920 bis 1960. Ähnlich wie bei Hesiod führt Amphitryon Krieg um des Krieges willen und vernachlässigt darüber seine Frau. Diese besteht die Liebesprobe, welcher der Gott sie unterzieht. Ihr Sohn Herkules soll die Menschheit erlösen — durch Gründung der olympischen Spiele. Alkmene aber trauert dem entschwundenen Gott nach. Das schwerfällig versifizierte Bildungsdrama präsentiert die herkömmliche Rangordnung

zwischen Göttlichem und Menschlichem. Die Ironie und Komik der
Dienerhandlung und der Verwechslungen sind – wie nun immer – ersetzt
durch Raisonnement.

Die Alkmene des klassischen Philologen ECKART PETERICH (*Alkmene,*
1959) verweigert sich Jupiter. Um einem unpopulären Moralismus vorzu-
beugen, heißt es, sie handle so aus Liebe, nicht aus Tugend. Plautus,
Molière und Kleist ließen beides zusammenfallen. Die „*fromme Legende
von der Heiligkeit der Ehe*" (Nachwort) versittlicht den Mythos in
humanistischem Geist. Jupiter verschont Alkmene wirklich. Und am
Ende trauert er, der zurückgewiesene, schuldige Gott. Eine Lösung, die
tiefsinnig und zugleich lustig sein soll, was man dem Text selbst freilich
nicht anmerkt.

Der derzeit letzte *Amphitryon,* von dem in der DDR lebenden PETER
HACKS (1969), ist ebenfalls in Blankversen, doch es geht derb und herz-
haft zu. Jupiter kommt voll auf seine Kosten, sogar zu einer zweiten
Umarmung, zu der Alkmene den erkannten Gott auffordert. Die Folgen
sind weder mythisch (Herkules) noch seelisch für einen der Beteiligten
belangreich. Protestiert die amoralisch unverbindliche Burleske mit ihrer
fleischlichen Freigeisterei gegen die puritanische Sittenverwaltung der
Obrigkeit? Dann handelte es sich noch einmal um Autoritätskritik, die
sich mit Komödie maskierte. Mit Geist und Kunst Molières und Kleists
hat sie sonst nichts zu tun. Doch jedenfalls wehrt sich dieses Stück gegen
den feierlichen Tiefsinn der konservativen Kleistkritik und -nachfolge.
Deren Anfänge und den Protest dagegen belegen die Dokumente des
folgenden Kapitels.

Zeugnisse
zur Molière-Rezeption,
zum Erscheinen und zur Aufnahme
von Kleists *Amphitryon*
1807−1928

1. *Kleist an Ulrike von Kleist, Chalons, 8. 6. 1807*
   Rühle hat ein Manuskript, das mir unter anderen Verhältnissen das
   Dreifache wert gewesen wäre, für 24 Louisdor verkaufen müssen.

2. *Kleist an Ulrike, Dresden, 17. 9. 1807*
   Zwei meiner Lustspiele sind schon mehrere Male in öffentlichen
   Gesellschaften, und immer mit wiederholtem Beifall, vorgelesen
   worden.

3. *Kleist an Wieland, Dresden, 17. 12. 1807*
   Der Gegenstand meines Briefes [vom März 1807] war, wenn ich
   nicht irre, der Amphitryon, eine Umarbeitung des Molièrischen, die
   Ihnen vielleicht jetzt durch den Druck bekannt sein wird, und von
   der Ihnen damals das Manuskript, zur gütigen Empfehlung an einen
   Buchhändler, zugeschickt werden sollte.

4. *Kleist an Marie von Kleist, Berlin, Sommer 1811*
   Ich betrachte diese Kunst [die Musik] als die Wurzel, oder vielmehr,
   um mich schulgerecht auszudrücken, als die algebraische Formel
   aller übrigen. . . . Ich glaube, daß im Generalbaß die wichtigsten
   Aufschlüsse über die Dichtkunst enthalten sind.

5. *Christian Gottfried Körner an den Verleger Göschen. Dresden,*
   17. 2. 1807
   Vorjetzt bitte ich Sie um baldige Antwort auf eine Anfrage, wozu
   mich ein merkwürdiges poetisches Produkt veranlaßt, das ich hier im
   Manuskript gelesen habe. Herr von Kleist, Verfasser der Familie von
   Schroffenstein und ehemals preußischer Offizier, hat einen Amphitryon in Jamben gemacht, der sich besonders durch den Schwung
   und die Hoheit auszeichnet, womit die Liebe Jupiters und der Alkmene dargestellt ist. Auch ist das Stück reich an komischen Zügen,
   die nicht von Plautus oder Molière entlehnt sind. Der Verfasser ist
   jetzt als Gefangener in eine französische Provinz gebracht worden,
   und seine Freunde wünschen das Manuskript an einen gutdenkenden
   Verleger zu bringen, um ihm eine Unterstützung in seiner bedrängten
   Lage zu schaffen.
     Adam Müller, der hier über deutsche Literatur Vorlesungen ge-
   halten hat, will die Herausgabe besorgen, und noch einige kleine
   Nachlässigkeiten im Versbau verbessern. Von ihm habe ich das Manuskript erhalten. Der Verfasser dieses Stückes hat noch zwei andere
   größtenteils geendigt, wovon sich viel erwarten läßt. Wären Sie ge-

neigt, das Manuskript zu nehmen, so schreiben Sie mir bald Ihre Erklärung.

6. *Im Mai 1807 erscheint*

Heinrich von Kleists Amphitryon,
ein Lustspiel nach Molière.
Herausgegeben von Adam Heinrich Müller.
Dresden. In der Arnoldischen Buchhandlung

Vorrede des Herausgebers.

Eine leichte Betrachtung des vorliegenden Lustspiels wird zeigen, daß die gegenwärtige Abwesenheit des Verfassers von Deutschland und keine andre Veranlassung den Beistand einer fremden Hand bei der Bekanntmachung des Werks nötig machte. Es bedarf nämlich so wenig einer Empfehlung, daß diesmal, ganz der gewöhnlichen Ordnung entgegen, der Herausgeber viel mehr durch den Amphitryon, als die eigentümliche, auf ihre eigne Hand lebende Dichtung durch den Herausgeber empfohlen werden kann. [. . .] Möge der Leser, wenn er in Betrachtung dieses Jupiters und dieser Alkmene sich der Seitenblicke auf den Molière, oder den Plautus, oder die alte Fabel selbst, durchaus nicht erwehren kann − den Wörterbüchern, den Kunstlehren, und den Altertumsforschern, die ihm dabei an die Hand gehen möchten, nicht zu viel trauen: das altertümliche Kostüm gibt die Antike noch nicht; ein tüchtiger, strenger metrischer Leisten gibt noch nicht den poetischen Rhythmus; und das Geheimnis der Klassizität liegt nicht in der bloßen Vermeidung von Nachlässigkeiten, die leise verletzen, aber nicht ärgern, nicht verunstalten, oder verdunkeln können das Ursprüngliche und Hohe, das aus dem Werke herausstrahlt. Mir scheint dieser Amphitryon weder in antiker noch moderner Manier gearbeitet: der Autor verlangt auch keine mechanische Verbindung von beiden, sondern strebt nach einer gewissen poetischen Gegenwart, in der sich das Antike und Moderne − wie sehr sie auch ihr untergeordnet sein möchten, dereinst wenn getan sein wird, was Goethe entworfen hat − dennoch wohlgefallen werden.

Erwägt man die Bedeutung des deutschen und die Frivolität des Moliereschen Amphitryon, erwägt man die einzelnen von Kleist hinzugefügten komischen Züge, so muß man die Gutmütigkeit bewundern, mit der die komischen Szenen dem Moliere nachgebildet sind: der deutsche Leser hat von dieser mehrmaligen Rückkehr zu dem französischen Vorbilde den Gewinn, kräftig an das Verhältnis des poetischen Vermögens der beiden Nationen erinnert zu werden.

Einen Wunsch kann der Herausgeber nicht unterdrücken, nämlich den, daß im letzten Akte das thebanische Volk an den Unterschied des göttlichen und irdischen Amphitryon gemahnt werden möchte, wie Alkmene im zweiten Akt. Gewollt hat es der Autor, daß die irdische Liebe des Volks zu ihrem Führer ebensowohl zu Schanden werde, als die Liebe der Alkmene zu ihrem Gemahl — aber nicht ausgedrückt. Adam H. Müller

7. *Adam Müller an Friedrich von Gentz, Dresden 9. Mai 1807*
Ich sende Ihnen, mein Freund, um Ihren Wünschen wenigstens teilweise zu genügen, die von mir herausgegebene dramatische Arbeit eines jungen Dichters, der vielleicht Besseres und Höheres als irgendein anderer verspricht. Die Lektüre des zweiten Akts des Amphitryon wird Sie bewegen, mein Urteil zu unterschreiben. Die äußere Ungeschliffenheit der Verse wegzuschaffen, hielt ich nicht für meinen Beruf, um so weniger, als ich den Rhythmus dieses Gedichts zu verletzen für ein Verbrechen gegen die poetische Majestät dieses großen Talents gehalten haben würde. Wäre der Verfasser nicht gegenwärtig im Schlosse Joux als Arrestant der Nachfolger Toussaints, so würde, was Sie Nachlässigkeit in der Sprache und im Versbau nennen mögen, wahrscheinlich daran nicht auszusetzen sein. Ich besitze mehrere Manuskripte dieses Autors, die zu gelegener Zeit erscheinen sollen.

8. *Gentz an Adam Müller, Prag, 16. Mai 1807*
Das Kleistsche Lustspiel hat mir die angenehmsten, und ich kann wohl sagen, die einzigen rein angenehmen Stunden geschaffen, die ich seit mehreren Jahren irgendeinem Produkt der deutschen Literatur verdankte. Mit uneingeschränkter Befriedigung, mit unbedingter Bewunderung habe ich es gelesen, wieder gelesen, mit Molière verglichen, und dann aufs neue in seiner ganzen herrlichen Originalität genossen. Selbst da, wo dieses Stück nur Nachbildung ist, steigt es zu einer Vollkommenheit, die, nach meinem Gefühl, weder Bürger, noch Schiller, noch Goethe, noch Schlegel in ihren Übersetzungen französischer oder englischer Theaterwerke jemals erreichten. Denn zugleich so Molière und so deutsch zu sein, ist wirklich etwas Wundervolles. Was soll ich nun aber von den Teilen des Gedichtes sagen, wo Kleist hoch über Molière thront! Welche Szene, die, wo Jupiter der Alkmene das halbe Geheimnis enthüllt! Und welche erhabene Entwicklung! — Wie unendlich viel edler und zarter und schöner sind selbst mehrere der Stellen, wo er im Ganzen dem Gange des Franzosen gefolgt ist, z. B. das erste Gespräch zwischen Amphitryon und seiner Gemahlin! Und welche *vis comica* in den ei-

gentümlichen Zügen, womit er den Charakter des Sosias ausgestattet
hat! — In Molière ist das Stück, bei allen seinen einzelnen Schön-
heiten und dem großen Interesse der Fabel (die ihm so wenig angehört als Kleist), am Ende doch nichts als eine Posse. Hier aber verklärt es sich wirklich in ein Shakespearesches Lustspiel, und wird
komisch und erhaben zugleich. Es war gewiß keine gemeine Aufgabe, den Gott der Götter in einer so mißlichen und so zweideutigen Lage, wie er hier erscheint, immer noch groß und majestä-
tisch zu halten; nur ein außerordentliches Genie konnte diese Aufgabe mit solchem Erfolge lösen. — Die Sprache ist durchaus des
ersten Dichters würdig; wenn Sie nicht von Makeln gesprochen
hätten, würde mir kaum eine aufgestoßen sein; diesen Stil nenne
auch ich klassisch. Die einzige Sprachunrichtigkeit im ganzen
Stück fand ich S. 109: „An seinem Nest gewöhnt", ist ein offen-
barer Fehler. Alsdann hätte ich das Wort „Saupelz" wegge-
wünscht, weil es doch etwas zu niedrig ist, ob es gleich da, wo es
steht, nichts desto weniger gute Wirkung tut.

Nun sagen Sie mir doch vor allen Dingen, worüber Sie wahrlich
nicht ganz hätten schweigen sollen: wer ist denn dieser Kleist? Woher kennen Sie ihn? Warum hörte ich nie seinen Namen? Wie
kommen Sie zu seinen Manuskripten, und wie kommt er zum
Schlosse Joux?

9. *Adam Müller an Gentz, 25. Mai 1807*
Mit großer Freude ersehe ich [...], daß der Amphitryon Ihnen so
vorzüglich gefallen hat. Hartmann hat ein großes herrliches Bild ge-
malt, die drei Marien am Grabe, welches zugleich mit dem Amphitryon mir eine neue Zeit für die Kunst verkündigt. Der Amphitryon
handelt ja wohl ebensogut von der unbefleckten Empfängnis der heiligen Jungfrau, als von dem Geheimnis der Liebe überhaupt, und so
ist er gerade aus der hohen, schönen Zeit entsprungen, in der sich
endlich die Einheit alles Glaubens, aller Liebe und die große, innere
Gemeinschaft aller Religionen aufgetan, aus der Zeit, zu deren echten Genossen Sie und ich gehören. Protestieren Sie nicht länger,
mein Freund, gegen — ich will nicht gerade sagen das neue Zeitalter der Kunst — aber gegen die Zukunft des Herrn in Wissenschaft, Leben und Kunst!

10. *Morgenblatt. Tübingen, 3. Juni 1807*
[...] Willkommen sei, wer einen solchen Freiheitsbrief, eine solche
magna charta aus den Händen seiner geliebten Mutter Natur empfangen, willkommen, wer so den göttlichen Beruf des Dichters
beurkunden kann. Denn dies ist wohl die wahre Genialität oder

Schöpferkraft, die Leben aus dem Steine rufen, die dem abgestor-
benen Leibe der Fabel eine gottähnliche Seele einblasen kann: die
zwischen dem Zuviel und Zuwenig hindurch mit kühner und siche-
rer Hand die zarte, leichtverletzliche Linie der Schönheit richtig zu
ziehen weiß: und dies ist geschehen. Die bekannte Fabel, die in des
Plautus Behandlung schon eine leise Spur von Geringschätzung
gegen die Götter verrät, die in ungeweihtem Mund so leicht obszön
werden kann, die unter Molières Händen, des komischen Reichtums
ungeachtet, zu einer echt nationellen Hahnreischaft geworden, ist
von Kleist mit solcher Keuschheit und Heiligkeit wiedergeboren,
daß uns bis auf den heutigen Tag kein Werk bekannt ist, in
welchem eine vielsinnige Mythe der Griechen auf so überraschende,
übermenschliche und edle Weise gedeutet worden: ja, der Sinn ist
bei seiner herrlichen Tiefe so rein, daß man selbst die schönste und
geheimnisreichste Mythe der christlichen Religion ohne allen Zwang
darinnen finden mag. Es ist eine Ansicht, deren außer dem Griechen
nur der Deutsche fähig ist, die dem Römer fremd bleiben mußte,
und zu deren Ahndung der Franzose sich nie erheben wird.

11. *August Klingemann. Zeitung für die elegante Welt. Leipzig, 19. Juni
1807*
Der Verfasser des vorliegenden Schauspieles hat [...] durchaus im
romantischen Geiste gedichtet, da in den ernsten und scherzhaften
Partien die Reflexion überall gesetzgebend und bildend vorherrscht.
Aus diesem Grunde mußte er den Molièreschen Amphitryon denn
auch ganz von innen aus umformen und wiedergebären, und es ist
höchst interessant, diesem Gesamtprozesse bis auf den Grund zuzu-
schauen, wo er zuletzt dem Molière nichts weiter als die Namen der
Personen, das Szenarium und die leeren Schalen der Worte überließ,
indes ein neuer Genius als poetische Seele in diesen Körper einzog.
    Wenn Molière den antiken Mythus bloß frivol und parodisch
behandelt, so führt ihn Kleist in sein ursprüngliches Götterland zurück, und sein Jupiter wird wieder zum olympischen, so wie Alkmene sich zur Mutter eines Gottes verklärt. Nur die kecke Sinnlichkeit des antiken Mythus wurde jetzt dem romantischen darüber
reflektierenden Dichter ein fast unübersteigliches Hindernis, und er
versuchte, da er es nicht umgehen konnte, es metaphysisch aufzulösen, welchem Versuche wir die ganz hinzugedichtete Szene
zwischen Jupiter und Alkmene, im zweiten Akte, verdanken, die
ebenso trefflich als merkwürdig ist, indem sie zugleich beweiset,
daß bei dem höchsten Dichtergenie es dennoch nur einseitig gelingen
kann, einen eigentümlich antiken Gegenstand romantisch darzu-

stellen, und daß die reine Sinnlichkeit jener alten klassischen Werke sich nur durch sich selbst vertreten kann, bei dem Hinüberführen in den Kreis der Reflektion aber sogleich Gefahr leidet. Man lese z. B. nur folgende Stelle aus der ebengenannten Szene:

JUPITER: Du wolltest ihm, mein frommes Kind,
Sein ungeheures Dasein nicht versüßen . . .   [Vers 1514 bis 1531]

Alkmene ist mit außerordentlicher Zartheit vollendet; beim Jupiter dürfte indes zu rügen sein, daß die strengeren Formen des Donnerers sich hin und wieder zu sehr in apollinische Weichheit aufgelöset haben. —

Was die scherzhaften Partien zwischen dem Merkur, Sosias und der Charis betrifft, so ist darin die witzige Frivolität Molières zum echten komischen Humor gesteigert, und das französische Vorbild auch auf dieser Seite idealisiert. Es sind hier alle Bedingungen zur echten Komik vorhanden, und der Verfasser hat unter den neuern Dichtern den ersten bedeutenden Beitrag zu einer künftigen komischen Schaubühne geliefert. [. . .] Eine Vergleichung zwischen der humoristischen Behandlung des Lächerlichen, von Kleist, und der witzigen, von Molière, dürfte übrigens für die Theorie von großer Fruchtbarkeit sein, so wie denn der ganze Gegenstand überhaupt der eigentlichen Kritik einen weiten Spielraum eröffnet.

Der Schluß löset das ganze Gedicht in seiner eigentümlichen Sphäre auf, und gibt den höchsten Beweis von dem zarten Kunstsinne des Verfassers. Beim Molière ist er der Anlage des Ganzen nach völlig frivol, und Sosias schließt boshaft genug mit den Worten:

Sur telles affaires toujours
Le meilleur est de ne rien dire.

Bei Kleist dagegen endet das Gedicht mit dem leisen Ach! der aus ihrer Ohnmacht erwachenden Alkmene — ein Ach von tiefer Bedeutung; wo Unschuld und Sünde in den kleinsten Laut zusammenschmelzen.

12. *Allgemeine Literaturzeitung. Jena, 24. Juni 1807*
Die alte Mythe ist vom Dichter, der Idee nach, gänzlich, und zwar auf eine geniale Weise umgebildet und zu einem hohen Standpunkt erhoben, aber zugleich in derselben beschränkten Form dargestellt worden, in welcher sie Molière nach der Manier des französischen Theaters bearbeitet hat. Die natürliche Folge von dieser Bequemung scheint zu sein, daß nicht sowohl ein ganz neues Produkt entstanden ist, als vielmehr eine Paraphrase, und eine höhere Deutung des alten, die bei aller Genialität, ihrer Natur nach, nur halb befriedigen kann: es ist, als habe der Künstler uns bloß einen vorläu-

figen Abriß geben wollen von einem großen Werke, das er einst zu vollenden sich vorbehalten hat [. . .] man sieht, das dem Dichter nicht die nächste Wirkung, sondern die Idee alles gilt, nach welcher das Irdische vom Göttlichen nur scheiden sollte — und schön ist das überwältigende, unaussprechliche Gefühl von dieser plötzlichen Offenbarung durch Alkmenens einfaches Ach! ausgedrückt, womit das Drama bedeutend schließt [. . .]

13. *Goethe, Tagebuch, Karlsbad, 13. Juli 1807*
Gegen Abend Hr. von Mohrenheim, russischer Legationssekretär, welcher mir den Amphitryon von Kleist, herausgegeben von Adam Müller, brachte. Ich las und verwunderte mich, als über das seltsamste Zeichen der Zeit. [. . .]
Der antike Sinn in Behandlung des Amphitryons ging auf Verwirrung der Sinne, auf den Zwiespalt der Sinne mit der Überzeugung. Wie im Miles gloriosus das eine Mädchen zwei Personen vorstellt, so stellen hier zwei Personen Eine dar. Es ist das Motiv der Menächmen, nur mit dem Bewußtsein des einen Teils. [*Goethe bezieht sich auf zwei Komödien von Plautus: „Miles gloriosus" und „Menächmi" oder „Menaechmei", die Verwechslungskomödie eines Zwillingspaares*]
Molière läßt den Unterschied zwischen Gemahl und Liebhaber vortreten, also eigentlich nur ein Gegenstand des Geistes, des Witzes und zarter Weltbemerkung. Wie es Falk genommen, wäre nachzusehen. Der gegenwärtige, Kleist, geht bei den Hauptpersonen auf die Verwirrung des Gefühls hinaus.
Höchst wahrscheinlich ist bei den Alten keine Hauptszene zwischen Jupiter und Alkmene vorgekommen, sondern die Hauptmotive fielen zwischen die beiden Sosien und Amphitryon. Die Situation zwischen Amphitryon und Alkmene enthält eigentlich auch kein dramatisches Motiv.

14. *Am 14. Juli empfing Goethe Fr. v. Gentz, der ihm A. Müllers Deutung übermittelte.*
Tagebuch, 14. Juli: Abends Riemer, diktiert.
Dazu Friedrich Wilhelm Riemer: Mitteilungen über Goethe, 1841.
Das Stück Amphitryon von Kleist enthält nichts Geringeres als eine Deutung der Fabel ins Christliche, in die Überschattung der Maria vom Heiligen Geist. So ist's in der Szene zwischen Zeus und Alkmene. Das Ende ist aber klatrig. Der wahre Amphitryon muß es sich gefallen lassen, daß ihm Zeus diese Ehre angetan hat. Sonst ist die Situation der Alkmene peinlich und die des Amphitryon zuletzt grausam.

15. *Goethe: Tagebuch, 15. Juli*
Am Schloßbrunnen, mit Oberhofprediger Reinhard: Über den
neuen mystischen Amphitryon und dergleichen Zeichen der Zeit.

16. *Goethe an Adam Müller, Karlsbad, 28. August 1807*
Über Amphitryon habe ich manches mit Herrn von Gentz gespro-
chen; aber es ist durchaus schwer, genau das rechte Wort zu finden.
Nach meiner Einsicht scheiden sich Antikes und Modernes auf
diesem Wege mehr, als daß sie sich vereinigen. Wenn man die beiden
entgegengesetzten Enden eines lebendigen Wesens durch Contorsion
[*Verdrehung*] zusammenbringt, so gibt das noch keine neue Art von
Organisation; es ist allenfalls nur ein wunderliches Symbol, wie die
Schlange, die sich in den Schwanz beißt.

17. *Goethe: Vorarbeiten und Bruchstücke [1807]*
                          Das Gesuchte

Antikes   Modernes
Naives   Sentimentales
Plastisches   Lyrisches
              antiker   moderner
              Sosias   Jupiter
              Kleists Amphitryo

18. *Goethe an Frommann, 18. September 1807*
Eingewickelt ist das Geld in jenes merkwürdig poetische Produkt
[*Amphitryon*], von welchem wir zusammen gesprochen. Das Exem-
plar steht zu Diensten; ich besitze noch ein zweites.

19. *Goethe: Tag- und Jahreshefte 1807*
Amphitryon von Kleist erschien als ein bedeutendes, aber unerfreu-
liches Meteor eines neuen Literatur-Himmels, an welches sich Adam
Müllers Vorlesung über spanisches Drama wohl geistreich und be-
lehrend anschloß, aber auch nach gewissen Seiten hin eine besorg-
liche Apprehension [*Befürchtung*] aufregte.

20. *Journal de Paris. Juli/September 1807*
Un poète allemand, nommé M. de Kleist, a fait imprimer à Dresde
un Amphytrion [!] qu'il veut bien donner comme une imitation de la
pièce de Molière, qui porte le même nom. Un journaliste du même
pays, moins modeste ou plus hardi que l'imitateur, croit que cette
pièce est aussi supérieure à celle de Molière, que la nation allemande
est supérieure à la nation française dans tous les genres dramatiques.
Voilà qui est clair et net. On savoit déjà que la Phèdre de Racine
n'etoit qu'une misérable production en comparaison d'une Phèdre

allemande, qui parut à Berlin, il y a deux ans. On sait encore, à n'en pouvoir deuter, que Schiller a montré plus de talent à lui tout seul que Molière, Regnard, Corneille, Racine et Voltaire. On sait, enfin, que le théâtre français n'est ni aimé, ni estimé en Europe; et qu'on joue sur tous les théâtres du monde les chefs-d'œuvre de Brandes, d'Unzer, de Bertuch, de Lessing, de Grossmans, d'Engel, et de M. Kleist. Cela est connu et doit pour toujours fermer la bouche aux amateurs, partisans ou enthousiastes de la littérature française. [*Vgl. Frank Charles Richardson: Kleist in France, 1961, p. 10f*]:

The sarcastic tone of the report on Amphitryon appearing in the Journal de Paris can be understood in the light of the violent controversy aroused that same year by the publication of A. W. Schlegel's Comparaison entre la Phèdre de Racine et celle d'Euripide. This essay, written in French and published in Paris, was interpreted not only as an attack against Racine's Phèdre but an attack as well against the entire French classic theatre. Claiming Racine's version to be inferior morally, poetically, and technically to that of Euripides, it created on its publication in Paris 'un succès de scandale' and resulted in one of the first real skirmishes between French classicism and German romanticism. Kleist's translation of a Molière classic at this time, recalling, moreover, Schiller's translation of Racine's Phèdre a few years earlier, was certain to be attacked. The Journal, for one, had had enough of German "meddling" in the French classic theatre.

21. *Adam Müller an Gentz, 25. Dezember 1807*
Ich sende Ihnen, mein verehrtester Freund, einige Prospectus des Kunstjournals, welches wir herausgeben, mit der Bitte, für selbiges so viel Interesse zu erwecken, als möglich. Zwei Tragödien von Kleist, die Penthesilea und Robert Guiskard, eine vortreffliche Novelle von demselbigen: Die Marquise von O. . . ., und ein Lustspiel bilden nebst meinen vielen neueren Vorlesungen, besonders den neuesten über das Erhabene und Schöne, den Fond. Ich dirigiere die Philosophie und Kritik, Kleist die Poesie und Hartmann die bildende Kunst.

22. *Adam Müller an Gentz, Dresden, 6. Februar 1808*
Ich will mit Ihnen nicht darüber rechten, mein vortrefflicher Freund, ob die Nachricht von einer öffentlichen Allianz zwischen mir oder dem Gegensatze [*Buch von Müller*] und einem deutschen Dichter vom allerersten Range nicht hätte von Ihnen mit etwas lebhafterem Beifall aufgenommen werden sollen. Solche, wie Gentz, sollten eigentlich die Ironie in unserer Firma: Journal für die Kunst, emp-

finden. Selbst in den Augen sehr vieler gebildeter Deutschen, wie es
schon jetzt der Absatz zeigt, hat es wohl noch keine ähnliche Verbindung der Poesie mit Philosophie und der bildenden Kunst gegeben. [...]

Sie, mein Freund, reden unserm ökonomischen Vorteil das Wort,
und mißraten uns die Paradoxien, z. B. die anscheinende der Penthesilea. Wir dagegen wollen, es soll eine Zeit kommen, wo der
Schmerz und die gewaltigsten tragischen Empfindungen, wie es sich
gebührt, den Menschen gerüstet finden, und das zermalmendste
Schicksal von schönen Herzen begreiflich, und nicht als Paradoxie
empfunden werde. Diesen Sieg des menschlichen Gemüts über kolos-
salen, herzzerschneidenden Jammer hat Kleist in der Penthesilea
als ein ächter Vorfechter für die Nachwelt im Voraus erfochten.
[...] Gerade ein solcher wie Sie, der sein Herz an große und allgemeine Freuden und Sorgen gewöhnt hat, müßte ganz andere Dinge
in Kleist sehen, als die, worüber Sie sich mit so vielem Unwillen
auslassen. Sie müßten an diesem Dichter preisen, daß er, der an der
Oberfläche der Seelen spielen und schmeicheln könnte, der alle Sinne
mit den wunderbarsten Effekten durch Sprache, Wohllaut, Phantasie,
Üppigkeit u.s.f. bezaubern könnte, daß er alle diese lockeren Künste
und den Beifall der Zeitgenossen, welcher unmittelbar an sie geknüpft
ist, verschmäht, daß er für jene ungroßmütige Ruhe, für die flache
Annehmlichkeit keinen Sinn, keinen Ausdruck zu haben scheint,
und viel lieber im Bewußtsein seiner schönen Heilkräfte Wunden
schlägt, um nur das Herz der Kunst und der Menschheit ja nicht zu
verfehlen. – Die Antike und (nicht das Christentum, aber) die christliche Poesie des Mittelalters sind die beiden lichtesten Erscheinungen
in der Weltgeschichte, aber für uns, die wir durch uns selbst gelten
sollen und nach langer Gebundenheit wieder frei geworden sind,
ist keine von beiden als Muster genügend. Bonaparte'sche Ketten
drücken und werden auch abgeschüttelt werden; gedenken wir aber
der andern und schrecklicheren Bande, in die unser Gemüt geschlagen
war, damals als an Bonaparte noch nicht gedacht wurde; denken wir an
die unzähligen kleinen Tyrannen, die unser Gemüt mit nichtswürdigen
Autoritäten, elenden Pflichts- und Anstandsbegriffen, absoluten Vor-
schriften für das Handeln, Dichten und Leben zusammenschnürten,
so wird es erlaubt sein, sich auch selbst unter dem neuen Tyrannen
frei zu fühlen. Gemütsfreiheit ist mehr als die bürgerliche; denn sie ist
die Ursache, diese die Folge; sie ist da, wenn auch in Wenigen; den übrigen entgeht sie nicht, denn inwiefern sie auch nur in Einem da ist, ist sie
dennoch ewig. Kleist ist gemütsfrei, also weder die antike noch die
christliche Poesie des Mittelalters hat ihn befangen. Sie werden in der

Penthesilea wahrnehmen, wie er die Äußerlichkeiten der Antike, den
antiken Schein vorsätzlich bei Seite wirft, Anachronismen herbeizieht,
um, wenn auch in allem andern, doch nicht darin verkannt zu werden,
daß von keiner Nachahmung, von keinem Affektiren der Griechheit
die Rede sei. Demnach ist Kleist sehr mit Ihnen zufrieden, wenn Sie
von der Penthesilea sagen, daß sie nicht antik sei. Ich nun habe oft
darüber geklagt, daß sein Gemüt allzu antik, allzu prometheisch
sei, daß die moderne Poesie in ihrer allegorischen Fülle zu wenig
über ihn vermöge, und so war seine Legende, der Engel am Grabe
des Herrn, über welche Sie schweigen, eine freundschaftliche Rücksicht auf meine Neigung und meine Wünsche für ihn. Aber auch
dort offenbart sich überall das antike, die Gestaltung über die Alle-
gorie weit erhebende Gemüt. Hartmanns Bild in seiner Farbenpracht,
in seinen bestimmten Umrissen ist dennoch nur eine Hieroglyphe,
gegen die Sinnlichkeit und Wirklichkeit der Kleist'schen Erzählung
gehalten. Hierauf ist zwischen mir und Kleist eine nähere Verständigung erfolgt, und ich fühle jetzt, wie seine Werke jene antike Be-
stimmtheit auch nur an sich tragen, um der Reaktion willen, zu welcher
die Zeit ihn aufruft, um der neuen Aufklärung willen, die nun im
Phöbus dem Zeitalter geboten werden soll, welches sich nur allzu sehr,
durch Unglück bestärkt, zu einer falschen Mystik hinüberneigt. So
wird er zu seiner Zeit auch das ächte Christentum vollständiger ausdrücken als Kleist [...]

23. *Adam Müller an Gentz, Dresden, 14. März 1808*
[...] mein Gemüt ist großem, und auch den künftigen viel größeren Arbeiten Kleist's gewachsen, aber sagen kann ich es nicht. An
Mut der Gedanken und an Umsicht des Geistes weiche ich nicht,
aber an Mut der Stimme und der Worte, an Resignation des Lebens
und bildender Kraft erkenne ich ihn für meinen Meister.

24. *Adam Müller: Ironie, Lustspiel, Aristophanes. Phoebus, 4. und
5. Stück, 1808*
Im gemeinen Leben, wo man Ironie und Satire so leicht zu verwechseln pflegt, wird gewöhnlich unter der Ironie immer eine Äußerung von komischer Stimmung gemeint. Diesem ganz entgegen habe
ich gezeigt, wie auch der wahre Ernst sich ironisch zeigen müsse,
wie auch in der höchsten, ernsthaftesten, innigsten Hingebung an
irgend eine Schönheit, sei es eine göttliche oder menschliche, das
Gemüt immer seine Freiheit behaupten, und diese offenbaren; wie es
seine Empfänglichkeit bewahren müsse, für jede neue noch so verschiedene Gestalt. Der Ernst von der Ironie entblößt, gibt das Wei-

nerliche, dagegen von der Ironie oder dem Gotte oder der Freiheit
begleitet, gibt er [...] das Tragische: der Scherz von der Ironie entblößt, gibt das Lächerliche und so die Satire; der Scherz im Bunde
mit der Ironie [...] das echte, reine unschuldige Komische. Es gibt
im Laufe der innigsten Liebe zu einem Menschen Momente, wo man
sein ganzes Treiben und Tun plötzlich in einem solchen rein komischen Lichte sieht, wo man über dieselbe Gestalt, die man mit Trä-
nen anbeten möchte, die vielleicht unseres Lebens Mittelpunkt ist,
mit deren Verschwinden vielleicht auf lange Zeit alle Harmonie
unsrer Brust gestört sein möchte, wo man über diese nicht aufhören
kann, zu lachen, alles was sie tun mag, innerlich naiv und komisch zu
finden, und vielleicht von ihrem Wert gerade inniger durchdrungen
ist, als jemals: es ist dann, als ob die Seele sich ein heiliges Feuer an-
zündete, um allen irdischen Stoff zu verzehren, und nachher das Geliebte in einer viel reineren, ernsteren und unzerstörbareren Form
wieder aufzufassen. So, gerade so, in einem und demselben Element
der Liebe, sollen Ernst und Spiel, Tragisches und Komisches wechseln und leben. Dann wird der Ernst nie schwerfällig, bigott, aber-
gläubisch, kurz monologisch, dann wird der Scherz nie flatterhaft,
frivol, ungläubig, kurz dialogisch erscheinen: sondern wie Monolog
und Dialog im Drama sich veredeln, und in eine Gestalt, die dramatische durchdringen, so werden die Geister des Tragischen und
die Geister des Komischen im schönen Wechsel ihre Plätze ver-
tauschen, und in beiden wieder ein Geist allgegenwärtig walten.
Nennen Sie diesen nun den Geist der Liebe, oder den Geist der Freiheit; nennen Sie ihn Herz oder Gott – mir schien [...] am geraten-
sten ihn mit dem bewegtesten, zartesten, geflügeltsten Geist der
alten Welt, mit dem Zeitgenossen des Aristophanes, mit Platon: Ironie
zu nennen. [228] Verlangen Sie eine deutsche Übersetzung des Worts,
so weiß ich Ihnen keine bessre zu geben als: Offenbarung der Freiheit
des Künstlers oder des Menschen. Die Kritik redet den Künstler oder
den Menschen also an: wie herrlich das sei, was du mir darstellst,
wie groß und heilig die Idee, welche du mir verherrlichst, immer will
ich wissen, ob du deine Freiheit behauptest. Unterwirfst du dich irgend
einer noch so schön von dir ausgesprochenen Idee, bleibst du kleben
an irgend einem bestimmten Dienst des Heiligen auf Erden, behandelst
du irgend einen Gedanken oder Menschen mit immer wiederkehrender
Vorliebe, nährst du gegen gewisse Formen des Lebens eine unüberwindliche Abneigung, so mangelt dir die Ironie, die göttliche Freiheit
des Geistes, ohne die nichts Großes und Schönes verrichtet wird. [229]

24a. *Johan Daniel Falk: Über die Iphigenie von Göthe, auf dem Hof-theater zu Weimar. In: Kleine Abhandlungen, Weimar 1803*
So darf man es sicher als ausgemacht annehmen, daß das, was den Franzosen als Nation, diese Richtung ins Ideale und Große, in's Schiefe und Platte, in's Flache, so wie in's Feine hinein, gab, gewiß nicht das Katheder, das Dogm, der Lehrstuhl, sondern diese täglich besuchte, für Jung und Alt offenstehende Menschenschule war [das Theater]. Von der Hand eines Corneille, Racine, Molière wurden hier Keime ausgeworfen, aus denen, und an denen sich spätere Generationen entwickelten. Dieselbe αλαξονεια [*Arroganz*], derselbe übertriebene, herzlose, prunkende Heroismus, der ihre Personen auf der Bühne bezeichnet, ist auch eben das, was im gemeinen Leben, in ihrem Charakter, so oft und bis zum Überdruß drückend, wieder-kommt. Woher das? Weil ihre Dichter, anstatt diese verkehrte Rich-tungen, die in der Nation lagen, durch Aufstellung von Beispielen echter Humanität, in's Geschick zu bringen, die Keime solcher Ver-kehrtheit vielmehr selber liebgewannen, sie auf das sorgfältigste her-vorzogen, sie hegten und pflegten, und so zu sagen, für Jahrhunderte festhielten. [. . .]
 Von dem sittlichen Zauber der Idee, daß es der priesterlichen Jung-fräulichkeit, die ihrer Seele nichts, auch nicht ein Mal die leiseste Notlüge gegen Arkas abgewinnen kann, durch die Reinigkeit des Herzens, und unsträfliche Unschuld, gelingen muß, die Götter zu versöhnen, und den alten Fluch vom Hause des Pelops hinweg zu wälzen, sag' ich kein Wort. [. . .]
 Hier, wie beim Sophokles, verläßt man das Haus nicht zerrissen, zermalmt, oder wie so oft bei Shakespear und andern Neuern der Fall ist, mit Unwillen über die Vorsehung und den Dichter, der uns einen solchen Abgrund von Abscheulichkeit eröffnet, sondern über alle Mißtöne des Augenblicks emporgehoben, gestillt, gelindert, mit getrösteter und beruhigter Brust.

25. *August Wilhelm Schlegel: Vorlesungen über dramatische Kunst und Literatur; gehalten 1808 Wien; veröffentlicht 1809; 22. Vorlesung [über Molière].*
Wenn die Franzosen schon in den Lobeserhebungen auf ihre Tra-giker aus Nationaleitelkeit und Unbekanntschaft mit fremden Gei-steswerken sehr übertrieben sind, so überbieten sie sich vollends im Preisen Molières auf eine Weise, die aus allem Verhältnisse mit dem Gegenstande heraustritt. [. . .]
 Tartüffe ist ein treffendes Gemälde der frömmelnden Heuchelei,

jedermann zur Warnung aufgestellt; es ist eine vortreffliche ernsthafte Satire, aber einzelne Szenen ausgenommen, ist es eben kein Lustspiel [. . .] und die Lobrede auf den König ist eine Zueignung, wodurch der Dichter sich im Stücke selbst dem Schutze Sr. Majestät bei den zu besorgenden Verfolgungen der falschen Frömmler untertänigst empfiehlt.

Was man auch sagen mag, um die Moral des Stückes [*George Dandin*] zu retten, die Vorrechte der höheren Stände werden darin auf eine empörende Art geltend gemacht und es endigt mit dem schamlosen Triumph des Übermutes und der Verderbtheit über schlichte Rechtlichkeit. [. . .]

Der Amphitruo ist fast nur eine freie Nachahmung des lateinischen Originals. Die ganze Anlage und Folge der Szenen ist beibehalten. Von Molières Erfindung ist die Zofe als Frau des Sosia. Es ist sinnreich, daß den Ehegeschichten des Herrn die des Bedienten als Parodie entgegengestellt werden, und es gibt zu artigen Erörterungen Anlaß, wie Sosias herausbringt, daß ihn während seiner Abwesenheit nicht ein ähnlicher häuslicher Segen betroffen wie den Amphitryo. Die anstößige Derbheit der alten Göttergeschichte ist, sofern es unbeschadet der Keckheit tunlich war, ins Feine gebracht und überhaupt die Ausführung sehr zierlich. Das Irrewerden der Personen an sich selbst über ihre Verdoppelung ist mit einer gewissen komischen Metaphysik ergründet; die Betrachtungen des Sosia über seine verschiednen Ich, die einander ausgeprügelt haben, können in der Tat unsern heutigen Philosophen zu denken geben. [. . .]

Nach allem Obigen halte ich mich berechtigt, gegen die herrschende Meinung zu urteilen, daß es Molière mit dem derben hausbacknen Komischen am besten geriet und daß ihn sein Talent wie seine Neigung ganz für die Possen hätte entscheiden sollen, dergleichen er auch bis an das Ende seines Lebens schrieb. Zu seinen ernsthafteren Stücken in Versen scheint er immer einen Anlauf genommen zu haben: man spürt etwas Zwanghaftes in der Anlage und Ausführung. Sein Freund Boileau teilte ihm vermutlich seine Ansicht von einem korrekten Spaß, von einem gravitätischen Lachen mit, und so entschloß sich Molière nach dem Karneval seiner Possen zuweilen zu der Fastendiät des regelmäßigen Geschmacks und versuchte miteinander zu vereinbaren, was seiner Natur nach unvereinbar ist, Würde und Lustigkeit. Jedoch finde ich schon in seinen prosaischen Stücken Andeutungen von jener didaktischen und satirischen Ader, die der komischen Gattung eigentlich fremd ist, z.B. in seinen beständigen Angriffen auf die Ärzte und Advokaten, in den Erörterungen über den wahren Weltton usw., womit er wirklich rügen, widerlegen, belehren und nicht bloß belustigen will.

26. *Heinrich Heine: Die Romantische Schule, 1836*

Hier in Paris hatte ich die Betrübnis, Herrn A. W. Schlegel persönlich wieder zu sehen. [...] Molière allein wäre der Mann gewesen, der eine solche Figur für das Theater Francais bearbeiten konnte, er allein hatte das dazu nötige Talent; – und das ahnte Herr A. W. Schlegel schon frühzeitig, und er haßte den Molière aus demselben Grunde, weshalb Napoleon den Tacitus gehaßt hat. Wie Napoleon Bonaparte, der französische Cäsar, wohl fühlte, daß ihn der republikanische Geschichtschreiber ebenfalls nicht mit Rosenfarben geschildert hätte: so hätte auch Herr A. W. Schlegel, der deutsche Osiris, längst geahnt, daß er dem Molière, dem großen Komiker, wenn dieser jetzt lebte, nimmermehr entgangen wäre. Und Napoleon sagte von Tacitus, er sei der Verleumder des Tiberius, und Herr August Wilhelm Schlegel sagte von Molière, daß er gar kein Dichter, sondern nur ein Possenreißer gewesen sei.

27. *Heine: Die Harzreise, 1824*

Die liebe, goldene Sonne schien durch das Fenster und beleuchtete die Schildereien an den Wänden des Zimmers. Es waren Bilder aus dem Befreiungskriege, worauf treu dargestellt stand, wie wir alle Helden waren, dann auch Hinrichtungsszenen aus der Revolutionszeit, Ludwig XVI. auf der Guillotine und ähnliche Kopfabschneidereien, die man gar nicht ansehen kann, ohne Gott zu danken, daß man ruhig im Bette liegt und guten Kaffee trinkt und den Kopf noch so recht komfortabel auf den Schultern sitzen hat. Auch hingen an der Wand Abälard und Heloise, einige französische Tugenden, nämlich leere Mädchengesichter, worunter sehr kalligraphisch la prudence, la timidité, la pitié et cetera geschrieben war, und endlich eine Madonna, so schön, so lieblich, so hingebend fromm, daß ich das Original, das dem Maler dazu gesessen, aufsuchen und zu meinem Weibe machen möchte. Freilich, sobald ich mal mit dieser Madonna verheiratet wäre, würde ich sie bitten, allen fernern Umgang mit dem Heiligen Geiste aufzugeben, indem es mir gar nicht lieb sein möchte, wenn mein Kopf durch Vermittlung meiner Frau einen Heiligenschein oder irgendeine andre Verzierung gewönne. [...]

Schweigt! Schweigt! Ich höre die Stimme des teuren Prometheus; die höhnende Kraft und die stumme Gewalt schmieden den Schuldlosen an den Marterfelsen, und all euer Geschwätz und Gezänke kann nicht seine Wunden kühlen und seine Fesseln zerbrechen! [...]

In diesen philosophischen Betrachtungen und Privatgefühlen über-
raschte mich der Besuch des Hofrat B. [*Bouterwek*] [. . .] Ich ver-
ehre ihn wegen seines ausgezeichneten, erfolgreichen Scharfsinns,
noch mehr aber wegen seiner Bescheidenheit. Ich fand ihn ungemein
heiter, frisch und rüstig. Daß er letzteres ist, bewies er jüngst durch
sein neues Werk: ‚Die Religion der Vernunft‘, ein Buch, das die
Rationalisten so sehr entzückt, die Mystiker ärgert und das große
Publikum in Bewegung setzt. Ich selbst bin zwar in diesem Augenblick ein Mystiker, meiner Gesundheit wegen, indem ich nach der
Vorschrift meines Arztes alle Anreizungen zum Denken vermeiden
soll. Doch verkenne ich nicht den unschätzbaren Wert der ratio-
nalistischen Bemühungen eines Paulus, Gurlitt, Krug, Eichhorn, Bouterwek, Wegscheider. Zufällig ist es mir selbst sehr ersprießlich,
daß diese Leute so manches verjährte Übel forträumen, besonders
den alten Kirchenschutt, worunter so viele Schlangen und böser
Dünste. Die Luft wird in Deutschland viel zu dick und auch zu
heiß, und oft fürchte ich zu ersticken oder von meinen geliebten
Mitmystikern in ihrer Liebeshitze erwürgt zu werden. Drum will ich
auch den guten Rationalisten nichts weniger als böse sein, wenn sie
die Luft etwas gar zu sehr abkühlen. Im Grunde hat ja die Natur
selbst dem Rationalismus seine Grenze gesteckt; unter der Luftpumpe
und am Nordpol kann der Mensch es nicht aushalten.

28. *Friedrich Bouterwek; Geschichte der Poesie und Beredsamkeit, Bd. 6,
Göttingen, 1807. 3. Abteilung: Geschichte der schönen Wissenschaften.
IV. Geschichte der französischen Poesie und Beredsamkeit.*

Molière.

Mit voller, durch keine voreilige Tätigkeit geschwächten Kraft, von
allen äußern Verhältnissen begünstigt, mitlebend im Geräusch der
großen Welt, und weder durch die unaufhörlichen Zerstreuungen,
die von seinem Berufe und seiner Verbindung mit dem Hofe unzer-
trennlich waren, noch durch den häuslichen Kummer, den ihm seine
leichtsinnige Frau verursachte, im Innern seines reichen Geistes gestört, tat Molière in den letzten fünfzehn Jahren seines Lebens so
vieles für seine Kunst, wie vielleicht nie ein Dichter außer ihm in
einem so kurzen Zeitraum. Von den fünf und dreißig Schauspielen,
die er hinterlassen, hatte er nur die ersten und unbedeutendsten nach
Paris mitgebracht. Alle übrigen entstanden gleichsam unter den Augen
des Hofes, für dessen Unterhaltung zu sorgen Molière, wie Racine,
angewiesen war, und unter den Einflüssen der Kunstrichter, die sein
Genie bewachten. Aber nur dem Hofe gefallen zu wollen, hatte der
große Komiker zu viel gerechten Künstlerstolz. Die eleganten Kritiker

mochten ihm noch so oft zu verstehen geben, daß er sich doch nicht
gemein machen, das sollte heißen, sich nicht auch im Burlesken
hervortun möchte, da er es im höheren Komischen (haut comique)
so weit gebracht habe; Molière ging seinen Gang. Er sorgte für die
Unterhaltung des Volkes, wie des Hofes. Sein Genie ließ sich keine
Gattung des Komischen entreißen, in der es sich frei bewegen und das
Ziel der Kunst erreichen konnte. [...] Er war Weltmann genug,
sich mit dem gefälligsten Anstande in den Zwang der Hofetiquette
zu fügen; aber seine Kunst lag ihm viel zu sehr am Herzen, und seine
ganze Denkart war zu liberal, als daß er sich der Direktion seines Theaters hätte entziehen, oder gar selbst aufhören sollen, das Theater zu
betreten. Mit wahrhaft väterlicher Vorsorge nahm er sich der Schau-
spielergesellschaft an, deren Glück an dem seinigen hing. Er selbst
war vielleicht nicht der vollkommenste Schauspieler unter ihnen, aber
er spielte immer mit Beifall, und der Geist seines Spiels teilte sich der
ganzen Gesellschaft mit. Auf dem Theater bildete sich auch sein
Dichtertalent; denn da lernte er, indem er selbst mitspielte, in der An-
ordnung und Ausführung der Szenen den dramatischen Effekt nicht zu
verfehlen. Auch im wirklichen Leben studierte er mit dem feinsten
Beobachtungsgeiste die eigentümlichen Manieren aller Klassen von
Menschen, besonders der Kinder, in deren Art, ihre Empfindungen
zu äußern, er die Grundzüge des Natürlichen der Darstellungskunst
wahrzunehmen behauptete. Mit einem Worte, er lebte ganz für seine
Kunst, und, nach allen Notizen, die sich von seinem Privatleben
erhalten haben, als ein vortrefflicher Mensch, voll Selbstgefühl ohne
Anmaßung, rechtlich ohne Pedantismus, von keiner Schmeichelei
geblendet, durch keinen Tadel irre gemacht in sich selbst. Es ist
bekannt, daß er in seinem Berufe gestorben, als er, selbst krank,
sich nicht abhalten lassen wollte, die Hauptrolle in seinem einge-
bildeten Kranken zu spielen. Es war im Jahre 1673.

Kein französischer Dichter aus dem Zeitalter Ludwig's XIV. hat
sich mit dieser Fülle des Genies, so unabhängig von Nationalvor-
urtheilen, und doch so ganz im Geiste seiner Nation, zum klassischen Autor gebildet, als Molière. Ihm muß die Kritik aller Jahrhunderte das Verdienst zugestehen, nicht etwa, wie Corneille und
Racine, eine in Frankreich schon hergebrachte und nur dem französischen Geschmacke angemessene Gattung von Schauspielen ver-
vollkommnet, sondern unter den verschiedenen Gattungen seiner
eigenen Lustspiele diejenige, zu der das Meisterwerk, der Tartüff,
gehört, und die von dem guten Geschmack aller gebildeten Nationen
genehmigt wird, zuerst in die Literatur und auf das Theater eingeführt zu haben. Diesen Ruhm konnte sich aber auch nur der Dichter

erwerben, der Kraft und Gewandtheit genug hatte, sein Genie wirken zu lassen, ohne sich an hergebrachte Formen zu binden; der mit derselben Leichtigkeit eine genialische Posse dichtete, wie das feinste und durchdachteste Charakterstück; der sich auch noch in andern Gattungen versuchte, und überhaupt sein eigenes Gefühl und den Effekt, auf den er sich verstand, eher zu Rate zog, als Regeln, die sich auswendig lernen und mißverstehen lassen. Molière hatte nicht gleiche Anlage zu jeder Gattung von Lustspielen. Am wenigsten gelangen ihm die Intriguenstücke im spanischen Stil. Mehrere Male mußte er sich übereilen, weil der Hof nicht warten wollte. Seine Festivitätsstücke gehörig auszuführen, gönnte man ihm am wenigsten Zeit. Aber auch in den unvollkommensten Werken dieses Dichters ist seine Anlage zum Klassischen sichtbar. Seine Phantasie und sein Witz mußten auch im keckesten Mutwillen Vernunft annehmen. Er dichtete immer im Geiste seiner Sprache. Ohne die technische Mühe in seinem Streben nach Korrektheit blicken zu lassen, blieb er selbst in den freiesten Spielen des Mutwillens gewöhnlich ein korrekter Dichter. Gegen konventionelle Regeln gleichgültig, achtete er desto sorgfältiger auf diejenigen, die ihm in der Natur, im Wesen seiner Kunst, und im inneren Bau seiner Muttersprache gegründet zu sein schienen. Darin zeigte er sich ganz als Franzose, daß er verwilderte und exzentrische Dichtungen und Einfälle nicht leiden konnte, auch wenn sie genialisch waren. Aber sein Widerwille gegen das Verwilderte und Exzentrische hinderte ihn nicht, eben so wie Aristophanes, Cervantes und alle großen Komiker, in seinen Darstellungen die Farben so stark aufzutragen, daß die Wahrheit dicht an der Karikatur hinstreift und auch wohl in sie übergeht; denn er wußte, daß die echte Karikatur, die in ihren Grundzügen der Natur treu bleibt, gleichsam ein umgekehrtes Ideal und die höchste Steigerung der komischen Kunst, also nicht mit der unechten Karikatur zu verwechseln ist, die das Natürliche verzerrt und das Komische in ästhetische Monstrosität verwandelt. Tiefes Studium der Natur und der Schauspielkunst sind in Molière's Werken auf das glücklichste vereinigt. Was die Schauspielkunst vermag, eine mittelmäßige Dichtung zu heben, wußte er so gut, daß er jedes Mal, wenn er in der Eile arbeiten mußte, lieber den poetischen, als den theatralischen Effekt vernachlässigte. Daher in den Vorreden zu seinen übereilten Stücken seine gewöhnliche Bitte an das Publikum, das gedruckte Schauspiel lieber gar nicht zu lesen, wenn man die theatralische Vorstellung nicht hinzudenken wolle. [. . .]

Molière nahm unter den Alten, die er nachahmen zu müssen glaubte, unverkennbar den Plautus und Terenz zu seinem Muster; aber er fühlte sich durch die Nachahmung dieser Muster so wenig beschränkt, daß er sie in ihren eigenen Formen zu übertreffen suchte, und zu gleicher Zeit durch Lustspiele in anderm Geist und Stile die Freiheit seines Geschmacks und die Gewandtheit seiner Talente geltend machte. Die Natur in komischer Wahrheit getreu darzustellen, blieb immer sein erstes Studium, auch wo er von andern Dichtern lernte; und nie hat ein Dichter glücklicher, als Molière, dem wirklichen Leben die komischen Seiten abgesehen, durch die das Schicksal den Menschen, der noch lachen kann, in heiteren Augenblicken mit der Unvollkommenheit der menschlichen Dinge aussöhnt. Deswegen schien ihm auch nicht nötig, das Sittenrichteramt in allen seinen Lustspielen zu verwalten. Nur ein einziges Mal, in seinem Misanthropen, hat er den poetischen Effekt dem moralischen aufgeopfert. Aber auch da hat er sich wohl gehütet, exemplarische Charaktere aufzustellen und der direkten Moral vorzugreifen, die immer vom Exemplarischen ausgeht. Auf das Verhältnis des Komischen zum Moralischen in den verschiedenen Gattungen der Lustspiele des Molière muß man vorzüglich merken, wenn man die Originalität dieses Dichters verstehen will.

Ein so vollendetes, in derselben gemeinschaftlichen Haltung aller Züge moralisches und doch durchaus komisches Charakterstück, wie der Tartüff, hat es vor Molière nicht gegeben, und nie hat die französische Kritik richtiger geurtheilt, als in der Schätzung dieses Stücks. Feinere Charakterstücke haben auch in der Folge den Tartüff nicht um den Ruhm eines Meisterwerks bringen können; denn alle Komiker, die durch Feinheit der Charakterzeichnung den Molière übertreffen, haben sich nur von weitem dem Ziele genähert, das Molière in seinem Tartüff erreichte, durch komische Kraft das moralische Interesse so ganz in das ästhetische hinüberzuziehen, daß selbst das Bild eines so verworfenen, durch die ruchloseste Undankbarkeit das moralische Mitgefühl empörenden Bösewichts, wie dieser Heuchler ist, in Situationen erscheint, die nicht komischer sein können. Mit bewundernswürdiger Feinheit ist die Composition des Tartüff darauf berechnet, auch durch die Ausführung der übrigen Charaktere, den Ton der guten Laune, ohne den es kein wahres Lustspiel giebt, so zu behaupten, daß selbst die ausdrücklich eingeschaltete, zur Abwehr religiöser Mißverständnisse damals noch notwendige Moral dem komischen Ganzen nicht schadet. Die Steigerung des Interesse von der ersten Szene bis zur letzten erhöhet noch das dramatische Leben dieses energischen Charaktergemäldes, und die klassische Kultur der Diktion vollendet seinen ästhetischen Werth. [...]

Den weitesten Spielraum gönnte Molière seiner guten Laune in den lustigen Unterhaltungsstücken, durch die er nur den nächsten Zweck des Lustspiels erreichen wollte, ohne es weder auf feine Charakterzeichnung, noch auf moralische Belehrung anzulegen. Nachgiebigkeit gegen den Geschmack des Hofes und der Stadt war es gewiß nicht, was ihn bewog, um der lustigen Unterhaltung willen sich der Gefahr auszusetzen, bei strengeren Richtern seinen Kredit zu verlieren. Man bemerkt leicht, daß er sich in diesen jovialischen Spielen des Witzes sehr wohlgefallen hat. Sie gaben ihm Gelegenheit, mit freiem Interesse bei dem Komischen zu verweilen, ohne sich durch Rücksicht auf das Moralische stören zu lassen. Bis zur gemeinen Possenreißerei konnte ein Mann von Molière's männlichem Verstande und höchst kultivirtem Witze überdies nicht herabsinken. Es machte ihm also Freude, durch sinnreiche Possen ein erschütterndes Lachen zu erregen, und bei dieser Gelegenheit selbst mit der Geißel der Satire zu spielen, ohne sich umzusehen, ob jeder Schlag traf.

29. *Ludwig Tieck: Heinrich von Kleists Hinterlassene Schriften, 1821, Vorrede.*
Es scheint, daß er mehr aus Studium oder Zerstreuung den Amphitryon des Molière umgestaltet habe. Ein Versuch, den man, wenn man unparteiisch ist, nur eine Verirrung nennen kann. In den komischen Szenen steht der Deutsche unendlich hinter dem Franzosen zurück, dessen Naivität, Witz und leicht bewegliche Laune bei weitem durch nichts Ähnliches ersetzt ist, die Zier der Sprache und den Schmuck des Reims noch ungerechnet. Daß Kleist die ernsthaften Figuren des Stücks anders hat stellen und ihnen eine tiefe, sozusagen mystische Bedeutsamkeit geben wollen, ist eben ein noch größeres Mißverständnis, denn diese Fabel, aufgeschmückt durch den tollen Spaß des Sosia und Merkur, ihre listigen Händel über das wahre Ich und den echten Amphitryon, wird nur möglich, die Hauptfiguren haben nur Sinn, wenn sie, wie bei Molière und Plautus, etwas oberflächlich gehalten werden; die ziemlich unbegreifliche Liebe Jupiters bei Kleist kann uns nicht interessieren, sondern nur die tolle märchenhafte Begebenheit des Stücks; je mehr diese hervortritt, je besser, um so eher ertragen wir den Schluß, der immer nur willkürlich und unbefriedigend bei den Neueren ausfallen kann.

30. *G. Häbler; Kleist − ein Protest. Leipziger Zeitung, 2. März 1862*
Der Stoff des Amphitryon, der Besuch des Zeus bei einem Weibe, von deren Gatten er die Gestalt entlehnt, fällt als schon vorhandener

unserem Dichter nicht zur Last. Daß dies Motiv zweimal komisch bearbeitet worden war, konnte niemand das Recht nehmen, es anders zu behandeln. Kleists Werk ist allerdings schwer zu benennen; es müßte trotz seiner Scherze, die vielleicht nicht ganz organisch neben den zarteren Partien der Dichtung stehen, etwa ein Mysterium heißen. Wenn man aber bedenkt, daß die Vermählungen des Zeus auch im antiken Mythus bisweilen einen symbolischen Sinn haben, warum sollte da ein deutscher Dichter sich nicht einmal erlauben, von pantheistischen Standpunkten Schellingscher Philosophie aus diesen Gegenstand zu bearbeiten. Er zieht daraus einen sehr schönen Gewinn; denn das Ganze gruppiert sich nun höchst lieblich um die Gestalt Alkmenes, die mit ihrer so sanften und doch so beharrlichen Ablehnung der Ehre, welche darin liegen möchte, statt des Gatten einen Gott umarmt zu haben, lebhaft an die Schönheit der indischen Damajanti mahnt, die statt der vier Elementargötter, die um sie werben, unwandelbar ihren geliebten Nal zum Gatten begehrt. Ebenso kann Alkmenes Lage und die ganze Darstellung in ihrer maßvollen Schönheit an die Helena des Euripides erinnern. Die Aufführung freilich möchte dennoch kaum zu wagen sein.

31. *Fritz Mauthner: Berliner Tageblatt, 10. April 1899.*
Unerklärlicherweise tadelt es der Dichter der „Iphigenie", daß Kleist in Alkmene die Verwirrung des Gefühls geschildert habe. Es ist einer der seltenen Fälle, wo sich eine neue Zeit dem leuchtenden Urteil Goethes nicht unterwerfen konnte. Die Verehrung Kleists lassen wir uns von niemand rauben, auch von Goethe nicht; das Unrecht, das er an dem armen Kleist beging, es darf nicht verewigt werden. Aber in einem Punkte hatte er sicherlich recht. „Das Ende ist klatrig. Der wahre Amphitryon muß es sich gefallen lassen, daß ihm Zeus diese Ehre angetan hat; sonst ist die Situation der Alkmene peinlich und die des Amphitryon zuletzt grausam." Über diese Gefahr des Stoffes hat auch Kleist nicht gesiegt. Der Dichter des „Prometheus" konnte es nicht dulden, daß jemand sich so vor den olympischen Göttern erniedrigte. „Mußt mir meine Erde doch lassen stehn', und meine Hütte, die du nicht gebaut, und meinen Herd." Durch die antike Fabel wird die Heiligkeit des häuslichen Herdes von einem meineidigen Gotte geschändet; wir aber haben uns gewöhnt, den Grundsatz „Mein Haus ist meine Burg" gegen jeden Einbrecher geltend zu machen, auch gegen einen himmlischen.

32. *Heinrich Meyer-Benfey: Kleists Leben und Werke, 1911*
Indessen, so gewiß nur sie [die pantheistische Gottesvorstellung] eine befriedigende Lösung ergeben würde, so handgreiflich ist, daß

sie in dieser Geschichte unmöglich und absurd ist und die Geschichte selbst unmöglich machen würde. Jupiter nimmt Amphitryons Gestalt an, er scheint Amphitryon und muß so scheinen, weil er eben nicht Amphitryon ist. Die Verwechslung setzt ihre Verschiedenheit und Entgegensetzung voraus. Und das hartnäckige, raffinierte Werben Jupiters um Alkmenes Neigung geht doch eben darauf aus, daß er in ihrem Gefühl von Amphitryon unterschieden sein will. Vollends unausdenkbarer Unsinn ergibt sich, sobald wir die andre unvermeidliche Konsequenz aus dieser Gottesvorstellung ziehen: daß Jupiter auch mit Alkmene identisch ist, mit Alkmene, in deren Bett er sich gestohlen hat, in deren Herz er sich mit ruchlosen Verführungskünsten einzudrängen sucht. Nein, Zeus der Allgott und der listenreiche Buhler Alkmenes haben nichts miteinander gemein als den Namen und sind äußerste Gegenpole. So ist also auch eine religiöse Lösung des aufgeworfenen Problems mißlungen. Sie ist in der Tat unmöglich und war es ebenso für das Altertum. Auch für dieses war die Geschichte nur so lange einer reinen, religiösen Wirkung fähig, als sie nicht als Liebesabenteuer, sondern als Zeugungsgeschichte erzählt wurde, d. h. so lange es nicht auf die Mutter, sondern auf den Sohn ankam und der Vorgang in geheimnisvolles Dunkel gehüllt blieb. Der höchste Himmelsgott, der aus Erbarmen mit der Not der Menschen selbst auf die Erde herabsteigt, um ihnen einen kraftvollen Helfer und Heiland zu erwecken, zu dem konnte man in frommer Andacht beten, nicht zu dem trugvollen Helden verliebter Abenteuer. Dieser erschien, wenn auch mit übermenschlichen Zauberkräften und Verwandlungskünsten ausgestattet, doch nur allzumenschlich; ja, er war sogar Geschlechtswesen und seine Begierde sprach nur zu laut von der Beschränktheit der menschlichen Natur. So mußte er auch mit menschlichem Maße gemessen werden und konnte der Verurteilung als Betrüger und Ehebrecher nicht entgehen, sobald man ihn überhaupt ernst nahm. Nur wenn man ihn einfach als mythologische Fiktion und die Geschichte als bloßes Possenspiel und Maskenscherz hinnahm, war sie unanstößig. Und so fiel sie mit innerer Notwendigkeit der Komödie anheim und hinterläßt nur bei Molière, der sie ganz als Posse durchführt, einen reinen ästhetischen Eindruck.

33. *Friedrich Gundolf: Heinrich von Kleist, 1922*
[*Molière:*] Der Witz ist, daß sie eine treue Ehebrecherin und der Gott ein als Gott eben berechtigter Ehebrecher ist — oder auch daß der Ehebruch den Gatten doppelt ehrt, durch die sogar vom Gott nur kraft der Ehemannsmaske zu besiegende Treue seiner Gattin und

durch den Rang des Ehebrechers selbst: all das sind gesellschaftliche Paradoxe. Für Kleist ist an Amphitryon nicht wichtig, daß er
ein Hahnrei ist, sondern daß er in seiner Menschenwürde und, noch
tiefer, in seinem Liebesvertrauen gekränkter Held ist. [. . .] Kleist
hatte die gesellschaftliche Handlung beibehalten, um daran un- oder
übergesellschaftliche Probleme zu zeigen. Die Handlung ist zu hell
für diese dunklen Dinge. Amphitryon ist zu sehr Held und Dulder,
um ein erträglicher Hahnrei, Jupiter zu sehr liebender Gott, um ein
graziöser Ehebrecher, Alkmene zu sehr gequältes Herz, um eine läß-
liche Ehebrecherin zu werden.

Hierin hat Goethes Tadel ganz recht, indem er von der Formein-
heit, der Übereinstimmung zwischen Mittel und Zweck, zwischen
Stoff und Gehalt ausging. Goethe nahm den Amphitryon Kleists
als Gebild, als Ganzes, ohne nach den Elementen zu fragen, und
spürte nur daß die Elemente nicht zusammenstimmten. Auch inter-
essierte ihn der Mensch Kleist nicht hinlänglich, um das neue Erlebnis zu schätzen das Kleist in Molières Handlung hineingestalter
hatte: er sah nur den Sprung, und mißbilligte das großartig Spren-
gende, das wir heute leichter bewundern können, wenn wir es in
sich betrachten, ohne Bezug auf seine Umgebung. Dazu kommt
noch daß für Goethe das Stück Molières das gegebene und wichtige
war: er sah Kleists Amphitryon im Hinblick auf das für ihn
klassische Muster, demnach als eine Bearbeitung des für ihn maß-
gebenden Urbildes [. . .] und von Molières Stück aus konnte
Kleists Eingriff nur Zerstörung scheinen. Für uns dagegen ist Kleists
Werk gültig: nur als Stoff oder Unterlage seiner Eingebung küm-
mern wir uns noch um Molières leichte Komödie. Wir sehen vor
allem Kleists eigene in sich genugsame und mächtige Veränderungen und Zutaten und sind nicht sehr verletzt durch den Schaden
den er in Molières Garten damit anrichtet [. . .] sowenig uns
Shakespeares Eingriffe in italienische Novellen verletzen. Kleists
Seelenansicht ist uns gemäßer als Molières Gesellschaftsansicht, von
der Goethe noch ausging, zumal bei der Bewertung einer Komödie.
Goethe hielt, wie Molière und wie alle Klassizisten, fest an der
Gattung Komödie, mit ihren bestimmten Gesetzen, denen auch das
mächtigste Ich unterworfen sei — es war zur Zeit da er selbst den
Shakespeare um der Gattung oder der Gesetzlichkeit willen renkte
und rügte [. . .] und von der Gattung Komödie her ist freilich Kleists
Amphitryon anfechtbarer als der einheitliche des Molière, für eine
Komödie zu lastend, für eine Tragödie zu lustig. Aber sobald man
das Ich des Dichters gelten läßt, ohne darnach zu fragen in welchen
Raum er sich einordnet, so überwiegt Kleists zwiespältige Dichtung,

eben als eine Dichtung, Molières Theaterstück weit [. . .] ja, sie
hat sogar etwas von der mythischen Feier dem Stoff wieder zurück-
gegeben die er seit seiner Rationalisierung und Theatralisierung
durch Plautus schon eingebüßt hatte. Wir stehen also heute der
Person Kleists unbefangen genug gegenüber, um ihm seine Zer-
sprengung des Molièreschen Rahmens zu verzeihen und dafür zu
danken daß er dem Stoff wieder Geheimnis und Pathos zurück-
gegeben, selbst auf Kosten der reinen Komödienwirkung und -stim-
mung.

Die Mittel womit er dies erreicht sind einmal die durchgehende
Veränderung des Tons: Erhöhung in den ernsten Szenen zwischen
Jupiter, Alkmene und Amphitryon, Verdickung in den komischen
zwischen Merkur, Sosias und Charis, und sodann die Zufügung
zweier entscheidender Szenen, II, 4 und 5, die beide eben dazu
dienen die Alkmene aus einer Gesellschaftsdame zu einer tragisch
zerrissenen Heroine und den Jupiter aus einem vornehmen Ehebrecher zu einem Gott, zu einem heiligen Überschatter, das Stück
aus einer Komödie zu einem Mysterium zu machen [. . .]

Der Unterschied ist nicht so fühlbar in den Merkur-, Sosias- und
Charis-szenen, die sich näher an der Derbheit des Zerbrochnen
Kruges halten und daher den Molièreschen ebenfalls derben, sitten-
schildernden und nicht seelen-künderischen Teilen näher stehen: die
Gesinnung und der Gesichtskreis des Pöbels, der unteren dumpf
sinnlichen Masse ist ja bei allen Völkern und zu allen Zeiten ohnehin
gleichartiger als bei den höheren Personen, in denen die oberen
Kräfte Ton und Wort werden. Mit geringen Abwandlungen spricht
der Pöbel bei Aristophanes und bei Plautus, bei Shakespeare und
Calderon, bei Molière und Goethe ähnlich, einfach weil die Bedürfnisse um welche sich die Gedanken der Sosiasse zu allen Zeiten
drehen keine solchen Tonunterschiede zulassen wie die der Alkmenen
und Amphitryonen.

Auf der Höhe aber hat Kleist eben durch den bloßen Ton die
einmaligen nackten bewegten Herzen reden lassen, wo Molière,
schon durch seine Sprache genötigt, nie ganz die gesellschaftliche
Konversation, selbst im Schlafzimmer, verläßt. Kleists Personen
reden in dem heftigen und unbekümmerten Ton wie Menschen die
mit sich allein sind, sie brechen aus, sie zittern, sie kennen nicht
die Rücksicht auf höfische Zuschauer, die Molière immer vor Augen
hat. Diese dichterische Einsamkeit, die jeder Deutsche, selbst der
gesellschaftskundige Goethe, im Vergleich mit Franzosen empfindet
und verbreitet, ist bei Kleist aufs äußerste wirksam. Schon Goethes
„Mahomet" hat den Voltairischen nicht nur „in Musik gesetzt",

sondern auch aus dem französischen Zuschauerraum entrückt und
unter den freien Himmel in Zelt und Wüste gestellt. Beides ist vielleicht dasselbe: die Musik der Seele ertönt erst wo die Gesellschaft
nicht mithinein redet oder horcht. Noch viel stärker ist das bei
Kleist, dem geborenen Einsiedler. Seine Personen sprechen ohnedies
mehr vor sich hin als aneinander hin, mehr aus sich empor als gegen-
einander, und vor allem: selbst wo sie fertige Begriffe von Molière
bekommen, da müssen sie sich doch erst die deutschen Worte und
Tonfälle frisch erschaffen, aus der Tiefe und Stille ihres verschlos-
senen Busens. Die klassische französische Dichtersprache kennt kein
Werden: sie wirkt mit immer neuen Kombinationen fertiger Seins-
formeln, mit „Nuancen" d. h. neuen Abtönungen, Zusammenstel-
lungen, Schattierungen ein für allemal gegebener Bilder, Formeln,
Kadenzen. So erscheinen mindestens in der französischen Klassik
(denn mit Rousseau hat eine leise Germanisierung eingesetzt) die
dramatischen Charaktere voll ausgerüstet mit ihrer ganzen Sprach-
garderobe vor dem Auditorium — während die Deutschen (bei den
wirklichen Dichtern) gleichsam ihren Sprachleib, der ihre Sprach-
seele ist, erst durch die Sprechaktion erschaffen. „Das allmähliche
Verfertigen der Gedanken beim Sprechen" das Kleist so beschäf-
tigte — ein ganz unfranzösisches Verfahren — unterscheidet allein
schon seine deutsche Sagart von Molières französischen Alexan-
drinern. Wir hören bei ihm weniger das Gesagte, das rund und nett
im metrisch abgesteckten Raum steht, als das Sagen, das pochend
und wallend in den rhythmisch offenen Raum einbricht.

Dazu kommt freilich noch (über den allgemeinen Unterschied
deutscher und französischer Sprachgesinnung hinaus) Kleists besondere Gewaltsamkeit, die sich nicht genug tun kann im Unterstreichen der Gedanken und im Heraustreiben der Bilder, die un-
molièresche Freude am jeweils stärksten Ausdruck des Affekts, die
typische Maßlosigkeit des Einsamen, der die Dinge erst zu besitzen
glaubt, wenn er sie gehäuft sieht oder heftig zupackt. Ein Beispiel
ist (abgesehen von den Sosiasszenen wo Kleist immer einen Schritt
weiter geht und den Molière shakespearesiert) II, 2, die erste Begegnung des echten Amphitryon mit Alkmene und die Entdeckung
eines Doppelgängers. Kaum etwas von den Begriffsinhalten, von den
Handlungs-motiven selbst ist verändert: aber überall hat Kleist das
Motiv, das Molière einfach aussagt, prächtig geschwellt, heftig,
stark, glänzend, hyperbolisch ausgedrückt [. . .]

34. *Thomas Mann: Amphitryon. Eine Wiedereroberung. Neue Rund-*
    schau 39, 1928
    Auf Kleists unmittelbare Vorlage zurückzukommen, so weiß ich,
    daß Molières Amphitryon-Dramatisierung auf den hofgesellschaft-
    lichen Witz hinausläuft: „Un partage avec Jupiter n'a rien qui
    déshonore"; und Kleist hat mit jener kindlichen Folgsamkeit, mit
    der Dichter gegebene Elemente der Wirklichkeit oder einer naiven
    Vorlage in ihr Werk übernehmen und die man auch bei Shakespeare
    kennt, diese Wendung dem Sinne nach sich angeeignet. „Zeus", läßt
    er in der letzten Szene seinen Donnerer sagen, „Zeus hat in deinem
    Hause sich gefallen" — und Alkmenes Erdengatte hat das nicht nur
    nicht als entehrend, sondern als höchst schmeichelhaft anzusehen,
    eine Lösung, die Goethe „klatrig" fand, — während er weit ent-
    fernt war, sie bei seinem französischen Liebling zu beanstanden.
    Gerechtigkeit war nicht seine starke Seite. Nur die Lumpe, scheint
    es, sind gerecht. Und doch hätte Seine Majestät die Verse gnädigst
    ins Auge fassen mögen, mit denen Kleists Jupiter seine göttlich
    unverschämte Erklärung ergänzt, die Franzen- und Schranzenfrivoli-
    tät in ein verwandelndes, echt erhabenes und metaphysisch versöhn-
    liches Licht rückt und ihr einen dem Geist seiner Dichtung würdigen
    Sinn verleiht, — die fast verzwickt denkerischen Verse nämlich:

    > „Was du, in mir, dir selbst getan, wird dir
    > Bei mir, dem, was ich ewig bin, nicht schaden."

    Dies ist Kleists Art, das Frivole zu vergöttlichen oder zu dämoni-
    sieren [. . .] die radikale Verdeutschung und Romantisierung eines
    Meisterwerks französischer Klassik.

35. *Thomas Mann 19. 1. 1949 an Hans M. Wolff*
    Ich [. . .] war zeitweise wirklich verliebt [. . .] in das [. . .] höchst
    geistreiche Amphitryon-Spiel — nicht unwissend über die im
    Grunde auch verdächtige Sphäre nach- und gegenrevolutionärer
    Mystik, der es angehört.

Kleists *Amphitryon*.
Probleme der Interpretation

1. Mythos und Ironie. Ethik und Fortschritt

Das Werk zieht die Interpreten immer wieder an, weil es besondere Deutungsschwierigkeiten bietet und weil es eine Schlüsselstellung in Kleists Gesamtwerk einzunehmen scheint. Beides hängt zusammen mit dem Auftreten der Götter. Es reift, so meinte man, erst voll zur religiösen Frage, zur Frage nach dem Verhältnis des Menschen zum Göttlichen. Bei Molière dagegen sei das noch keineswegs der Fall; dort seien die Götter höchst problematische Figuren und daher (de Leeuwe 175) nur als Repräsentanten der Feudalgesellschaft aufzufassen; wie denn der Franzose überhaupt das Gesellschaftliche, nämlich die gesellschaftliche Konvention, die konventionelle Denk- und Wertungsweise zu seinem Thema mache, und zwar in zustimmender Weise. Jupiter oder sonst einen großen Herrn zum Nebenbuhler haben, sei eine Ehre und die derart harmlose Nasführung des Paares Gegenstand unbeschwerter Komik. So jedenfalls die Germanisten und die germanistischen Komparatisten.

In unserer Sicht und in der Sicht romanistischer Molière-Kenner verhielten sich die Dinge freilich umgekehrt. Danach arbeitet Molière die konventionelle Wertung scharf heraus im Kontrast zu einem ursprünglichen, echten Wertempfinden, das sich jener ersteren widersetzt. Die handgreiflich Düpierten sind ethisch-moralisch Sieger. Der offiziell-öffentlich triumphierende Jupiter gibt zu, daß er Alcmènes Liebe nicht gewinnen konnte. Die verlangte Zustimmung zu seinem Tun bleibt ihm versagt. Das Ziel, das er mit der Annahme von Amphitryons Gestalt erreichen wollte, erreichte er gerade dieses Mittels wegen nicht – ein echt komisches Geschehen. Wir sahen ferner, es besteht gar keine Ursache, Molières Götter nicht als Götter zu betrachten, nämlich als Götter, wie sie der Mensch nach seinem Bilde schafft, in der kirchlichen Religion zu machtvoller Wirklichkeit institutionalisiert und eben darum wieder kritisch entlarven kann. Der Gegensatz zwischen öffentlich-konventioneller und ursprünglich-echter Wertung zielt also auf das Problem der Autorität und des prometheischen Aufstands gegen sie sowohl von der allgemein gesellschaftlichen wie von der religiösen Seite. Es gab diese Denkweise natürlich auch in der Goethezeit; und man fand sie öfters bei Kleist, am wenigsten indessen in *Amphitryon*. Spätere Schriftsteller gestalteten den Stoff im Geiste des Prometheus; doch bleibt offen, ob sie glaubten, damit im Sinne Kleists und Molières zu dichten, ob sie sich gegen einen oder beide wandten. Was das Verhältnis zwischen Molière und Kleist betrifft, so ließ man Kleists Untertitel *Ein Lustspiel nach Molière* nicht lange gelten. Ein Jahr nach Thomas Mann sprach Gerhard Fricke (76) aus, was jeder dachte: beide Stücke seien „nur durch den völligen Gegensatz verbunden".

Man sah zwar gleichfalls eine Diskrepanz zwischen konventionellen und absoluten Werten, doch man sah sie anderswo. Die Hoheit der Götter, so meinte man (und faßte dabei Merkur nicht so genau ins Auge), gewährleiste, daß göttlich-mythische und absolute Ordnung zuletzt zusammenfielen. Die Menschen dagegen, falls hinter ihrem Unverständnis überhaupt mehr stecke als das Genasführtsein, blieben offenbar befangen in einem konventionell-äußerlichen Ehren- und Ehedenken. Analog zu der traditionellen Auffassung, der Große Kurfürst lasse den Prinzen von Homburg pädagogisch einen Läuterungsprozeß durchlaufen, erziehe Jupiter das junge Paar oder wenigstens einen der zwei Partner zu einer echten Teilhabe am Göttlichen.

Worin aber besteht die Teilhabe am Göttlichen? Die Berliner Schule (Emrich, Arntzen, Jancke) säkularisierte sie zu einer Erhellung des Bewußtseins, des Selbstbewußtseins, musterhaft vollzogen durch Amphitryons Einverständnis mit dem Gott. Die biographische Deutung (Witkop 1921, neuerdings Thalmann, teilweise Fischer) betonte das Einverständnis Alkmenes mit dem Gott, sah in diesem jedoch den schöpferischen Künstler Kleist, in Alkmene Kleists einstige Verlobte, in Amphitryon deren Gatten, den Professor Krug, Nachfolger Kants in Königsberg. Eine christlich-religiöse Richtung (Adam Müller, Braig, Müller-Seidel) verstand den Gott als Gott und meinte, Alkmene lerne Jupiter mehr als ihren Gatten lieben. Die meisten Interpreten (Th. Mann, Fricke, Gadamer, Szondi, Jancke, Ryan) aber finden, Alkmene wende ihre Liebe dem göttlichen Menschen zu, dem Gott in Menschengestalt, dem gesteigerten Amphitryon, dem Jupiter-Amphitryon. Arntzen behauptet allerdings, diesen gebe es nur als Idol Alkmenes (Schmidt: als Ideal). Jedenfalls nehmen die Interpretationen, die Jupiter derart pantheistisch und psychologisch für partiell identisch mit Amphitryon erklären, dem eifersüchtigen Betrugsspiel Jupiters seinen anstößigen Charakter, der besonders der biographischen und der religiösen Deutung peinlich war.

Die Behauptung allerdings, Jupiter sei mit Amphitryon so oder so identisch, Alkmenes Liebe zu dem Gott folglich keine Verwechslung, ist nicht ohne weiteres mit der Struktur des Stückes zu vereinbaren. Da ist zunächst die Tatsache, daß der Gott niemals in Amphitryon noch in irgendeine andere Gestalt schlüpft, wie man ihm nachsagt und er am Schluß selbst von sich behauptet. Jupiter macht zu Amphitryon den Doppelgänger, genau wie Merkur zum Sosias. Das ist etwas völlig anderes als Identität. Ferner wird Alkmene niemals aufgefordert, beide als identisch anzusehen und einen im andern zu verehren; im Gegenteil, Jupiter verweist ihr nichts so streng wie seine Verwechslung mit Amphitryon, und er verlangt nichts so nachdrücklich wie Unterscheidung, und zwar zu seinen Gunsten.

Die rein religiöse Deutung vermeidet die Beweislast dieser Schwierigkeiten. Nur teilt sie meist mit der biographischen und pantheistischen den Irrtum, Alkmene stimme Jupiters Forderungen zu. Das war für die erfolgreiche Erziehung zum Göttlichen unabdingbar. Ja, in beiden Lagern nimmt man vielfach an, Alkmene bekenne sich schon II, 5, ja im Grunde bereits I, 4 zu Jupiter — eine Behauptung, die indessen neue Schwierigkeiten heraufbeschwört. Erstens setzt sie voraus, daß Alkmene den Gott schon in jenen Szenen hinter der Amphitryon-Gestalt erkennt; wie aber wäre das nachzuweisen? Wird da nicht die Perspektive des besserwissenden Zuschauers vermischt mit der beschränkten der Figur? Und wie ließe sich zweitens der Umstand erklären, daß Jupiter nicht aufhört, auf Unterscheidung und auf ein Bekenntnis zu ihm, dem Gott, zu drängen, ganz so als habe er eben bisher dergleichen nicht im mindesten erreicht? Genauerem Lesen konnte denn auch auf die Dauer nicht entgehen, daß Alkmene wenigstens am Ende doch nicht zustimmt (Arntzen 243, Jancke 107, Ryan 99, 103). An ihr war demnach das Erziehungswerk gescheitert — und zum Helden ward Amphitryon. Er, den man früher wegen seines flachen Rationalismus und seines plumpen Vertrauens auf die Sinne völlig verwarf (Fricke), rechtfertigt sich nun aufs schönste durch seine sofortige und enthusiastische Annahme der Ehre, von Jupiter gehörnt worden zu sein.

Schlimm blieb natürlich das Scheitern von Jupiters Versuch, Alkmene zu erziehen. Und das wird noch verschlimmert dadurch, daß man diesen Versuch neuerdings immer mehr als notwendig hinstellt. Der Sinn des Erziehungsvorgangs ist nach Ryan (100) der, daß Alkmene entlassen werde „in die schauervolle Freiheit einer nicht mehr abgöttisch eingeengten und gesetzlich fixierten Liebe." Alkmene soll lernen, Amphitryon spontan als Individualität, nicht bloß pflichtgemäß als Gatten zu lieben. Diese Konzeption befreit Jupiters Unterscheidung zwischen Geliebtem und Gemahl vom Eifersuchtsmotiv und verwandelt sie zu einer Strategie der Ehemoral und Liebespädagogik — so als ob der Gott durch Besuch und Belehrung, durch Theorie und Praxis, der schönen Frau erst die wahre Liebe zu ihrem Mann beibringen müßte, könnte, sollte.

Die früheren Stücke stellten umgekehrt Alkmene fast ausnahmslos als Muster aller Frauen hin. Ihre Liebe zu Amphitryon wurde zwar gelegentlich durch das Erlebnis mit Jupiter gesteigert, war aber schon

vorher so vollkommen wie nur menschenmöglich. Mit gutem Recht setzte
Alkmene sich deshalb zur Wehr gegen Jupiters Versuch, ihre Liebe von
Amphitryon ab- und auf ihn selbst zu lenken. Der klassische Philologe
Peterich vertritt neuerdings im Nachwort zu seinem Stück sogar die
Hypothese, im Mythos habe Jupiter zunächst offen geworben, sei abgewiesen worden und habe erst daraufhin Alkmene hintergangen. Die
Heldin besteht auf ihrer Treue zu Amphitryon nicht, weil sie an der Ehe
um der Ehe willen festhält — also nicht aus ,,Tugend" im Sinne.
vermiedener Untugend —, sondern weil sie die Ehe aus Liebe in freier,
eigener Wahl geschlossen hat und jeden Eingriff in dieses Verhältnis als
Eingriff in ihre Menschenwürde ansieht. Eine solche Reaktion wäre
allerdings die selbstverständlichste und auch in Kleists Werk vorauszusetzen, solange nichts dagegen spricht.

    Nun lassen sich alle solche Fragen tatsächlich nicht auf den ersten
Blick eindeutig lösen. Überall stößt man auf Widersprüche. Z. B. unterstützen durchaus einige Stellen den Eindruck, Jupiters Liebesanspruch
sei Verlangen des Schöpfers nach Gegenliebe des Geschöpfs, unerfüllbar
und daher tragisch. Andere Stellen wiederum lassen sein Verlangen als
begehrliche und dann auch als autoritäre Forderung erscheinen. Alkmene
scheint manchmal zuzustimmen, manchmal nicht. — Wo liegt in derartigen Fällen die Wahrheit? Da hilft nur, daß man möglichst auch alle übrigen Widersprüche mit berücksichtigt, z. B. die erwähnte Diskrepanz
zwischen der von Jupiter behaupteten pantheistischen Identität mit allem
einerseits und seiner tatsächlichen Verschiedenheit von allem andererseits,
zumal auch von Amphitryon. Steht hier eine ideologische Konstruktion
gegen das Wirkliche, prätendierter Schein gegen das Sein — und zwar
prätendiert, um das Anrüchige der Gottestat zu tilgen, es ,,aufzuheben"
in die unanzweifelbare Berechtigung von allem, was Gott tut? Oder hat
es eben doch seine Richtigkeit damit und ist die Annahme einer Vor-
spiegelung und Konstruktion selbst unzutreffend konstruiert? Man hätte
weiterzugehen und zu fragen: Wie steht es mit der Liebe des Schöpfers
zu seinem Geschöpf? Beruft Jupiter sich mit Recht auf sie oder kommt
ihm das Argument gelegen, um sein begehrliches Verlangen zu vertuschen und ebenso seine Eifersucht? Anlaß zur Eifersucht nämlich hätte
er gerade als Gott, und dann wäre sie schon mehr, wäre sie die Eifersucht des eifrigen Gottes, der keinen Gott neben sich duldet und auch
keine Bilder. Alkmene formt sich ja tatsächlich ein Gottesbild, nämlich
nach dem Bild des geliebten Du. Bei ihr steht Amphitryon für Jupiter
wie in Goethes Gedicht *Das Göttliche* der göttliche Mensch für die
Götter. Zur Eifersucht hat Jupiter jedoch auch Anlaß als maskierter
Liebhaber. Alkmenes Zärtlichkeit galt ja dem, für welchen sie ihn halten
mußte, Amphitryon. Er führt die Unterscheidung zwischen Geliebtem

und Gemahl nachträglich ein, um von dem selbstgewählten Ebenbild unterschieden und als er selbst geliebt zu werden. Da ihr eine solche Unterscheidung an ihrem Manne aber fremd ist, stellt sie einen sophistischen und einen unstatthaften Eingriff in ein von ihrer Seite her vollendetes Verhältnis dar. Und solange der Versuch mißlingt, ist er — nicht zuletzt auf Kosten des Gottes — komisch.

Überhaupt, es fragt sich, ob Erkenntnis, Bewußtsein, Selbstbewußtsein sich hier nur im Bekenntnis zu Jupiter bewähren. Im Erkennen der wahren Wirklichkeit bringt es ja niemand zu bemerkenswerter Meisterschaft, noch läßt es jemand in besonders schlimmer Weise daran fehlen (höchstens die „allwissenden" Götter, die sich in den Menschen und den Aussichten des Abenteuers stark verrechnen). Amphitryon erkennt am Ende, was dann jeder sehen kann. Und Alkmene flieht sogar vor der Wahrheit, dem Bewußtsein, wenn beide verkünden: der Besucher war ein Fremder, und auch: es war der Gott. Daß die Menschen die Rätsel, mit denen sie konfrontiert werden, nicht gleich lösen, ist ihnen kaum zur Last zu legen. Kleist setzt mit Kant ganz allgemein die Beschränktheit menschlichen Erkennens voraus. Erst recht erklärt das phantastische Ereignis des Götterbesuchs und der Personenverdoppelung die Mißverständnisse — und es fragt sich, ob die Komödie erlaubt, angesichts der komischen Verwechslungen tiefsinnig pedantisch auf Identität oder umgekehrt pedantisch moralisierend auf dem zureichenden Erkennen zu bestehen.

Entsprechend fragt sich, ob man moralisch Anstoß nehmen soll an der gewiß wenig erhebenden Denkweise des Sosias, insbesondere an seinem angeblichen Verzicht auf Identität. Einmal wäre er dann nicht der Mann, über den wir lachen und den wir mögen, ja durch den wir uns befreit fühlen von dem Zwang, den Konventionen zu gehorchen. Denn zum andern gefällt er uns ja gerade, weil er sich in Wahrheit von Merkur nicht unterkriegen und sich sein Ich so wenig rauben läßt wie sein Herr. Noch eine Niederlage der Götter? Es wäre die zweite, analog zur ersten, zu Jupiters Zurückweisung durch Alkmene. Und dazu gäbe es sogar eine weitere Parallele: die Götterprügel, die Sosias von Merkur bezieht, die er als Ehre anerkennen soll, aber trotzdem ausdrücklich zurückweist. Erkenntnis, Bewußtsein, Selbstbewußtsein bezögen sich nach alledem auf die Götter nicht als die Repräsentanten der absoluten Wertordnung, sondern als Repräsentanten einer mythischen Konvention, zu deren Gunsten sie im eigenen Interesse und kraft göttlicher Autorität das ursprünglich-natürliche Wert- und Selbstgefühl umzufälschen trachteten.

Von hier aus ergäbe sich eine zwanglose Erklärung für die auffällige Tatsache, daß Kleist gegenüber Molière das religiöse Motiv verstärkt. Die Verwandlung des A in J auf dem Diadem, das Amphitryon seiner

Frau bestimmte, bereitet die große Szene II, 5 vor: Alkmene muß sich überzeugt halten, daß ein anderer als Amphitryon sie besuchte; und was Jupiter bei Molière nicht gelang, vermag er hier: nämlich der schönen Frau klarzumachen, daß er selber der Besucher war, und von ihr zu fordern, sie solle seinem Besuch zustimmen, solle ihn, den Gott selber lieben. Im Unterschied zu Molière stellt Kleist Alkmene offen und sogar in eindringlich gestufter Verschärfung vor die Wahl zwischen Ja und Nein zum Besuch des Gottes, vor die Wahl zwischen Amphitryon und Jupiter, zwischen Menschenliebe und Gottesliebe. Im Rahmen der mythischen Konvention scheint Alkmenes Zustimmung selbstverständlich. Doch das Unerwartete tritt ein: Alkmene sagt nein und durchbricht damit die Konvention, die Umwertung der absoluten Werte oder vielmehr die konventionellen Wertverletzungen durch die religiöse Autorität. Liebe will sich weder befehlen noch ablisten lassen. Jupiter bekommt seine Abfuhr sehr viel deutlicher als bei Molière zu hören. War es Kleist darum zu tun, so stimmten hierzu die verstärkten Beschimpfungen der Götter. Und doch herrscht die umgekehrte Meinung vor, Alkmene lerne Jupiter oder Jupiter-Amphitryon lieben und sage daher zu dessen Werbung ja. Auch diejenigen, die einen Widerstand Alkmenes bis in die Schlußszene hinein erkennen, nehmen meistens an, diese Haltung werde zuletzt doch aufgehoben (Th. Mann, Fricke, Henkel), zumindest durch das berühmte und umstrittene *Ach!* Und gewiß, warum sollte Alkmene nicht nach langem Widerstreben doch noch für den Gott gewonnen werden? Nur, an dem letzten *Ach!* allein ließe sich das nicht ganz leicht erweisen. Man muß auf das Ganze blicken und sich fragen: Kann dies, oder was überhaupt kann die Absicht des Dichters sein? Und man muß natürlich prüfen, was der Kontext der engeren Umgebung nahelegt oder auch nur erlaubt.

Wir werden sehen, und sogar Angehörige des Gegenlagers geben heute zu, daß Alkmenes letzte verständliche Äußerungen „Nein!" besagen. Andererseits freilich bleibt das geheim und betrifft allein Alkmene. Womöglich wird es reichlich ausgeglichen durch das allen vernehmliche „Ja" Amphitryons, an das man sich denn auch neuerdings gehalten hat. Aber ist eine so rasche Kehrtwendung, sobald sich die Götter offenbaren, nicht schon in sich selber komisch? Was bis jetzt verwerflich war, verwandelt sich im Handumdrehen zu Segenstat und Ehrung. Und da ist wieder eine jener Parallelen, die für die Partei der Götter und des Mythos so fatal sind. Sosias hat nicht bloß den Raub seines Ich und die Götterprügel, sondern auch jeden Ehebruch, zumal den Ehebruch mit einem Gott, energisch abgelehnt — im Gegensatz zu Merkur (der seine Doppelgängerrolle in diesem zentralen Punkt verabschiedet); im Gegensatz zu Amphitryon und auch zu seiner Frau Charis. Die scheut sich

wohl vor dem Ehebruch mit einem Manne aus Angst vor der gesellschaftlichen Reputation, wäre aber – und das ist wieder neu gegenüber
Molière – zum Seitensprung mit einem Gott sehr gern bereit. Prinzipiell
denkt sie nicht anders als Amphitryon; und wie Sosias die Position Alkmenes in Analogie beleuchtet, so Charis die des Herrn – schwerlich zu
dessen Vorteil. Auch auf Grund solcher kompositioneller Erwägungen
ergäbe sich, wie bei Molière, der Sieg des Gottes auf der äußeren,
mythisch-konventionellen Ebene und seine Niederlage in den Herzen,
die sich an einer ursprünglichen, absoluten Wertordnung orientieren.
Das Resultat ist jedoch bei Kleist stärker verschlüsselt (und dadurch erklären sich die andersgerichteten Interpretationen): Amphitryons laut-
starkes „Ja" sticht von dem Schweigen seines Vorgängers dabei kräftiger
ab als Alkmenes halb unterdrücktes „Nein!" von der Abwesenheit ihrer
Vorgängerin. Kleist also verschleiert das Gesamtergebnis raffinierter,
indem er die Gewichte beschwert und kunstvoller verteilt. Doch er
schreibt – wenn diese Sicht zutrifft – tatsächlich *Ein Lustspiel nach
Molière*.

Nordmeyer verlangte, man solle den Mythos und seine Spielregeln als
unbedingt verbindlich ansehen – doch er fand selber, daß Alkmene über
das mythische Denken hinauswächst. Und seit Plautus haben viele
Dichter den Mythos als Ideologie entlarvt, indem sie ihn auf eine
absolute ethische Wertordnung relativierten. Die Kleist-Interpretation
nimmt dagegen überwiegend an, die Menschen würden von einer gesellschaftlich verengten Denkweise weg und hin zur absoluten, mythisch-
göttlichen erzogen. Kleist nun rief schon öfters Kritik dadurch hervor,
daß er in seinem Jupiter antike Frivolität mit dem Pantheismus und mit
dem christlichen Schöpfer- und Vatergott verband. Das braucht kein
mißglückter Versuch romantischer Synthese zu sein (Silz, Plard). Vielmehr könnte die widerspruchsvolle Kombination gerade den Ideologie-
charakter der Figur und des Mythos unterstreichen. Natürlich ist der
Gott trotzdem als Gott vorhanden in der Dichtung. Aber er ist anders,
als er zu sein vorgibt und wofür ihn die Menschen halten. Der *Wahn von
ihm* (v. 1522) schillert zwischen den Bildern vom pantheistisch Allgegenwärtigen, vom Allgerechten, vom willkürlichen Despoten. Und der Gott
redet ja den abenteuerlichsten Unfug, wo er sich für identisch mit
Amphitryon, der Kadmosburg und mit dem bramabarsierenden Argatiphontidas erklärt (warum nur niemals mit Alkmene?!). Hier müßte auch
sein glühendster Parteigänger die Ironie bemerken, mit der dieser
Gottesbegriff sich selber ad absurdum führt. Schmidt (161–169) suchte
ihn neuerdings zu retten. Er erklärte ihn als entmythologisierende Meta-
pher für „Alkmenes vergöttlichendes Liebesgefühl": für eine unauflös-
liche Dialektik, die folglich sich selbst aufhebe. Alkmene vergöttere,

idealisiere den Amphitryon. Am Ende trenne sich das Ideal Jupiter vom wirklichen Amphitryon. Das Drama zwischen der Heldin und dem Gott wird damit zum subjektiv-psychologischen „Seelendrama der Alkmene" (166), zum „Erkenntnisvorgang" mit dem Ziel, daß eben Ideal und Wirklichkeit geschieden sind. Es gibt keinen Kampf zwischen Partnern, die Verschiedenes wollen, kein Drama, und schon gar keine Komödie. „Was bald als Quälerei des Gottes, bald als Triumph seines Geschöpfes erscheint", dürfe deswegen doch nicht „buchstäblich genommen" werden. „Alle Verwechslungen, alle Scherze und alle Leiden, alle menschlichen Erkenntnisse . . . wären substanzlos" im Rahmen „eines antiken Mythos", den um 1800 niemand mehr so „ernst genommen" hätte, daß seine Zertrümmerung sich noch gelohnt hätte.

Das hat natürlich auch niemand behauptet. Wenn aber Schmidt sich unter „Entmythologisierung" nur die Allegorisierung des alten Mythos zu einem mit dialektischer Notwendigkeit ablaufenden subjektiven Denkvorgang vorstellt, dann befördert er damit seinerseits den verbreiteten neuen, von Hegel und dessen ehrwürdigen Vorläufern überkommenen Mythos einer zielgerichteten Geschichts- und Bewußtseinsdialektik. Vor allem bricht jene konkrete These Schmidts vor dem Text zusammen. Zu groß ist die Beweislast. Die Verwechslungen, Scherze, Leiden, Erkenntnisse sind nun einmal vorhanden, und ebenso die „Quälerei des Gottes", der „Triumph seines Geschöpfes", der die moralische Niederlage Jupiters bedeutet. Das wäre freilich nicht Bestätigung der bestehenden Autorität, sondern im Gegenteil satirische Kritik an ihr: Entmythologisierung des alten Mythos als Beispiel und Symbol für die Entmythologisierung überhaupt, für Entlarvung einer Ideologie. Es wäre Kritik an ihr, an der Autorität, welche sich auf sie stützt und sie zu diesem Zwecke unterstützt, womöglich ohne selbst an sie zu glauben. Es wäre endlich Kritik an denen, die an den Mythos glauben. Entsprechend wäre es aber Sympathie mit denen, die, gläubig oder nicht, gegen den auf die Ideologie gestützten Eingriff der Autorität in menschliche Würde protestieren — Prometheus.

Siegfried Bartels hat neuerdings die Dinge so gesehen — obwohl seine Dissertation aus der Frankfurter Schule das dialektische Schema durch andere Begriffe Hegels (215), vor allem Identität und Nichtidentität, derart ausweitet, daß sich damit schlechthin alles und jedes beweisen läßt, was prompt zu Entgleisungen im einzelnen führt und ebenso zur Blindheit gegen die Komödie, die sich ja auch immer in den Einzelheiten abspielt. Das tatsächliche Machtverhältnis soll unerschüttert fortdauern und der Triumph der bürgerlichen Individualität insofern eindeutig tragisch verlaufen, als Jupiter die „Aufhebung aller Machtverhältnisse" nur vorgaukelt, um „jedes Interesse am Umsturz aller Verhältnisse" zu er-

sticken (8, 220). Ob der Gott wirklich so gerissen und erfolgreich vor-
geht, wird zu untersuchen sein. Doch den äußeren Effekt trifft Bartels;
und richtig sieht er in Jupiter das Symbol einer Autorität, die auf Grund
und trotz einer akzeptierten absurden Ideologie auf ihrem besonderen
Nimbus und ihren besonderen Ansprüchen mit Erfolg bestehen kann —
freilich nicht unbedingt in den Augen des Publikums oder auch nur aller
Figuren.

Das Göttliche, das verehrungswürdige Höchste, läge solcher Sicht
zufolge nicht in der Person noch in der Position des Gottes. Man hat auf
die verheißene Geburt des Herkules verwiesen und auf die Gottwerdung
dieses Menschen in der Zukunft. Das gehört nun wohl mit in das Pro-
gramm des Mythos. Nordmeyer wollte das ernstgenommen sehen. Und
Henkel schloß kurzweg: „Mithin: Amphitryon-Jupiter ist der Gott der
Zeugungsnacht, der Gatte als Gott" (164). Hier wird nicht bloß die
Identität von Gott und Mensch verwirrt-verwirrend beibehalten; das
Motiv ist so vom Text her außerdem nicht nachzuweisen: es wird von
dorther gerade unterlaufen. Jupiter nimmt in der Maske des Amphitryon
nur dessen mythos-konformen Wunsch nach Göttersöhnen vorweg. Am
Schluß, als er von seinem gehabten Vergnügen und seiner Schuld redet,
macht erst Amphitryon ihn auf jenen mythischen Programmpunkt aufmerksam. Damit spielt er dem Gott die Chance zu, sein fehlgeschlagenes
Abenteuer äußerlich doch noch mythosgemäß, pompös und scheinbar
triumphierend abzuschließen — eine komisch-glückliche Rettung, wie sie
ähnlich dem Kurfürsten im *Homburg* zufällt. Der Prinz erfährt nichts
von der Gartenepisode, der Mitschuld des Fürsten an seinem Vergehen,
und kann darum sich dem Urteil nobel unterwerfen, dem Fürsten damit
die Begnadigung ermöglichen.

Jupiters äußerer Triumph, das Spektakel seiner Offenbarung, die
christlich getönte Verkündigung des Herkules und das enthusiastische
„Ja" Amphitryons zur Heimsuchung seiner Frau — das alles lenkt also
ab vom Wesentlichen, von dem, was man nun wahrhaft als das Göttliche
bezeichnen könnte: Alkmene, die noch gegen den übermächtigen Anspruch des Gottes und der mythischen Konvention auf der Integrität
ihrer persönlichen Würde besteht. Übrigens geschieht das nicht im hero-
isch-prometheischen Stil (eine solche Haltung ist nur dem Stück im
ganzen eigen), sondern mit der Grazie des Nicht-anders-Könnens. Wie
die meisten Helden Kleists vereint Alkmene Bewußtsein und Gefühl
bereits zu jener Vollkommenheit, die der Aufsatz *Über das Marionettentheater* als unendliches Bewußtsein bezeichnet und nur dem Gott
in Menschengestalt zuordnet. In Alkmene scheint das *letzte Kapitel von
der Geschichte der Welt* vorweggenommen, wo wir erneut ins Paradies
eintreten, vom Baume der Erkenntnis essen und so in einen neuen Stand

der Unschuld fallen. Nur ereignet sich die Vollendung allein in einem
·Ich, das von seiner Welt abgrundtief geschieden ist. Deshalb bleibt auch
ein „paradiesischer" Zustand im ganzen noch unendlich fern.

Wie gesagt, es handelt sich hier nicht um Erkenntnis im engeren Sinne.
Alkmene erkennt, was alle andern ebenfalls erkennen. Ihr Problem liegt
auch nicht, wie man öfters meint, darin, daß sie die Grenze ihres Er-
kenntnisvermögens erfährt. Wie allen Helden Kleists wird ihr zwar
wichtige Erkenntnis zuteil; aber es ist — und darum hängt sie mit dem
Gefühl zusammen — eine Erkenntnis der wahren Wertordnung, ein
Durchbruch des wahren Wertgefühls. Es geht um Erkenntnis des Göttlichen, das über die Konvention hinausliegt. Und es findet sich auf seiten
nicht der mythos-gemäßen Götter, sondern des Menschen mit dem
„göttlich"-unendlichen Bewußtsein seiner Menschenwürde. Hierum
geht der Kampf, hier zeigen sich die Unterschiede, hier kommt es zu
Versagen und Bewähren.

So hat man Alkmenes Bewährung freilich neuerdings nicht mehr verstanden. Entsprechendes fand man vielmehr bei Amphitryon. Zweifellos
gestaltet sich sein Verhältnis zum Göttlichen, wie Jupiter es repräsentiert, am Schluß weit positiver. Deshalb spricht Emrich (17—25) ihm,
dem gehörnten Ehemann Alkmenes, „Gottebenbürtigkeit" zu — nämlich
die „Autonomie des im Menschen selbst liegenden höchsten Gesetzes-
bewußtseins". Damit gelange in ihm der Dichter „zum vollen Selbstbewußtsein des Geistes", wenn auch Hegel das der Kunst eigentlich
nicht zutraute. Außer Kleist leistete es denn auch nur Kafka mittels
„Aufhebung aller außerpersonalen, objektiven Eigengesetzlichkeiten, die
in Natur, Geschichte und menschlicher Gesellschaft walten" — Aufhebung nämlich ins absolute Selbstbewußtsein der Person, die damit zur
„Gesetzgeberin und Formerin des Daseins" wird.

Oder — macht Emrich hier selber von solcher demiurgischen Selbst-
herrlichkeit gegenüber den Gesetzen und Gegebenheiten des Textes Gebrauch? Denn worin soll jenes epochemachende Ereignis sich konkreti-
sieren? In Amphitryons Eingeständnis, Alkmene halte den Fremden für
ihren Gemahl! Das aber muß schließlich jeder zugestehen. Gewiß, sein
gelassenes *Ich bins!* raubt der Erklärung Jupiters *Du bist Amphitryon* den
Gnaden-Schein einer Identitäts-Rückerstattung. Die „Selbstgewißheit",
die er damit bewährt, besaß er aber immer; und von einer „stolzen
Selbstbehauptung des Menschen Gott gegenüber" (17) ist er doch ziemlich weit entfernt. Jetzt hält er sein Gegenüber ja nur für einen furcht-
baren Geist; und als er Jupiter erkennt, gibt er seine Autonomie gerade
umgehend preis. Sein wackeres Mannestum bezeugt sich durchaus innerhalb einer strammen Mythos- und Autoritätsgläubigkeit. Er ist sogar der
Erzreaktionär mit dem rückschrittlichen, unerhellten Bewußtsein, um es

im Ton der „progressiven" Interpretationen auszudrücken – derselben, die Amphitryon zum Träger des Fortschritts machen.

Emrichs Kollegen und Nachfolger in wie außerhalb Berlins sehen die Dinge z. T. richtiger, ohne indessen viel zu bessern. Sie erblicken Amphitryons Verdienst in der freudig-dankbaren Annahme der ihm widerfahrenen Ehre, also in dem, was weder Molière noch Giraudoux ihm zumuten und was Goethe *klatrig* fand. Der „Bewußtseinsprozeß", der sich da in ihm abspielt und „von dessen Erkenntnis und Bewältigung" laut Emrich „mehr als nur das Schicksal unserer Dichtung abhängen wird" (12, 18), erscheint danach als „Mysterium der gottmenschlichen Identität" (Ryan 99). „Was der Gott getan hat, ist nun Amphitryons Leistung" als etwas, „in dem Subjektives und Allgemeines als Wahres, als Menschliches und Göttliches zugleich, übereinkommen" (Arntzen 242); und indem Alkmene an der Identität Jupiters mit Amphitryon festhält, wird – eine nahezu vollendete eheliche Liebe zum Ereignis (Ryan).

In dieser Sicht verschiebt sich auch die Einschätzung der Dienerhandlung. Man muß dann Sosias tadeln wegen fehlendem gesellschaftlichen Bewußtsein (Arntzen) oder (Ryan 108, ganz ernsthaft), weil er unempfänglich sei „für das, was er, in Merkur, sich selbst getan hat": für des Gottes *besingenswürdge Schläg* und „die ihm dadurch angetane Ehre", im „Kontrast zur Verherrlichung des Amphitryon, der das Besingenswürdige durchaus zu schätzen weiß". Ihm zur Seite stünde dann Charis, die mit einem Gott jederzeit zu einem Seitensprung bereit ist, ganz im Unterschied zu ihrer Herrin, deren Position grundsätzlich mit der des Sosias übereinstimmte.

Die mystisch-dialektischen Ausleger lassen diese kreuzweise Konfiguration nicht gelten. Zu ihrem Konzept eines revolutionären Fortschritts paßt am besten eine hierarchische Rangordnung der Positionen: überlegen sind die Götter; unzulänglich, aber bildungsfähig die Herrschaft; grob-primitiv die Diener. Merkur zu loben, den Mut findet allerdings nur Ryan. Arntzen, der Alkmene in Analogie zu Charis deutet und schärfstens herabsetzt, muß am Ende daran erinnern, daß dennoch „an der Größe der Alkmene-Gestalt bei Kleist kein Zweifel" sei (244). Ryan (108) erblickt in der „Unbeweglichkeit" der Herrschaft deren Hauptmangel und die Hauptkomik des Werkes. Beides werde profiliert „durch die Elastizität und Anpassungsfähigkeit" der Diener, welche ihm demzufolge „in mancher Hinsicht fast als dem Fürstenpaar ebenbürtig" erscheinen. Indessen sind weder Charis noch Amphitryon sonderlich flexibel. Charis würde zwar im Falle eines Gottes eine Ausnahme machen, doch entspricht das gerade der herkömmlichen, offiziellen Ideologie. Ebenso hängt und hält Amphitryon gerade starr am Herkommen fest, wenn er sich der gewandelten Schluß-Situation mit komischer Selbstverständlichkeit und Schnelligkeit anpaßt. Sosias dagegen paßt sich zwar äußerlich-taktisch an; innerlich und im Entscheidenden jedoch beharrt er wie Alkmene auf einer Wertordnung, die ihrer Deformierung durch die gesellschaftlich-konventionelle Ideologie vorausliegt und an der sich alle orientieren, solange sie die Götter nicht erkennen. So richtet sich die Satire der Komödie gegen die Götter sowie gegen Amphitryon und Charis, die beide den Göttern hörig sind. Und profiliert wird das durch die Figuren, die sich komisch oder tragisch immun zeigen gegen die Vergewaltigung der echten Werte durch die offizielle Autorität. Es sind die Figuren, die unser Mitleid oder unser Lachen stets auf ihrer Seite haben: Alkmene und Sosias.

2. Tragik und Komik

Man hat die dramatische Auseinandersetzung oft als Tragödie verstanden, vornehmlich als Tragödie der Alkmene. Diese muß ja am Ende einsehen, daß sie betrogen wurde um ihr Innerstes. Im Zeichen der pantheistischen Identitäts-Konzeption konnte davon natürlich keine Rede sein. Der Gott war ja Amphitryon; sie wurde nicht betrogen. Und wenn sie sich betrogen glaubt, so ist das ihr eigener Fehler. Das aber ist nicht tragisch, sondern komisch, lächerlich. Das Komische oder die Heiterkeit des Lustspiels ergab sich danach aus der Unterlegenheit der Menschen, aus der Überlegenheit des Spiels, das die Götter mit ihnen treiben. Da die Menschen sich dieses Verhältnisses nicht bewußt sind, erscheinen sie im Licht der Ironie; und wir Leser sehen mit den Göttern spöttisch auf sie herab. Wir werden mit Genugtuung gewahr, daß wir uns auf das Göttliche (und seine Autorität) besser verstehen als die menschlichen Figuren. Solche göttliche, heitere Überlegenheit über Unseresgleichen (Müller-Seidel, Jancke, Ryan, schon Thomas Mann) schafft gattungsmäßige Eindeutigkeit, indem sie das Tragische ausschaltet. Sie dürfte allerdings nicht frei sein von Herzenskälte, Snobismus, moralischer Lehrhaftigkeit. Das Langweiligste an ihr ist, daß sie uns in den selbstverständlichsten Erwartungen bestätigt, nämlich in der Erwartung, daß die Götter, als die Stärkeren, siegen. (Ähnlich Martini, 20)

Dieses marklose Bild des „Lustspiels" verschiebt sich völlig, wenn man das Werk nicht als weihevolles Spiel um die geheimnisvolle Identität des Menschen mit dem Göttlichen versteht, sondern — wie die alten Stücke — als Verwechslungskomödie und als Satire auf Götter und

Religion, Autorität und Konvention. Der Zuschauer, der sich so in dem
Spiel zurechtfindet, genießt es von einem Platz noch über den Göttern.
An Alkmene amüsiert ihn, wie sie die Situation zu einer lächerlich
peinlichen macht für den Gott, welcher sie täuschte. Und man hat
Mitleid mit ihrer Tragik. Das Lustspiel bedarf seit alters nicht des ein-
heitlich heiteren Charakters, auf welchen Ryan pocht (85). Im Gegenteil,
der Standpunkt des Zuschauers wird um so höher und freier, je mehr
Tragik die Komödie bewältigt. Schon bei Molière umfaßte die Komödie
ohne weiteres das Tragische. In Deutschland war das der Fall bei Lenz.
Und Kleists romantische Zeitgenossen, insbesondere sein Freund Müller,
wollten im Anschluß vornehmlich an Shakespeare das Komische in der
Tragödie und das Tragische in der Komödie — nicht um eine neue Gattung, etwa die Tragikomödie, zu gewinnen, sondern um in der Phantasie
die unendliche Totalität der Daseinsmöglichkeiten zu vergegenwärtigen.

Wenn Kleist es so macht, wie macht er es dann, daß wir uns trotz der
Tragödie Alkmenes erheitern? Es muß zusammenhängen mit der Art,
wie er diesen Komplex in den Gesamtvorgang einarbeitet. Zunächst fällt
auf, daß Alkmenes Tragik sich nie volltönend ausspricht, sondern immer
nur unterdrückt, verhalten. Besonders gilt das auch vom Ende, wo sie
einerseits am deutlichsten hervortritt, andererseits nur indirekt und unter
vier Augen ausgesprochen sowie übertönt wird durch Amphitryons laut-
starke Schwenkung und durch Jupiters geschicktes Vertuschen seiner
Niederlage — alles selber komische Momente. Alkmene erscheint öfters
ausgesprochen komisch, freilich nie auf Grund persönlicher Unzulänglichkeit, sondern stets auf Grund der Situation, insbesondere auf Grund
der situationsbedingten Beschränkung ihres Erkennens, eben der Verkennung des Betrügers. Nichts zerstört ja die Komödie gründlicher als die
Annahme, Alkmene erkenne den Gott schon vor der Theophanie, sie
ahne ihn oder sehe in ihm einen gesteigerten Amphitryon. In den Ge-
sprächen mit Jupiter ist gerade davon keine Rede. Nur weil sie da immer
glaubt, sie habe Amphitryon vor sich, kommt es zu den treuherzigen
Zurückweisungen, die sie dem Gott erteilt und die sie ihm in dieser
Form natürlich nicht erteilte, wenn sie wüßte, wen sie vor sich hat. Ihre
Komik ist derart immer verbunden mit der Komik, die die anderen betrifft, Amphitryon und besonders Jupiter.

Jupiter ist nicht am meisten komische Figur — das ist Sosias —, jedoch
die am stärksten ironisierte. Wenn die Menschen komisch erscheinen,
weil sie sich über die Identität der Partner täuschen und diese daher nicht
mit dem gebührenden Respekt behandeln, so sind die Götter da die
komischen Opfer ihrer eigenen Maskierungstaktik. Sie sind es ferner,
wenn sie erwarten, die Menschen sollten sich erhoben fühlen von einer
Heimsuchung durch die Götter — und wenn sie sich dabei doch nicht als

Götter enthüllen dürfen, so daß sie genau das Gegenteil des Erwarteten hervorrufen. Und sie sind immerhin die Allmächtigen, Allwissenden, Allgegenwärtigen – oder nennen sich wenigstens so. Sie haben das Spiel eingeleitet und sind doch die eigentlich Genasführten. Wie Jupiter sich zu seiner bitteren Kränkung getäuscht sieht in seinen Erwartungen hinsichtlich Alkmenes, sagten wir bereits. Hinzu kommt die Schmach, daß er den Hahnrei, den hintergangenen Ehegatten spielen und in der Gestalt des Rivalen für sich selber werben muß. Das Decorum seiner Göttlichkeit verbietet ihm sogar, seinen Unmut, seine Enttäuschung, seine Niederlage zornig zu bekennen und sich vielleicht zu rächen (die Geburt des Herkules könnte man immerhin als subtile Rache ansehen). Stattdessen muß er – zuletzt gegen besseres Wissen, bis dahin aus überheblicher Selbstgefälligkeit – den unanfechtbar Triumphierenden, den Unwiderstehlichen spielen – vor anderen und vor sich selbst. Es ist von komischer Ironie, daß er die Herrschaft der von ihm selbst durchschauten mythischen Ideologie zu einer gnädig herablassenden Geste nützen und damit seine Niederlage glorreich verhüllen darf. Und es ist von satirisch-komischer Ironie, daß wiederum nicht alle Menschen den vom Mythos vorgeschriebenen Wandel mitvollziehen: Alkmene und Sosias.

Auch die Komik des Sosias kommt die Götter teuer zu stehen. Gewiß belustigt uns der Diener, weil seine Ideale Kohl und Bratwurst heißen (so erst bei Kleist), weil er sich verprügeln läßt und feige ist. Er scheint seinem Gegenspieler hoffnungslos unterlegen zu sein; und doch rebelliert er, wenn auch mit feigherziger Frechheit, gegen Merkurs Prügel und behauptet damit ein Menschenrecht, das wir in dieser mythischen Welt für aufgegeben halten könnten. Wenig schmeichelhaft für die Götter ist es auch, daß Sosias mit seinem Mutterwitz den prügeltüchtigen, aber geistig schwerfälligen Merkur mehrfach übertölpelt und daß ihm endlich die Erkenntnis, das Übel war göttlicher Herkunft, kaum mehr als ein abschätzig-ablehnendes Achselzucken abgewinnt. Sosias ist primitiv. Verbildet denkt er nur, wo seine Logik dazu neigt, sein Ich dem Merkur zuzusprechen – wovor ihn sein elementares Ichgefühl wiederum doch bewahrt. Daß er sich von dem Götterabenteuer gar nicht imponieren läßt, verdeutlicht nur drastisch-befreiend die Unabhängigkeit vom Druck der ideologischen Konvention sowie den absoluten Maßstab, an dem sich Alkmenes „Nein" orientiert. Wenn diese bei der Theophanie mit dem Ruf *Schützt mich, ihr Himmlischen!* in Ohnmacht fällt und also der Wahn von der Gerechtigkeit und Güte der Götter ihre Ausdrucksweise noch in dem Augenblick bestimmt, wo sie jenen Wahn durch ihr Entsetzen selbst als Wahn entlarvt – so ist das bei aller Tragik komisch im Hinblick auf ihre eigene menschliche Begrenztheit, dagegen von hintergründiger, ironisch-satirischer Komik im Hinblick auf die Götter. Jupiters Komik beruht zunächst auf seiner menschlichen Schwäche, sie gewinnt ihre volle, ironische Schärfe aber erst dank seiner Göttlichkeit. All das veranlaßt uns zu lächeln. Wieviel bittere Genugtuung in Anbetracht der betrogenen göttlichen Betrüger und wieviel Mitleid mit Alkmene sich da auch einmischen mögen: sie gewinnen nicht die Überhand. Wir lächeln trotz Alkmenes Leid, lächeln über die Menschen, die so lange genasführt werden, lächeln mit Genugtuung über die Unanfechtbarkeit des Sosias und lächeln vor allem auch über die Götter, deren Verlegenheit und Niederlage wir und nur wir ganz klar durchschauen können. So gewinnen wir einen Platz oberhalb der dichterischen Welt, von wo wir mit gottähnlicher Gelassenheit herabsehen auf das Treiben und Leiden der Menschen und der Götter.

So will es die Romantik, und so will es die Komödie. Beide verhelfen uns dazu ferner durch den ostentativen Spielcharakter, der dem komischen Kunstwerk in besonderem Grade eigen ist. Denn die Komödie liebt die Übertreibung, das übermütige Überspielen der Wirklichkeits- und Wahrscheinlichkeitsgesetze. Daher wählt sie phantastische Stoffe. Sie liebt das Drastische und schreckt vor keiner psychologischen Unglaublichkeit zurück. Je verrückter, um so besser. Es ist ästhetisch ganz verfehlt, sich darüber zu verwundern, daß die Menschen nicht von selbst auf den Gedanken kommen, bei dem Vorfall, *koboldartig wie ein Märchen* (v. 702), könnten die Götter die Hand im Spiele haben (Th. Mann 66). Mindestens so verwunderlich wäre, daß Alkmene glauben kann, der herrliche Amphitryon der letzten Nacht werfe ihr nun Ehebruch vor, um sich von ihr zu trennen, und noch mehr: daß sie dennoch ihm, der alles so gut wie sie selber wissen sollte, den Hergang noch einmal erzählt. Überhaupt der Streit der Ehegatten in II,2! Es ist eine typische Komödienszene, die seit Plautus kaum geändert worden ist. Kleist verfährt ganz im Stil der Komödientradition, wenn er es bei einigen Wortwechseln zu stereotypen Wiederholungen kommen läßt, zu Stilisierungen, wie sie auch die Oper liebt. Das muß man berücksichtigen, bevor man wagt, aus derartigen Zügen psychologische Schlüsse auf eine erstarrte Moral und ein schablonenhaftes Denken der Figuren zu ziehen (Arntzen, Jancke, Ryan). Ähnliches gilt von konventionellen Metaphern wie dem Ausdruck *Sold der Liebe*, die keineswegs nur von Amphitryon, sondern auch von Alkmene und anderswo von Jupiter gebraucht werden.

Komisch-ironisch ist endlich die poetische Hinterhältigkeit, mit welcher Kleist, noch raffinierter als Molière, das „Nein" Alkmenes durch das „Nein" des Sosias unauffällig bekräftigt und durch das „Ja" Amphitryons lautstark übertönt, welches er wiederum durch das „Ja" der Charis unauffällig und doch drastisch ad absurdum führt. Hierher gehört

auch der Titel *Amphitryon*. Er hat seit alters die Ansicht ausgedrückt, das Ganze sei vor allem eine Angelegenheit des Gatten. So
entsprach es der gesellschaftlichen Denkweise besonders der romanischen
Länder. Von Anfang an hatten die Dichter zwar vielfach den Komplex der
Konvention aufs Korn genommen. Aber erst Kleist schließt die herkömmliche Vorrangstellung des Gemahls in die Satire ein. Er arbeitet sie am
Schluß ganz stark heraus — indessen nur, um sie samt der dazu
gehörigen religiösen Konvention zu ironisieren. Der übermütige Spielcharakter der Komödie ermöglicht ferner das kecke Paradox der Panen-
theismus-Ideologie, die entlarvt wird und trotzdem in Geltung bleibt.
Womit Kleist den Ausspruch von Molières Mercure, die Götter ver-
dankten ihre Eigenschaften meist der Phantasie der Dichter, seinem
Thema einfügt.

Daß man dieses Thema, daß man die Struktur der Doppelperspektive
von Sein und Schein beachtet, ist also die Voraussetzung für ein
angemessenes Lesen, Rezipieren. Wir vermißten sie bei Emrich, vor allem
aber immer wieder bei den vielen Deutungen, die Amphitryons
pantheistische Identität mit Jupiter annehmen. Der Blick für Kunststruk-
turen wird offenkundig nicht geschärft. Das Stück verlangt also entschieden und vielleicht in höherem Grad als andere, wirklich als Kunstwerk gelesen zu werden, wenn es nicht zu Fehl-Rezeptionen kommen
soll. Oder gibt es das überhaupt? Folgen die verschiedenen Rezeptionen
nicht gleich gültig aufeinander in der Geschichte des Bewußtseins, einer
Geschichte, die laut Hegel dialektisch und notwendig abläuft? Die Dialektik relativiert „falsch" und „richtig", indem beides und alles notwendig aufgehoben wird in einer Synthese. Das sind hochspekulative
Setzungen. Sie relativieren Erkennen und Bewußtsein aufs Subjekt und
bauen dennoch ganz auf ihnen auf. Hegels objektiver Weltgeist, wie man
ihn hier verarbeitet, objektiviert die Subjektivität und verharmlost deren
Reibung am Objekt. Eine theoretisch so begründete Methode wird
ferner dazu neigen, innerhalb eines Textes den Vorstellungen und Aussagen des Subjekts weit mehr Gewicht beizulegen als der fiktiven Wirklichkeit. Wo beide auseinanderklaffen, wird sie Entscheidendes verfehlen
und alles, wo es auf jene Diskrepanz gerade ankommt.

3. Dialektische Aufhebung
von Perspektive, Verwechslung und Komödie

Hans Georg Gadamer z. B. empfiehlt in seiner philosophischen Herme-
neutik *Wahrheit und Methode* (1960) die spekulative Dialektik als

Methode der Wahrheitsfindung. Sie überschreite, gemäß Hegels Wort von des Erkennenden „Gewißheit seiner selbst" (337), „den Begriff des Objekts und der Objektivität des Verstehens in der Richtung auf die Zusammengehörigkeit des Subjektiven und Objektiven" (437). Gadamer fordert zwar dazu auf, eigene Vorurteile und Sinnerwartungen kritisch auszuschalten. Aber wie das zu geschehen habe, beschäftigt ihn nicht weiter. Stattdessen überläßt er sich der Zuversicht: „Was ist, ist seinem Wesen nach wahr, das heißt: in der Gegenwart eines unendlichen Geistes anwesend" und deshalb prinzipiell dem menschlich-endlichen Denken zugänglich (434). „Verstehen" muß und darf daher „immer so etwas wie eine Anwendung des zu verstehenden Textes auf die gegenwärtige Situation des Interpreten" sein (291). Damit ermutigt er uns, das zu tun, was wir ohnehin zu tun versucht sind: ich- und gegenwartsbezogen zu verstehen anstatt sachbezogen. Er selber führt das exemplarisch vor in seiner *Amphitryon*-Interpretation. Sie soll wie alle seine Einzelinterpretationen der Sammlung *Kleine Aufsätze* (1967)

> „dokumentieren, daß seine Theorie aus einer ausgearbeiteten hermeneutischen Erfahrung erwachsen ist", und „vor allem ... etwas zu selbständiger Anerkennung bringen, was meist hinter den philologisch-historischen Methoden der Wissenschaft zurücktritt und doch in ihnen allen unkontrollierterweise wirksam ist: das ‚Sachverständnis'. Wo es sich nicht um spezielle Sachbereiche handelt, sondern um Kunst, werden an die Auslegung der Sachen freilich besondere Ansprüche gestellt, die die Philosophie am ehesten einzulösen berufen ist. Die hermeneutische Praxis [...] will eine Theorie ergänzen, die nicht Vorschriften machen will, sondern sagen, was ist."

Welch schöne Bescheidenheit! Was also ist? Wie Jupiters Wort ‚*alles, was sich dir nahet, ist Amphitryon*' (v. 1262 f.) besagt, *ist* Amphitryon, der Geliebte. Er nämlich ist „der einzige, der für Alkmene existiert". In ihm sind Gott, Gemahl, Geliebter „einer". Denn Alkmene verleugnet den „wahren Gatten" und rechnet überhaupt nicht damit, daß der Gott gegenwärtig sein könnte. Sie nimmt den für gegenwärtig, der es gar nicht ist (!). Darum ist sie *urgemäß dem göttlichen Gedanken*. Denn ihr Irrtum „ist kein Irrtum", sondern „angefochtene und wiedergewonnene, eine höhere Gewißheit". Sie unterscheidet nicht, und damit wird (allerdings!) „auch die mögliche Verwechslung [...] hinfällig". Dem Text zufolge unterscheidet sie den Geliebten freilich darum nicht vom Gatten, weil ihr beide in einer Person identisch sind: sie liebt ihren Mann. Den Gott hingegen unterscheidet sie nur deshalb nicht von Amphitryon, weil jener sich diesem zum Verwechseln ähnlich machte. Gadamers „Sachverständnis" setzt Nicht-Unterscheiden gleich Nicht-Verwechseln und Identifikation, Irrtum gleich Wahrheit — und keineswegs nur mit der subjektiven Wahrheitsgewißheit der Frau. Deren Wissen, das wesentlich doch Irrtum ist, soll nämlich dennoch „dem Gatten und dem Gotte" erst ihr „Sein" verleihen. Wie das? Und was für ein Sein? In Alkmenes Gefühl erscheint „die Göttlichkeit der Liebe"; der Gott aber ist „der Gott des innersten Gefühls", daher mit dem Geliebten und dem Gatten „einer" „im zustimmenden Herzen der Frau" — also doch völlig subjektiviert? Keineswegs, er ist das „All des Seienden", identisch mit allem — also auch mit Alkmene, wie Heinrich Meyer-Benfey 1911 (126f.) der schon damals grassierenden Pantheismus-Theorie entgegenhielt (s. o. S. 74).

Die „bleibende Wahrheit des menschlichen Herzens", daß die „Verwechslung die Verwechslung mit einem Gott und daher keine Verwechslung war", transponiert die doppelte Moral, derzufolge der Besuch des Gottes Ehre bringt, auf die Ebene von Erkenntnis und Metaphysik. Alkmene zwar wird davon nichts bewußt; sie verwechselt ja die Erscheinungen Jupiters und Amphitryons. Trotzdem nimmt Gadamer die subjektive Gewißheit ihres Irrtums für Wahrheit — wenn sie zu der Wahrheit paßt, welche er meint. Wenn hingegen Alkmene auf Jupiters Drängen zwischen ihm und Amphitryon unterscheidet und dabei den letzteren vorzieht, ist die „Sicherheit" solcher ethischen Wahl „in Wahrheit der Gipfel der Verwirrung, ja der Verleugnung ihres Gefühls". Ist sie dann wieder zärtlich zu dem Gott, den sie mit Amphitryon verwechselt, genügt schon ihre subjektive Sicherheit vollauf als Beweis der Wahrheit. Irrtümliches Wählen wird objektiv richtiges Erkennen, und solches Erkennen zur Tugend. Sein hängt ab von Erkannt- oder auch Nichterkanntwerden, Wahrheit von Gewißheit und von der Wahrheit, die der Interpret bereits voraussetzt. Letztere bleibt als einziges beharrendes Kriterium der Wahrheit, alle übrigen wechseln nach Bedarf. Wahrheit wird methodisch manipuliert, die Willkür des verstehenden Verfahrens sanktioniert.

Die spekulative Dialektik und mystische Scholastik, deren Gadamer sich bedient, um die ,theologische' Auszeichnung Alkmenes mit der Gewißheit ihres innersten Gefühls zu versöhnen", findet sich auch in den jüngsten Interpretationen. Arntzen, Jancke, Schmidt praktizieren sie. Ryan spricht außerdem ausdrücklich von „spekulativen Gedankengängen" des dialektischen Idealismus, der die „Aufhebung der herrschenden Gegensätzlichkeit in einer neuen, höheren Entwicklungsstufe vorsieht" (11f., 90), eben „im gleichsam Hegelschen Sinn", sagt Müller-Seidel; er freilich meint, die Himmlischen verhelfen den Menschen zur Erkenntnis der Götter und ihrer selbst durch Unterscheidung (statt durch Identifikation), und er verheißt (was nie schaden kann), dadurch werde „auch Gesellschaft anders möglich als zuvor" (129f., 135).

Bei allen Unterschieden setzen diese Deutungen sämtlich die existenztheologische Dialektik Gerhard Frickes fort. Die religiöse Deutung des *Amphitryon* herrschte von Anfang an. Ryan hat meine Interpretation diesen älteren zugeordnet. Ich bin damit gern einverstanden, sofern Fricke, v. Wiese und übrigens auch Thomas Mann Jupiters Niederlage in I, 5 zutreffend schildern. Mit diesen Analysen hätte man sich auseinandersetzen sollen, zumal Fricke (60–96) sich über den „seltsamen Anblick" mokiert, wie in jener Szene der gesteigerten Versuchungen „zwar nicht Alkmene, aber zum größten Teil die Kleistinterpretation diesen Versuchungen zum Opfer gefallen ist, indem sie das Stück jeweils von Jupiter her interpretiert".

Fricke verurteilt bereits jede Deutung, derzufolge Alkmene sich von Amphitryon ab- und Jupiter zuwendet, dem idealen oder dem pantheistischen Jupiter-Amphitryon. Dennoch vereint seine eigene Interpretation ebenso wie die von Th. Mann und Wiese zuletzt alle jene Auffassungen. Der „Widerspruch des als unfehlbar und heilig bewiesenen Gefühls mit der Wirklichkeit" – so heißt es in verunklärender Paradoxie – bestätigt nur die Wahrheit. Indem Alkmene in Jupiter immer nur ihren Amphitryon sieht und liebt, offenbart sie „die Einheit der Treue gegen sich selbst und des absoluten Gefühls mit dem Gehorsam gegen die göttliche Bestimmung". Eine „Scheidung des Subjektiven und Objektiven [...] in dem Sinne, daß Alkmene subjektiv rein und Amphitryon treu blieb, wenn sie auch objektiv der Täuschung zum Opfer fiel", kommt nicht in Betracht. Denn „hat sie objektiv geirrt, während sie subjektiv völlig gewiß und aus reinem Gefühl handelte, so ist das eben der Beweis der Unzulänglichkeit des letzten, unfehlbar Gewissen in ihrer Brust". Das aber ist nicht, weil nicht sein kann, was nicht sein darf. Vielmehr ist Jupiter „kraft seiner göttlichen Allmacht" für Alkmene „wirklich – nicht etwa nur äußerlich – Amphitryon". Und dem Gotte, der darüber hinaus „selber alles in allem ist" – und das ist „nicht irgendein Pantheismus" – „war es möglich, eine Täuschung durchzuführen, die doch nun keine Täuschung mehr ist, die das Gefühl bestätigt und die Schuld aufhebt".

Das ist prinzipiell nicht meine Deutung, sondern diejenige Gadamers und seiner Richtung. Die Jüngeren präsentieren die logischen Schnitzer der Älteren zwar auf subtilere, dafür aber gefährlichere Weise. Einige systematisieren den mystischen Aspekt, indem sie alles Gewicht auf Jupiters objektive Identität mit Amphitryon legen und auf Alkmenes subjektive Identifizierung beider. Letztere setzen sie schon Ende II, 5 oder noch früher an: am Ergebnis ändern solche Unterschiede ebensowenig wie der Umstand, daß man Jupiter und Amphitryon trotz ihrer angeblichen Identität durchweg als zwei verschiedene Figuren behandelt, was der Text offenbar erzwingt. Im Schlußakt treten sich beide sogar gegenüber. Es handelt sich hier eben nicht um Identität, sondern um Verdoppelung – der Dialektik sind solche Gegensatz-Begriffe freilich

Synonyme. Daß sie sich Kleists Lustspiel zum Tummelplatz aussuchte, hat das Stück verunklärt und hat vor allem unter dem durchaus unzutreffenden Deckmantel von Modernität ausgesprochen überalterte, ja „regressive" Weltanschauungspositionen in den Text schmuggeln helfen. Das Schlimmste ist die Subjektivität, die sich als Objektivität ausgibt und unter diesem Schutzschild vollends als Willkür gebärdet. Befördert haben diese Tendenz im Anschluß an Hegel und Schelling bekanntlich Gadamers Lehrer und Hauptgewährsmann Heidegger, neuerdings Jauß, s. o. „Vorbetrachtung" und vorher Kierkegaard.

Zugunsten der Passion zum Unendlichen, wo allein entweder-oder entschieden werden kann, und zwar ausschließlich subjektiv, erklärt der Ahnherr der dialektischen Existenztheologie und -philosophie es für objektiv angemessen, den Unterschied zwischen subjektiver Gewißheit und objektivem Sachverhalt zu liquidieren, ebenso den zwischen Gut und Böse, Wahr und Falsch, schließlich den Satz des Widerspruchs[1]. Wie immer das gemeint war, die Anwendung auf die Wissenschaft des dichterischen Wortes wirkte sich nicht zum Segen für die Wahrheitsforschung aus und hat die dialektische Methode vermutlich schlimmer in Verruf gebracht, als sie verdient. Nicolai Hartmann, der die Dialektik als philosophisches Verfahren äußerst schätzt, sieht sie gefährdet, wo man sie vornehmlich spekulativ ohne ausreichende Korrektive benutzt und wo sich ihrer Köpfe bedienen, die keine Meister sind[2]. Doch schon in der Hand von Hegel und Marx, schreibt Robert Heiß[3], ist Dialektik „das schlechthin universale Instrument"; es macht Wahrheit „manipulierbar" vom vorausgesetzten Ganzen her, das schon „als Dogma feststeht". Sie ist dogmatisch gehandhabtes „Instrument[4] eines großen und konstruktiven Denkens", aber kein „Verfahren, das imstande ist, differenziert zu arbeiten". Eine kritische Dialektik im Sinne „eines deskriptiven kritischen Verfahrens" bliebe erst zu entwickeln. Noch heute bewege sich das dialektische Denken „in den Bahnen eines konstruktiven und universalen Denkens, welches es mit der Wahrheit nicht allzu genau nimmt". Von der Hegelschen und „gleichsam Hegelschen Dialektik" sagt Walter Kaufmann (157): „In the hands of many dia-

---

[1] Vgl. die Zitate bei Walter Kaufmann: *The Owl and the Nightingale*, 1959, bes. 178, 181 f. Eine *Amphitryon*-Interpretation, die sich ausdrücklich auf Kierkegaards „Suspension des Ethischen" beruft, lieferte Ludwig W. Kahn.

[2] N. Hartmann: *G. W. Fr. Hegel*, 1929, bes. 159, 185.

[3] Wesen und Formen der Dialektik, 1959, 179–183.

[4] Instrumental manipulierenden Charakter trägt die dialektische Terminologie unverhüllt bei Arntzen und besonders bei Jancke. Letzterer distanziert sich – nicht ohne Berechtigung, aber mit aufschlußreicher Schärfe – von der häufigen „Emotionalisierung der Sprache" des Interpretierens (87) etwa bei Benno von Wiese.

lectical materialists and dialectical theologians [...] the dialectic has become a mere jugglery of big words − a lack of insight that pretends to be profound and frequently deceives the writer into thinking that his prose is deep merely because it is abysmal". Abgründig, mystisch. In diesem sich so gern als „progressiv" gebärdenden Lager ist man tatsächlich nicht weit fortgeschritten, seitdem Goethe unter dem Eindruck von Adam Müllers Exegese verdrießlich notierte: *„über den neuen mystischen Amphitryon und dergleichen Zeichen der Zeit"* (Zeugnis Nr. 15).

4. Zu Bauform und Sprache

Kleists gestalterische Energie betont, so läßt sich vielleicht sagen, erstens die Vertikale, zweitens die Horizontale, drittens das Prinzip der Polarität oder des schwebenden Gegensatzes. In der Vertikalen geht es um die spielerische Überwindung, Verwandlung, Überformung des Wirklichkeitsstoffes durch die Phantasie. Ein derartiges Spiel der Seligen, wie Kleist alle Kunst im *Brief eines Dichters an einen jungen Maler*, nennt, fanden wir in der Komödie; man fände es jedoch ebenfalls in einer Tragödie wie *Penthesilea*, in der Kleist die Wirklichkeits- und Wahrscheinlichkeitsgesetze genauso souverän vernachlässigt und den Wirklichkeitsstoff in ähnlich opernhafter Weise stilisiert und ordnet wie in seinem Lustspiel. Der ostentative Sieg über den Stoff und über die Gesetze des Realen wird andererseits unterstrichen durch intensive Beschwerung dieses Gegenpols, durch hautnahen Realismus im Detail.

Horizontal arbeitet Kleist mit Parallelen und Kontrasten der Handlungsführung und der Konfiguration, vergleichbar der Parallel- und Gegenführung musikalischer Stimmen, wie Kleist denn die Musik, den Kontrapunkt, den Generalbaß, also die Harmonik, als Wurzel aller Kunst bezeichnete (Zeugnis Nr. 4). Für *Amphitryon* hatte Molière die Symmetrie der Handlungsstränge und der Figuren vorgezeichnet. Kleist brauchte sie nur zu komplizieren und verwirren. Doch seine eigene Neigung zu einem derartigen Verfahren bezeugen alle seine Werke von *Familie Schroffenstein* bis zu *Prinz Friedrich von Homburg* mit dem kontrapunktischen Kabinettstück der Befehlsausgabe. Der Musik vergleichbar ist auch die Art, wie Kleist die Horizontale im Nacheinander bearbeitet: nämlich weniger mit Hilfe neuer Einfälle als mit Hilfe von Motiv-Variation, Retardation und Steigerung. Musikalisch pointiert ist ferner der freilich nicht von ihm erfundene Doppeleinsatz: durch Sosias (Rollenspiel zur Nasführung von Menschen durch Menschen) und

Merkur (Rollenspiel zur Nasführung der Menschen durch die Götter). Das Hauptthema erklingt in zweifacher Form: einzeln am Anfang (Götterprügel, I, 3) und in der Mitte (göttlicher Ehebruch, II, 5, 6), zusammengefaßt am Ende: Ehebruch und Prügel. Das Parallelmotiv der umstrittenen Identität läuft ständig nebenher. Alkmenes Schluß-*Ach*! ertönt bereits I, 2, als Sosias Götterprügel empfängt. Da es in *Amphitryon* wie stets bei Kleist um die Enthüllung eines Geheimnisses geht, erfolgt der Umschlag durch Erkennen erst am Schluß und fällt mit der Katastrophe bzw. mit der Auflösung zusammen. Kleist behilft sich bis dahin gleichsam mit einer Kette kleiner Peripetien, kleiner Teilentscheidungen, die immer wieder erprobt werden. Für diese *„stationäre Prozeßform"*, die Goethe am *Zerbrochnen Krug* bemängelte, ist charakteristisch das lange Verhör Alkmenes durch Jupiter, dieses hartnäckige Insistieren durch eine Stufenleiter von stets verschärften Alternativen hindurch. Die horizontal-symmetrischen Linien führen durch Wiederholung, Variation und Steigerung stufenweise in die Höhe; sie münden gewissermaßen in die vertikale Dimension. Zugleich bewahren sie jedoch die Polarität der Positionen. Dadurch und auch dank der Unabgeschlossenheit der Handlung — wie wird Alkmene den „Umfall" des Gatten und die verheißene Geburt des Herkules aufnehmen? — gewinnt der Schluß eine Offenheit, die die Auseinandersetzung gut romantisch ins Unendliche hinein fortsetzt.

Wenn in *Amphitryon* einige 4- bzw. 6-hebige Zeilen die Norm des Blankverses verfehlen, so könnte das daran liegen, daß Kleist keine Gelegenheit hatte, den Text vor der Drucklegung zu überarbeiten. Vielleicht auch folgt er darin, wie mit dem gelegentlichen Reim, dem *Amphitruon* von Falk. Charakteristisch für den Dichter ist jedoch die ungewöhnliche Intensität, mit welcher seine Sprache zwischen Strömen, Stauen und lakonischer Knappheit wechselt. Kommas dienen bei ihm der Gliederung des Rhythmus, wie die im folgenden vorgeführten Beispiele belegen. Gleiches gilt von der Wortstellung, die in den späteren Werken noch häufiger vom Üblichen abweicht. Indem ein Wort an unerwarteter Stelle auftritt, erhält es besonderen Nachdruck: *„Euch allen Teufeln und den Auftrag gebend"*, (v. 635), statt „Euch und den Auftrag allen Teufeln (über)gebend". Solche Umstellung wirkt häufig gekünstelt, geschraubt. Auch ohne das gibt sie der Sprache in jedem Fall etwas Esoterisch-Künstliches und eröffnet inmitten der horizontalen Dimension die vertikale, in welcher der Erdenstoff überwunden wird. Letzterer tritt in polarem Gegensatz besonders eindrucksvoll hervor, wo die Sprache sich in niederen Sphären (*Wurst gibt es heut, und aufgewärmten Kohl*, v. 2027) und in Beschimpfungen ergeht (*Der Saupelz!* v. 1644). Der Kontrast der Sprachebenen ermöglicht komische Wirkungen, besonders wenn die Herrschaft in den niederen Sprachton, die Diener parodierend in den hohen fallen. Das geschieht vornehmlich in Augenblicken der Erregung, und sie reihen sich in diesem Spiel der rätselhaften und erschreckenden Verwirrungen einer an den anderen. Immer wieder drückt die Sprache das Bemühen aus, einer geheimnisvollen, gefährlichen Erscheinung Herr zu werden. Die Anstrengung äußert sich in Form einer sprachlichen Intensivierung, die den höchsten Grad erreichen will und daher zu den gewalttätigsten Übertreibungen aller Art greift. Schon der Wechsel von Stocken, Strömen, Lakonismen, die ungewöhnliche Wortstellung drücken oft Erregung aus. Hinzu kommen rhetorische Figuren wie absurde Vervielfachung: *Und ich, zehn Toden reicht ich meine Brust.* (v. 1308), wobei der Nebensinn von „die Brust reichen" als gewalttätige Dissonanz den Gestus der geradezu liebevollen Todesbereitschaft verstärkt (vgl. v. 505, 634, 1499, 1860f., 2101, 2268, 2282, 2288). Oder anaphorische Reihung:

> Eh wird der rasche Peneus rückwärts fließen,
> Eh sich der Bosphorus auf Ida betten,
> Eh wird das Dromedar den Ozean durchwandeln,
> Als sie dort jenen Fremdling anerkennen.　v. 2223ff.

(Vgl. v. 1282f., 2252ff.). Das Beispiel ist ein negativer Vergleich, und zwar ein absurder. Er soll die Unmöglichkeit jedes Vergleichs und damit die Unmöglichkeit des verglichenen Vorgangs bezeichnen: Niemals wird Alkmene den Fremden anerkennen. Der negative Vergleich im Komparativ − und zwar der ausdrückliche Wie-Vergleich ist eine Lieblingsfigur. Auch er soll die Unvergleichbarkeit, wie oben die Unmöglichkeit oder aber die absolute Einzigartigkeit, die unendlich-unaussprechliche Bedeutsamkeit des Verglichenen ausdrücken: *Du Ungeheuer, mir scheußlicher, als es geschwollen in Morästen nistet!* (v. 2240f.); *Zwei Wassertropfen sind nicht ähnlicher* (v. 715); *Du Mensch, − entsetzlicher, als mir der Atem reicht, es auszusprechen!* (v. 2276f.); *Du Göttliche! Glanzvoller als die Sonne!* (v. 2270). Die Extravaganz solcher Steigerungen gipfelt in der Aufschwellung der metaphorischen Vergleiche:

> ALKMENE　Eh will ich irren in mir selbst!
> Eh will ich dieses innerste Gefühl,
> Das ich am Mutterbusen eingesogen,
> Und das mir sagt, daß ich Alkmene bin,
> Für einen Parther oder Perser halten.
> Ist diese Hand mein? Diese Brust hier mein?
> Gehört das Bild mir, das der Spiegel strahlt?
> Er wäre fremder mir, als ich! Nimm mir
> Das Aug, so hör ich ihn; das Ohr, ich fühl ihn;
> Mir das Gefühl hinweg, ich atm' ihn noch;
> Nimm Aug und Ohr, Gefühl mir und Geruch,
> Mir alle Sinn und gönne mir das Herz:

> So läßt du mir die Glocke, die ich brauche,
> Aus einer Welt noch find ich ihn heraus.   v. 1154 ff.

AMPHITRYON In Zimmern, die vom Kerzenlicht erhellt,
> Hat man bis heut mit fünf gesunden Sinnen
> In seinen Freunden nicht geirret; Augen,
> Aus ihren Höhlen auf den Tisch gelegt,
> Von Leib getrennte Glieder, Ohren, Finger,
> Gepackt in Schachteln, hätten hingereicht,
> Um einen Gatten zu erkennen. Jetzo wird man
> Die Ehemänner brennen, Glocken ihnen,
> Gleich Hämmeln um die Hälse hängen müssen.   v. 1681 ff.

Die Stellen sind einander zugeordnet, aber nicht als Beispiele dafür, daß Alkmene „ihre Personalität destruiert", um in der Innerlichkeit die Gewißheit ihrer Identität und ihres Vermögens, Amphitryon zu erkennen, zu finden, und andererseits dafür, daß dieser umgekehrt seine Identität im äußerlichen sucht (Jancke 103 f., Szondi 152). Beide tun das gerade nicht und haben ganz andere Sorgen als die um ihre Identität. Vielmehr zerstücken sie gleichsam den komplexen Vorgang des Erkennens und Erkanntwerdens, verteilen ihn auf einzelne Organe des sinnenhaften Erkennens und auf Einzelteile des sinnenhaft zu Erkennenden, um hervorzuheben, daß es auch ohne all das – so wichtige! – Äußerlich-Materielle ginge (Alkmene) bzw. daß all das jetzt nicht mehr ausreiche (Amphitryon). Amphitryon drückt sofort anschließend seine allein aufs innere Gefühl gestützte Überzeugung von Alkmenes Redlichkeit aus. Er redet anders als Alkmene nur, weil er schon weiß, daß sie sich auf eine nicht für möglich gehaltene Weise täuschen ließ.

Als sie hingegen jene Worte spricht, will sie das noch unter keinen Umständen glauben. Bevor man weitreichende Schlüsse auf die Gesinnung der Figuren zieht, muß man die Perspektive und die Situation bedenken, aus denen heraus sie sprechen. Der Nachdruck beider Stellen rührt von der rhetorischen Aufschwellung und daneben von der drastischen Verkörperlichung des Unsinnlichen her. Für dieses noch ein Beispiel:

> Doch heute knüpft der Faden sich von jenseits
> an meine Ehre und erdrosselt sie.   v. 910 f.

Hier und in den Worten

> Und, einer Wespe gleich, drück ich den Stachel
> Ihm in die Brust, aussaugend, daß der Wind
> Mit seinem trocknen Bein mir spielen soll.   v. 1952 ff.

wird das Aufschwellen des Vergleichsbildes geradezu mit epischer Liebe zum Einzelnen betrieben, besorgt mehr um Intensivierung des Bildes als um Zusammenhang mit dem Verglichenen. Kleists Vergleiche intensivieren die Sprache in der vertikalen Dimension, als Spannung zwischen dem ausgesagten Faktum und dem Bild, das seine Bedeutung ausdrücken soll; oder umgekehrt zwischen unsinnlichem Faktum und sinnenhaftem Bild; endlich indem der gesamte Sprachleib das Faktische und Normalsprachliche ostentativ heraufhebt ins Geistige, ins Kunstvolle. Daher oft das Übergewicht des Metaphorischen über die Sache; und vielleicht läßt sich zuletzt sogar von der Heraufhebung des Gegenständlichen ins Bild oder wenigstens im Bilde reden. Beim Expressionismus wird man dergleichen „absolute Metaphorik" nennen. Wie Penthesilea von den Regieanweisungen immer mehr dem Stamm einer Eiche angenähert wird, mit deren Sturz die Schlußworte ihren Tod vergleichen; wie Homburg sich auf halbem Wege zwischen Tod und Leben niederläßt, so mag Alkmene, im Arm Amphitryons ruhend, zwischen Tod und Leben, zwischen irdischem und göttlichem Sein schweben: fern dem Gott des entschwundenen Mythos, der Erde und Amphitryon gehörend, aber selber schon vergöttlicht, darum der Erde und Amphitryon nicht mehr sicher und ganz angehörend.

Auslegungen wie die letzte sind gewiß gewagt. Ihre Richtigkeit ist kaum nachzuweisen. Sie ist nur statthaft als Verlängerung von anderwärts gesicherten Linien. Man wird zu dergleichen jedoch hingeführt (oder verführt) durch die hochgradig komplizierte, ja raffinierte Gestaltungsweise Kleists. Die Verschiedenheit und Gegensätzlichkeit der Deutungen macht klar, daß sich das Stück schon beim Lesen nicht leicht verstehen läßt. Das gilt um so mehr für die Aufführung im Theater, wo man im Augenblick verstehen muß oder nie versteht. *Amphitryon* ist denn auch erst 1899 uraufgeführt worden, und zwar bei den Festspielen der Historisch-Modernen Gesellschaft auf dem Neuen Theater zu Berlin, also vor einem kleinen Kreis besonders Interessierter. Die Regie durch Wolfgang Kirchbach scheint das ethische Problem mit dem antiken Mythos und dem Lustspielcharakter auf einmalige Weise verbunden zu haben. Die verhältnismäßig wenigen Aufführungen seitdem (eine Statistik meldet bis 1929 nur 319 Aufführungen von 59 Inszenierungen an 49 Bühnen; zwischen 1943 und 1961 gab es nur fünf bemerkenswerte Inszenierungen) betonen gewöhnlich nur eine Seite: meist das Lustspiel, Jupiters Abenteuer und die Possen des Sosias; seltener das Weihespiel vom Gott, der sich gnädig-überlegen zu den Menschen neigt. Das Publikum begeisterte sich wenig, hatte Schwierigkeiten zu verstehen, und empfand immer zwischen Heiligkeit, Ethik und Posse einen Bruch — sehr mit Recht, da die Regisseure das Strukturprinzip verkannten, das alle drei verbindet: die Ironie.

5. *Amphitryon* und Kleists Gesamtwerk

Die schwebende Spannung zwischen Stoff und Form, Erde und Geist, die Versinnlichung des Unsinnlichen und die Vergeistigung des Irdischen: diese Tendenz und jene schwebende Spannung entsprechen aufs genaueste den thematischen Absichten des Dichters. Sie sollen letztlich die allgemeine Einsicht und auf diesem Wege zuletzt die Verwirklichung von Idealen fördern.

Kleist gestaltet dieses Gelingen aber immer nur an seinen Helden, nie an der Gesellschaft: hier resigniert er mit schmerzlich-spöttischer Ironie. Sie trifft vor allem den Träger der Autorität, den das Decorum seiner Position oft hindert, die Dinge richtig zu sehen und zu behandeln. Sie trifft aber auch die übrigen Personen mitsamt den Zuschauern und Lesern, die alle dennoch unbeirrt festhalten an der „Autorität der Autorität". Und diese Ironie ist wie in *Amphitryon* verschleiert.

Das gilt sogleich für die Komödie *Der zerbrochne Krug*, die etwa gleichzeitig entstand. Der Gerichtsrat mit dem vertrauenerweckenden Namen Walter kommt dem Schuldigen aus Autoritätsgläubigkeit lange nicht auf die Spur. Der Ehre des Gerichts zuliebe läßt er dann das Verfahren in eine Farce ausarten. Den endlich überführten Übeltäter erhält er sogar dem Staatsdienst, und als Nachfolger bestellt er den Schreiber, der sein Amt zu Geldgeschäften mißbrauchte und schwerlich aus Gerechtigkeitsliebe „Licht" in die Sache brachte.

Ebenso fragwürdig wie Walters Überlegenheit ist diejenige des Kurfürsten im *Homburg*. Diese Gestalt stellt man gerne neben Jupiter und erklärt beider Tun für geniale Pädagogik. Doch nicht aus weiser Voraussicht, sondern gedrängt von seinen Mitmenschen und unterstützt vom Zufall, verhilft er seinem Land zu einer familiären Ordnung, die allerdings *ein Traum, was sonst?* ist. Ebenso utopisch nimmt sich die Schlußphase der Menschheitsentwicklung aus, von der Kleist im Aufsatz *Über das Marionettentheater* spricht. Danach soll dem Menschen, der noch einmal ins Paradies eintritt und vom Baume der Erkenntnis ißt, ein unendliches, göttliches Bewußtsein zuteil werden, in dem Gefühl und Bewußtsein sich im Zeichen der Anmut vereinigen.

Man hat gemeint, dieser Prozeß vollziehe sich beispielhaft an Alkmene oder auch an Amphitryon, wenn sie zur inneren Anerkennung Jupiters gelangen und damit über die individuelle Beziehung hinaus, im gesellschaftlichen Raum, die Einigung des Menschlichen mit dem Göttlichen herbeiführen. Aber die öffentliche Einigung Amphitryons mit Jupiter bekräftigt nur die autoritätshörige mythisch-konventionelle Denkweise

der Gesellschaft. Sie wird entschieden zurückgewiesen und zurück-
gelassen von dem wahrhaft Göttlichen, das sich verwirklicht im indivi-
duellen, autonomen, absoluten Ethos Alkmenes. Gleiches gilt für Homburg im Verhältnis zur brandenburgischen Disziplin, für die Marquise von
O ..., Friedrich von Trota, ferner für das Liebespaar in der
vom Erbvertrag verdorbenen Familie Schroffenstein, für Käthchen und
die Feudalgesellschaft, für Penthesilea und den Amazonenstaat, für
Kohlhaas, der den göttlichen Geist des Rechts auf seiner Seite hat und
doch untergehen muß, weil Kurfürst und Kaiser sich begnügen mit der
ordnungsgemäßen, buchstabengetreuen, unpersönlichen Rechtspre-
chung. Kleists Helden (Kohlhaas und Hermann ausgenommen) unternehmen nichts, um die allgemeine Ordnung zu verbessern. Trotzdem sind sie die Helden, und Kleist wendet sich stets gegen die Autorität
gesellschaftlicher Gesetze, Konventionen, Einrichtungen, besonders
gegen die Träger solcher Autorität.

Zu ihnen gehören z. B. noch Rupert Schroffenstein und die Ober-
priesterin, der Kaiser im *Käthchen*, der die wahre Geburt der Heldin
zunächst nicht anerkennt, sowie Varus, der sich dem „Barbaren"
Hermann auf naiv-wohlwollende und deshalb um so verletzendere Weise
überlegen fühlt. Diese Menschen (Rupert vielleicht ausgenommen) sind
nicht böswillig, im Gegenteil; sie verfahren so gut sie können. Sie sind
gewissermaßen Opfer der geistigen Beschränkung, die alle Autorität
notwendig mit sich bringt. Trotz mancher Zweifel (der Kurfürst im
Homburg) und sogar gegen besseres Wissen (Jupiter) bestehen sie unerschütterlich auf der Richtigkeit und Gültigkeit der von ihnen repräsen-
tierten Ordnung, weshalb sie sich verhärten gegen deren Mängel und die
Schäden, die sie im Einzelfalle anrichtet, erst spät erkennen.

Diese ihre Überzeugung wird besonders unbeweglich und gefährlich,
wo die Ordnung und ihr Oberhaupt von einer religiösen Ideologie
geheiligt sind. Das gilt im höchsten Grad für Jupiter (der sich dabei des
Ideologiecharakters seines pantheistischen Gottesbildes sogar zynisch-
gleichgültig bewußt zu sein scheint), aber auch für die christlichen
Majestäten im *Käthchen* und im *Zweikampf*, für die geistlichen Autoritäten im *Erdbeben* und in der *heiligen Cäcilie*. In den vier zuletzt-
genannten Werken geht es jedesmal um die Entlarvung solcher Ideolo-
gien. Im *Käthchen* werden Standesvorurteil und Gottesurteil bloßgestellt,
dieses übrigens mit verhüllter Ironie, ähnlich wie in der Erzählung, wo
das Liebespaar zwar offiziell durch den Zweikampf gerettet wird, tatsächlich aber nur, weil Zufall, menschliche Vernunft und Lässigkeit die
religiöse Durchführung verhindern und die Möglichkeit herbeiführen,
daß ganz profane Fakten, vom Zufall begünstigt, die Wahrheit zutage
fördern. Der Schlußsatz enthüllt den Glauben an die geheiligten Statuten

des Zweikampfs als Ideologie und erinnert an Kants Kritik der „statuta-
rischen" Religion. *Das Erdbeben in Chili*, entstanden etwa gleichzeitig
mit *Amphitryon*, führt alle Versuche, die Naturkatastrophe als Eingreifen
Gottes zu erklären, ad absurdum und läßt allein die sittliche Bewährung
gelten.

Die heilige Cäcilie oder die Gewalt der Musik hat wie *der Zweikampf*
und *Amphitryon* einen ironisch irreführenden Titel. Nicht der Zweikampf bringt die Wahrheit hervor und nicht die heilige Cäcilie die
Rettung des Klosters zustande. Was dort natürliche Umstände tun, das
leistet hier die geheimnisvolle, aber gleichfalls natürliche Gewalt der
Musik. Wir erleben, wie historisch bedingte Autoritätsgläubigkeit, vor
allem der Glaube der Autoritätsträger an die von ihnen gehütete Religion
und an ihre eigene Autorität, zur Entstehung einer Legende führen.
Kleist verhüllt das wiederum ironisch, indem er so tut, als präsentiere er
uns gläubig und zum Glauben mahnend eine fromme Legende.

Käthchen, *Erdbeben* und *Zweikampf* geben sich gleichfalls als Erbau-
ungsdichtung und lassen zugleich mit ironischem Augenzwinkern durchblicken, daß sie das gar nicht sind, sondern gerade Satiren auf das autoritätshörige Erbauungsdenken. Der satirisch-ironische Charakter von
Kleists Dichtung bis hin zu seinem Tode wirft Licht auf die tiefe Skepsis
hinter all dem hochartistischen und hochkomischen Spiel. Die übrigen
Mitglieder der romantischen christlich-teutschen Tischgesellschaft in
Berlin fühlten sich als Christen. Manche waren sogar Konvertiten, wie
Adam Müller. Preußen und Österreich hatten sich unter Napoleons Joch
gebeugt und bisher zu keiner Anstrengung, sich zu befreien, aufgerafft.
Der Hof und das Publikum wollten von Kleists Dichtungen nichts
wissen. Was blieb ihm noch zu hoffen? Sein Tod bezeugt genau wie seine
Kunst, daß er auf Erden mit einer hartnäckigen Verbissenheit ohne-
gleichen kämpfte, den erhofften Sieg jedoch nicht schaffte und schwer litt
– Prometheus.

Zugleich leistet sein Tod, wie er ihn vollzog, Befreiung von der Last,
vom Leiden des Irdischen und Erhebung über allen Zwang von außen.
Erhebung, und eben auch ironische Erhebung über die Welt, ist seine
Kunst, zumal die ironische Halbverhüllung seiner Position. Im *Brief
eines jungen Dichters an einen jungen Maler* wandte er sich vermutlich
indirekt-ironisch gegen die religiöse Kehre seines großen Anregers
Friedrich Schlegel. Er schloß:

> „So! sagt ihr und seht mich an: was der Herr uns da Neues sagt! und lächelt und
> zuckt die Achseln. Demnach ihr Herren, Gott befohlen! Denn da Kopernikus schon
> vor dreihundert Jahren gesagt hat, daß die Erde rund sei, so sehe ich nicht ein, was
> es helfen könnte, wenn ich es hier wiederholte. Lebet wohl!"

Auch das — auch dieser Rückzug auf die Ironie einer eisigeinsamen Höhe — ist Prometheus. Oder Zarathustra, in dessen Bilde Kleist sich im *Gebet des Zoroaster* sah. Wir sind wieder bei seiner Zeit und seiner Stellung zu ihr angelangt. Bei seiner Rezeption von Vergangenheit und Gegenwart. Über die Rezeption, die seinem Werk zuteil wurde, näherten wir uns dem Text seines *Amphitryon*. Wir betrachteten einzelne Passagen im Zusammenhang von Situationen und Figurenperspektive, von Kontext und Gesamtwerk. Unser Bemühen, das Werk richtig zu verstehen, bedient sich jener Stationen als wichtiger Korrektive. Es bewährt sich aber zuletzt da, wo es beginnt: beim Lesen des Textes selbst. Ihn gehen wir abschließend Szene für Szene durch.

Kleists *Amphitryon*.
Kommentar

PLAUTUS beginnt mit einem Prolog. Merkur in der Gestalt des Sklaven Sosias bittet die Zuschauer um gerechte und gütige Beurteilung eines Stückes, in dem zwei Götter auftreten. Darum und weil Helden mitspielen, andererseits auch Sklaven, handle es sich um eine Tragikomödie. Alkmene sei von ihrem Gatten Amphitryon und auch von Jupiter schwanger. Dieser befinde sich – seiner bekannten Schwäche folgend – in Amphitryons Gestalt soeben wieder einmal in den Armen der schönen Frau, deshalb dauere die Nacht so ungewöhnlich lange.

MOLIÈRE beginnt mit einem Vorspiel, einem Dialog zwischen Mercure (auf einer Wolke) und der Nacht (in einem Wagen, der von Pferden gezogen wird). Hier und dann wieder bei der Epiphanie am Ende kam die Theatermaschinerie zum Zug (Maschinenkomödie). Der Götterbote beklagt sich darüber, daß ihm die Dichter trotz seiner Götterwürde kein Gefährt, sondern nur Flügelschuhe angedichtet haben; er ist vom vielen Laufen müde; daher die Wolke. Die Nacht schüttelt bedenklich den Kopf: ein Zugeständnis göttlicher Müdigkeit schade dem Decorum der Göttlichkeit. Daß Jupiter seiner unbequemen Götterwürde entfloh und die Leidenschaft der Jungverheirateten wollüstig auskostet, daran nimmt sie keinen Anstoß, wohl aber daran, daß er in anderen Fällen zuweilen Tiergestalt annahm, und auch daran, daß sie selbst diese Liebesnacht verlängern soll. Sie ist besorgt um ihre Ehre (honneur); Mercure jedoch beschwichtigt sie:

> Von einer jungen Göttin
> Tönt das wie aus alter Zeit!
> Ein solcher Dienst gilt niedrig
> Nur bei kleinen Leuten.
> Wer hohen Stand's sich glücklich preist,
> Bei dem ist, was man tut, stets schön und gut;
> Und je nachdem, für was man gilt,
> Sieht sich die Sache anders an.   (S. o. S. 37)

Entsprechend dem Rang, der Geltung, dem Decorum der Person sehen sich die Dinge anders an, wechseln sie den Namen, vollzieht sich eine Umwertung der Werte. Das ist der Gesichtspunkt, unter dem das Hauptereignis, Jupiters Besuch bei Alcmene, am Ende ausdrücklich in eine Ehrung für Amphitryon verwandelt wird. Mercure und die Nacht lassen zynisch durchblicken, daß diese doppelte Moral im Interesse der Mächtigen liegt und daher sorgfältig aufrechterhalten werden muß. Die von den Göttern vertretene Position – eine Kluft zwischen Sein und Schein – ist in sich selber komisch und zugleich Zielscheibe einer gesellschaftlichen Ideologie-Kritik.

Erster Akt

Die Szenen 1–3 sind von Plautus über Rotrou, Molière bis Kleist nur wenig verändert worden. Die späteren haben die Prügelkomödie abgeschwächt. ROTROU läßt bereits Namenszug und Wappen auf das für Alkmene bestimmte Schmuckstück gravieren. KLEIST benutzt das als Grundlage für die wichtige Verwandlung des A in J. MOLIÈRES Sosie spricht seine Lampe als Alcmène an. Die neueingefügten sozialkritischen Partien übernimmt Kleist nur zum Teil. Sonst folgt er Molière meist Zeile um Zeile. Mit gelegentlichen Umstellungen erzielt er effektvolle Steigerungen. Was uns heute an Molière hölzern vorkäme, macht Kleist lebendiger, oft drastischer.

Von Amphitryon geschickt, trifft Sosias vor dem Schlosse ein. Er übt den Schlachtbericht, den er Alkmene liefern soll. Dabei veranstaltet er ein Spiel im Spiel. Er spielt sich selbst als künftigen Berichterstatter, ferner die zuhörende Alkmene, und kommentiert seine eigene Leistung mit überraschtem Beifall. In Sosias' Gestalt stellt Merkur den Diener zur Rede, beansprucht dessen Namen für sich allein, bekräftigt diesen Anspruch durch Prügel und behauptet siegreich das Feld.

Worum geht es? Um Verwandlung des Gesellschaftsthemas bei Molière (Sosie, der Knecht) in Kleists Thema „Erkenntnis, Bewußtsein, Identität" (Sosias innerlich außerhalb der Gesellschaft und ihrer Wertordnung; ja, ohne Ichbewußtsein)? Richtet sich die Kritik nur derart gegen die Diener? Lange hat man behauptet, Merkur raube Sosias die Identität. Erst kürzlich stellte man fest, daß dies gar nicht der Fall sei. Sosias bewahre allerdings nur eine sehr minderwertige Identität, nämlich außerhalb der Gesellschaft, während Amphitryon und Alkmene über diese hinaus zur metaphysischen Identität fortschritten. Überhaupt profiliere die Beweglichkeit des Dienerpaares die anfängliche fehlerhafte Unbeweglichkeit des herrschaftlichen Paares auf komische Weise (Jancke 105, Ryan 108).

Es fragt sich indessen wohl, ob das Verhalten der Diener die Beweglichkeit als vorbildlich schlechthin empfiehlt. Andererseits wäre zu überlegen, ob die Freiheit des Sosias gegenüber den Werten der Gesellschaft nicht ihm und damit auch uns, den Zuschauern, einen freieren und vielleicht kritischeren Blick auf jene gesellschaftlichen Werte sowie auf die von der Gesellschaft anerkannten mythisch-religiösen Werte möglich macht. Ja, es ist sogleich zu prüfen, ob nicht das Mißlingen von Merkurs Versuch, Sosias um seine Identität zu bringen, dramatisch-dialektisch zurückwirkt auf die Position des Gottes, die man, weil es die Position eines Gottes ist, neuerdings immer weniger in Zweifel zog. Nur Th. Mann (56–60) empfindet Mitleid mit Sosias und findet Merkurs Treiben grausam – ein Eindruck indessen, der vom Humor der Szene überspielt werde.

Erste Szene

Um die Angst des Dieners auszudrücken, ließ PLAUTUS ihn in den ersten 25 Zeilen 10 verschiedene Silbenmaße benutzen, beim Schlachtbericht jedoch den kraftvoll-würdigen Tonfall römischer Geschichtsschreiber (Dyer 193). MOLIÈRE benutzt ein graziöses Vers-System, in dem lange und kurze, gereimte und ungereimte Zeilen ohne feste Ordnung miteinander wechseln. Der Anfang (V. 3–16) ist Eigentum Kleists. Molière übt hier höchst geistvolle Sozialkritik. Sosie beklagt sich über die maßlosen Anforderungen, die an einen Diener gestellt werden. Je größer die Herren sind, um so schlimmer verfahren sie.

Und doch verlangt in seiner Unvernunft das Herz,
Ja, klammert an die eitle Ehre sich, in ihrer Nähe zu verweilen;
Und will sich mit dem falschen Schein begnügen –
An den die andern glauben –, daß wir glücklich wären.
Zum Rückzug mahnt vergebens die Vernunft;
Umsonst bestärkt der Zorn uns dann und wann:
Ihr Anblick übt auf unsern Eifer
Einen gar zu mächtigen Einfluß aus;
Die kleinste Gunst verdingt mit schmeichlerischem Blick
Uns alsogleich erneut.

> *Cependent nostre Ame insensée*
> *S'acharne au vain honneur de demeurer pres d'eux;*
> *Et s'y veut contenter de la fausse pensée,*
> *Qu'ont tous les autres Gens que nous sommes heureux.*
> *Vers la retraite en vain la Raison nous appelle;*
> *En vain nostre dépit quelquefois y consent:*
> > *Leur veuë a sur nostre zele*
> > *Un ascendant trop puissant;*
> *El la moindre faveur d'un coup d'œil caressant,*
> > *Nous rengage de plus belle.*   178–187

Das Decorum, in der Nähe der Großen zu leben, korrumpiert den kleinen Mann auf lächerliche Weise. Kleist muß seine besonderen Gründe gehabt haben, daß er diese herausfordernde Stelle wegläßt. Zur Zeit Molières dachte niemand an einen gesellschaftlichen Umsturz. Kleist dagegen erlebte die französische Revolution von 1789 schon mit Bewußtsein mit und nahm als Kadett an den Revolutionskriegen gegen die Franzosen teil. Ihm klangen jene Sätze vermutlich gar nicht harmlos. Und er, der Abkömmling des preußischen Offiziersadels und Fürsprecher einer patriarchalischen Ordnung, war vermutlich ganz damit einverstanden, daß der kleine Mann dem Hochgestellten diente. V. 17–22 sagt Sosias über seinen Herrn Amphitryon:

> *Ruhm krönt ihn, spricht die ganze Welt, und Ehre,*
> *Doch in der Mitternacht mich fortzuschicken,*
> *Ist nicht viel besser, als ein schlechter Streich.*
> *Ein wenig Rücksicht wär, und Nächstenliebe,*
> *So lieb mir, als der Keil von Tugenden,*
> *Mit welchem er des Feindes Reihen sprengt.*

Szondi (48): „Nicht nur nimmt sich Sosias aus der Gesellschaft aus, indem er den Ruhm seines Herrn durch die Parenthese von sich stößt, wirksamer noch ist jene ironische Distanzierung, die in Form der Fernstellung den Begriff der Ehre mit rein stilistischen Mitteln ereilt. Betont, aber ganz sich selbst überlassen, gibt diese Ehre selber zu, daß sie ein leeres Wort ist."

Dieser Kommentar berücksichtigt nicht die dramatische Perspektive. Sosias trennt die Worte *Ruhm* und *Ehre* zunächst, um sie so hervorzuheben, wie *die ganze Welt* es tut. Erst die Relativierung auf *die ganze Welt* (also noch nicht jene Trennung der Begriffe) offenbart die Unverbindlichkeit der Wertung für Sosias. Es bleibt hier aber völlig offen, ob der Standpunkt des Dieners im Wertsystem der Dichtung objektiv gilt oder nicht. Ebenso verhält es sich mit den humanen Tugenden der *Rücksicht* und der *Nächstenliebe*, die er aus Feigheit den unbequemen Kriegereigenschaften seines Herrn entgegenstellt. *V. 31* (*Und allen Feinden soll vergeben sein*) verstärkt das christliche Element und bereitet damit die Frage vor, wie denn die Repräsentanten der Religion, die Götter, zu solchen Forderungen der Ethik stehen (vgl. Clouser).

V. 60f.   *Wie gehts ihm? – Gnädge Frau, das faß ich kurz:*
            Wie einem Mann von Herzen auf dem Feld des Ruhms!
MOLIÈRE: „wie ein Mann von Mut, wo immer ihn der Ruhm hierzu verpflichtet" – *en Homme de courage, Dans les occasions, ou la Gloire l'engage*, 215f. Für Sosie versteht es sich hier von selbst, daß sein Herr nur seine Reputation, nur das Decorum des ruhmbedeckten Feldherrn aufrechtzuerhalten hat und daß er dafür nur so viel tut, wie unbedingt notwendig.

Kleists Sosias gratuliert sich zwar zum Gelingen seiner Formulierung; doch wirft diese keinerlei Schatten auf Amphitryons Kriegertugend und deren Echtheit.

Die Schlachtschilderung *V. 86–88* bezieht sich bei Molière auf Amphitryons Heer, bei Kleist auf den Feind. Dieser wird überhaupt gefährlicher, dadurch die Tüchtigkeit Amphitryons erhöht.

Zweite Szene

V. 99–104. Merkur für sich. Ausführlicher als bei Molière: denn die Exposition, die dieser im Prolog gab, wird hier nachgeholt. Absicht und Verfahren Jupiters werden als eindeutig frivol gewertet wie bei Plautus und Molière. Merkurs „opening words divulge the true intent of Jupiter's descent to earth and give the lie to his master's later impressive protestations" (Silz 64).

V. 119f. Die von Merkur gerügte *Unehrerbietigkeit*, mit der die Menschen von den Göttern sprechen, wird ein Motiv, das immer wieder vorkommt, da die Menschen ja die Götter nicht erkennen und sie für Übeltäter halten müssen. Kleist läßt seine Figuren mit den Göttern dabei noch schonungsloser umgehen als Molière.

Während Sosias sich bei Kleist einfach auf seine *zwei Fäuste* und – den *Rückzug* verläßt (*V. 144–146*), betont MOLIÈRE die Motive des Decorums und der Vernunft:
Ja, ja, nur nicht geduldet, daß für einen Dummkopf man uns hält.
Bin ich auch mutig nicht, versuchen wir, so zu erscheinen.
Nur Mut gefaßt, Vernunft befiehlt's.
(*Faisons-nous du Cœur, par raison.*)

Die folgende Zeile bringt dann das Herr-Diener-Verhältnis auf absurde Weise mit ins Spiel:
Er ist wie ich alleine; ich bin stark und habe einen tüchtigen Herrn.   304–307

V. 149f.   MERKUR   *Was für ein Ich?*
SOSIAS   *Meins mit Verlaub. Und meines, denk ich, geht*
Hier unverzollt gleich andern. Mut Sosias.

Dazu meint Arntzen (207f.), Sosias' Antwort, die zunächst doch nur
ein schlagfertiger Witz ist, offenbare vielmehr, daß seinem Selbstbewußtsein „das Ich ein Objekt, ein Fremdes ist, was die Rollenhaltung des
Sosias zu Beginn schon mitteilte. Dieses entfremdete Selbstbewußtsein
kennzeichnet Sosias von Anfang an, so daß die Prügel nur objektivieren,
wie wenig Sosias ein Recht hat, ‚ich' zu sagen." – Das Rollenspiel des
kleinen Mannes schlägt vielmehr das zentrale Thema an: welche Not und
welcher Spaß Ursache und Folge einer Rolle sein mögen, die man
freiwillig oder gezwungen spielt.

V. 166f. gibt Merkur zu, daß Sosias entschieden mehr Witz zeigte als
er selber.

Mercure wirft dem Diener vor, er wolle vor ihm den großen Herren spielen. (*De trancher*
avec moy de l'Homme d'importance, 321).

V. 205–211 beruft Sosias sich dafür, daß er *Amphitryons Diener* Sosias
sei, auf den *gerechten Grund, weil es die großen Götter wollen.* Das ist
eine listig-freche Ausrede und dennoch peinlich für Merkur; er erscheint
dadurch als Gegner der göttlichen Gerechtigkeit. Seine menschliche
Maske bewahrt ihn zwar (nicht beim Zuschauer, so doch) bei Sosias vor
schmählicher Entdeckung; gleichzeitig macht sie es ihm aber auch
schwer, sich bei dem Diener durchzusetzen. Kleist hebt hier im Unterschied zu Molière das Herr-Knecht-Motiv hervor und unterstreicht die
Tendenz der Stelle durch das *gerecht.*

Bei MOLIÈRE lautet sie:
Ja, das behaupte ich; für den gewichtigen Grund,
Daß dies die hohe Macht der Götter also eingerichtet hat:
Fort bien, je le soutiens; par la grande raison,
Qu'ainsi l'à fait des Dieux la Puissance suprème.   359f.

V. 225–227 will Sosias den Göttern für die Rettung vor Merkur nur
die Hälfte einer Flasche Wein opfern. Nur Kleist hat die Stelle. Sogar bei
dem Opfer für die Götter (ein Seitenhieb gegen diese!) will Sosias seinen
Schnitt machen. Auch sonst ist er darauf bedacht, für sein kostbares
Wohlergehen zwar genug, vor allem aber nicht zu viel zu opfern. Diese
pfiffige Besonnenheit bei aller Angst bringt die Lacher auf seine Seite –
zumal er im Recht und schwächer ist.

V. 238 schlägt ihn Merkur. Sein *Ach!* kehrt am Schluß in Alkmenes
Mund wieder und bekräftigt so die Parallele zwischen den Heimsuchun-
gen, die Jupiter der Fürstin und Merkur dem Diener zuteilwerden lassen.

Das *Ach!* (*Helas!*) ist Abwehrgeste, in diesem Fall eindeutig schmerzlich. Vgl. *V. 228*, ferner *V. 507*.

V. 264–267 verbindet Sosias mit dem moralischen Vorwurf des Namen-Diebstahls den praktisch-vernünftigen, daß ein Name doch nichts nütze wie z. B. ein *Mantel* und ein *Abendessen*.

Dazu Arntzen (208): „Sosias verliert sein Ich als ein Fremdes, das es ihm immer war, und er kann es darum nur mit einem Mantel, einem Abendessen vergleichen, mit dem man immer noch mehr anfangen könne als mit einem Namen."

Wenn dem so ist, warum wehrt Sosias sich dann so energisch für seinen Namen? Man muß die dramatische Situation beachten: Sosias will Merkur von dessen Ansinnen abbringen. Darum sucht er ihn davon zu überzeugen, daß man mit einem fremden Namen nichts anfangen kann. Er mag seine eigenen Argumente vortrefflich finden. Er benutzt sie aber nicht einfach als Ausdruck seiner Überzeugung, sondern vor allem, weil er meint, sie müßten Merkur einleuchten.

V. 276–279. Arntzen (208): „Wenn er [Sosias] noch einmal gegen Merkur aufsteht, weil er nicht aus seiner Haut fahren könne, so ist das eben, zeigt es sich, längst geschehen." — Mit Recht ließe sich sagen: jetzt zeigt sich, daß das, manchem Anschein zum Trotz, gerade nicht geschehen ist.

V. 300 behauptet Merkur, alles was Sosias für sich beanspruche, gelte in Wahrheit von ihm selbst, *die Prügel ausgenommen,* die Sosias empfing. Indessen, als er nun seine Identität als Sosias nachzuweisen sucht, muß er *V. 316f.* unter dem Zwang der angenommenen Rolle auch den Sosias mimen, *dem man noch kürzlich fünfzig auf den Hintern zählte.* Ähnlich muß Jupiter dann den gehörnten Ehemann spielen, dessen Gestalt er angenommen hat. Sosias quittiert Merkurs Argumente, ehrlich beeindruckt, so:

V. 321. Man muß, mein Seel, ein bißchen an ihn glauben.

Dazu Arntzen (208f.): Sosias „gibt sich alsbald völlig auf und fängt an, ein bißchen und mehr an Merkur-Sosias zu glauben. Doch gibt er sich nur auf, weil er sich nie gehabt hat, denn für ihn ist einzig dieser Leib Sosias (347) die Haut, aus der er realiter gern führe, weil sie geprügelt wird." Das wäre ihm vielleicht nicht zu verdenken, trifft aber gar nicht zu. Sosias wehrt sich energisch und listig seiner Haut. Wenn er sich auf seinen Leib beruft, so drückt er damit ein elementares Existenzbewußtsein aus, im Kontrast zu dem *Cogito ergo sum* des Descartes, wogegen sich Molière gewendet haben mag; Kleist mochte außerdem an Fichtes Ich- und Nicht-Ich-Lehre denken (vgl. A. W. Schlegel, Zeugnis 27). Wenn Sosias andererseits und trotzdem dazu neigt, ein bißchen (es ist wichtig, daß er nicht „mehr" glaubt!) an das zweite Ich zu glauben, so kapituliert er damit vor dem Druck der Situation, aber auch – mit wiederum komischem Vorbehalt (*ein bißchen*) – vor der Versuchung, sich von den Gesetzen der Logik beeindruckt zu zeigen. Übrigens kapituliert er nur scheinbar. Das zeigt der Schluß der Szene. Und II, 1 spricht er von zwei Ichs, die er allenfalls zu einer Doppeleinheit zusammenfaßt. Er gibt sich also niemals auf und läßt nur seine Verdoppelung gelten, womit er ganz recht hat.

V. 333. Bei dem *Namenszug Amphitryons* auf dem Diadem sollte es sich nur um den Anfangsbuchstaben handeln, der sich später in J verwandelt.

V. 374–376. SOSIAS … *sage mir, Da ich Sosias nicht bin, wer ich bin? Denn etwas, gibst du zu, muß ich doch sein.* – Arntzen (209) glaubt hier zu sehen, „wie ein Ich sich als ein Ding herausstellt, wie ein Bewußtsein sich als ‚Selbst‘ nicht, sondern als etwas erfährt.“

Mit dem Ausdruck *etwas* macht Sosias sich so klein wie möglich, besteht aber – *wer* – auf einer Mindestforderung. Auch im folgenden kapituliert er nur halb, nur „philosophisch“, nicht mit seinem unmittelbaren, elementaren Existenzgefühl.

V. 385 sagt Sosias *ich!* Sein Ausruf *V. 388 f.*, als er geschlagen wird – *Ihr gerechten Götter! Wo bleibt mir euer Schutz?* – ist Parallele zu Alkmenes Ausruf am Schluß: *Schützt mich, ihr Himmlischen! (V. 2312.)*

V. 395 nennt Sosias sich *Sosias.* Dieser Zusatz von Kleist besiegelt prägnant die tatsächliche Niederlage Merkurs – allerdings so unauffällig, daß man sie hat übersehen können. In Parallele dazu bewirkt am Schluß die Unauffälligkeit von Alkmenes Widerspruch, daß Jupiter als Sieger dasteht, obwohl er den Kampf um Alkmenes Liebe, in dem er siegen wollte, nicht gewann.

Dritte Szene

Bei PLAUTUS bietet Merkur eine Vorschau der komischen Verwirrungen, die nun zu erwarten stehen, die Jupiter aber mühelos auflösen wird. Sobald sich herausstellt, was geschehen ist, wird niemand mehr an Alkmenes Gattentreue zweifeln. Ihre Ehre kann dadurch nicht verletzt werden; im Gegenteil, sie wird vermehrt. – MOLIÈRES Mercure begnügt sich mit der knappen Feststellung, er habe Sosias verjagt und ihm damit den Lohn für manchen Streich gegeben.

KLEISTS Merkur behauptet nicht, Sosias die Identität geraubt zu haben; und das täte er sicher, wenn es geschehen und wenn es wichtig wäre. Statt dessen rühmt er sich der ausgeteilten Prügel, vermerkt jedoch nicht ohne Vorwurf, daß Sosias sich überhaupt nichts aus der Ehre macht, Götterprügel erhalten zu haben. (Die Komik wirkt gegen Merkur zurück, dessen Göttlichkeit dank seiner Maske ungewürdigt blieb.)

Diesen Zug hat Kleist hinzugefügt. Er rückt damit die Merkur-Sosias-Handlung entschiedener in Parallele zur Herrenhandlung. Von Plautus bis Kleist beansprucht Jupiter, sein Besuch sei als Ehrung aufzufassen. Bei Kleist wird Amphitryon das freudig akzeptieren, Alkmene dagegen nicht. Und analog dazu wird auch Sosias erklären, daß er auf die *besingenswürdige* Ehre, Götterprügel erhalten zu haben, keinen Wert legt (*V. 2355, 2358f.*). Zeigt das nur seinen beklagenswerten Mangel an Sinn für Höheres? (Ryan 108: „In diesem abschließenden Kontrast zur Verherrlichung des Amphitryon, der das ‚Besingenswürdge‘ durchaus zu schätzen weiß, enthüllt sich das im Grunde genommen erbärmliche Schicksal des Sosias.") Man könnte es auch anders sehen: als siegreiches Bewahren und Bewähren einer natürlichen, unverfälschten Empfindungsweise selbst unter dem Druck der offiziell geltenden, religiösen Weltanschauung.

V. 401—403.

> MERKUR. *Gesündigt hat er gnug,*
> *Verdient, wenn auch nicht eben heut, die Prügel;*
> *Er mag auf Abschlag sie empfangen haben. —*

Müller-Seidel nimmt die Verse wörtlich: „Sosias ruft die Gerechtigkeit der Götter an [Vgl. *V. 388f.* — die Parallele zu Alkmenes Ruf am Schluß!]. Aber dieser Anruf ist doppelsinnig, da es ja die Götter sind, denen er die Schläge ‚verdankt‘. Die Gerechtigkeit erscheint im Lichte der Ironie. Doch sollen wir das Verhalten Merkurs offenkundig nicht als reine Willkür betrachten, der Sosias zum Opfer fällt". „Sosias hat die Bestrafung schon zuvor verdient, auf Abschlag, wie Merkur verrät. Er ist gleichsam schon im vorhinein ‚schuldig‘, ehe er sich, von Fall zu Fall, des Diebstahls schuldig macht. ... Der Vermutung wäre ... nicht ganz abwegig, daß diese ‚Schuld‘ mit dem Mangel jeglicher Selbsterkenntnis zusammenhängt. Die kleinen Diebereien des um sein triebhaftes Ich besorgten Sosias sind, so betrachtet, die Folge davon, daß der liebenswürdige Gauner das Wesen des Menschen in grotesk anmutender Weise verfehlt und daher auch sein Ich bedenkenlos verschachert, wenn es der Vorteil nahelegt. Da sind denn ein paar Schläge angebracht — schon im vorhinein." (123f.)

Der Interpret hält das Motiv der strafenden Götter für zentral. Sosias erhält die Prügel aber weder als Strafe noch empfindet er sie so. Sie sind nichts als Willkür und Gewalt. Merkur sucht offenkundig und verständlicherweise diesen Eindruck zu vertuschen. Handelte es sich tatsächlich um Strafe, wie er vorgibt, stünde er einigermaßen als ein Gott da, wie wir ihn uns denken. Den Anschein, daß es so sei, und damit zugleich den Anschein der Überlegenheit sucht Merkur aufrechtzuerhalten oder wiederherzustellen in einer Situation, in der er sich höchst ungöttlich zeigte und nicht einmal mit einem Sosias fertig wurde. Sein Sieg ist nichts als physische Überlegenheit oder Schein. Der Gott ist ohne wahre Göttlichkeit, sucht aber das Decorum der Göttlichkeit zu wahren. Das ist in sich selber komisch. Außerdem wird damit in krasser Form vorweggenommen, was wir zuletzt an Jupiter bemerken werden. So stellt die ganze Szenengruppe 1—3 eine drastische Parallele zum Hauptgeschehen dar, eine Analogie allerdings nur zu dem Vorgang zwischen Jupiter und Alkmene, dagegen einen Kontrast zu der Schlußbeziehung zwischen Jupiter und Amphitryon.

V. 408f. betrachtet Merkur Jupiter und Amphitryon als zwei verschiedene Personen: *Er kommt, der Göttervater, ... als wär's ... Amphitryon.*

Vierte Szene

Der Einsatz der Haupthandlung. Jupiter ließ die Nacht des Liebesabenteuers länger dauern. Nun ist sie zu Ende, und er nimmt Abschied von Alkmene. Bei PLAUTUS sind Jupiter und Merkur die komischen Figuren. Der Diener-Gott macht freche Anmerkungen über seinen Vater und mischt sich auf ungeschickte Weise in die Unterhaltung ein. MOLIÈRE und ihm folgend KLEIST rücken Jupiters Komik ganz ins Zentrum. Der Gott wird sich bewußt, daß Alkmenes Zärtlichkeit nicht ihm, sondern Amphitryon galt. Er möchte selbst geliebt werden und drängt daher auf die Unterscheidung zwischen dem Gemahl und dem Geliebten. Das Thema, so konventionell es ist, verfängt indessen nicht. Einerseits nahm Jupiter ja gerade die Gestalt des Gatten an; und andererseits ist für Alkmene der Geliebte ohnehin identisch mit dem Gatten.

An Alkmenes Eingangsworten stellte schon Brahm ein „negatives Verhältnis zum Staatlichen" fest (146). Szondi (49, 54f.): „Gegen Alcmènes Teilnahme an dem Ruhm des Feldherrn, gegen dies Einverständnis der Liebenden mit der Gesellschaft lehnt sich Kleists Alkmene wie der Dichter selber auf." An die Stelle des Gesellschafts-Themas tritt das der Erkenntnis, d. h. der Identität. Es geht darum, den Zwiespalt zwischen Geliebtem und Gemahl aus einem Konflikt zwischen etwas Privatem und etwas Sozialem zu einem Zwiespalt im Inneren der Heldin zu machen, zu einer „Entzweiung in dem Bild, das Alkmene von Amphitryon hat." Arntzen (225f.): Alkmenes Wort, daß *die Götter eines und das andre in dir mir einigten*, „lenkt ja nur ab von dem offenkundigen Problem, wie persönliche Liebe und Ehe eins sein können. Jupiter hatte den Unterschied zwischen dem *Gesetz der Ehe* (V. 446) und der Gunst des Herzens ganz deutlich gemacht. Und wenn Alkmene auch zunächst die

Ehe ein *heiliges Verhältnis* (*V. 459*) nennt, so ist es doch schon zwei Zeilen darauf selbst für sie nur mehr *ein Gesetz der Welt* (*V. 461*) ganz im Sinne Jupiters, das nur darum nicht quält, weil es den *kühnsten Wünschen, die sich regen, / Jedwede Schranke glücklich niederreißt* (*V. 463/464*). Welches sind diese kühnsten Wünsche? *Dich zu empfahn* (*V. 460*): dich, Jupiter in der Gestalt Amphitryons. Daß der gemeint ist, davon zeugt jetzt schon das Verb, im weiteren aber all ihre Worte und ihr Verhalten [...] So spricht sie den, der vor ihr steht, stets als *Geliebten* an, weil sie nur die (private) Liebesbeziehung realisieren möchte und sich daher eine Idylle wünscht, in der man *einen Strauß von Veilchen um eine niedre Hütte* sammelt. [...] Der Notwendigkeit, das Erlebnis zu reflektieren, weicht Alkmene aus, weil sie ja im offenen Bekenntnis des Unterschiedes ihren ‚Ehebruch' bezeugen würde, weil sie eingestehen müßte, nicht den ganzen Menschen Amphitryon, sondern nur den Geliebten, ja ihre Vorstellung vom Geliebten, nämlich Jupiter-Amphitryon, zu lieben."

Jancke: „Offenbar empfindet Jupiter nun Entzücken über Alkmenes Unterscheidung, worin es ihr um das Selbst des Geliebten [im Unterschied zum Feldherrn] geht, und anscheinend ist seine eigene Trennung in Gemahl und Geliebten ganz gleichartig. Zugleich aber äußert er Besorgnis über diese Unterscheidung, die ihm so entgegenzukommen scheint." (92) Er will die Identität beider, wie Alkmene auch, aber „nicht die falsche und tautologische Identifizierung von Amphitryon und Jupiter und ebensowenig ihre völlige Isolierung, sondern ihre dialektische Identität als einer Einheit, die die Differenz in sich enthält." (99) − Ryan: „Mit dieser Frage [*Ob den Gemahl ... Ob den Geliebten du empfangen hast?*] zielt Jupiter offenbar darauf hin, die noch unwissende Beschränktheit Alkmenes zu ‚irritieren' und damit aufzulockern. Daß eine solche Belehrung nötig ist, geht schon aus Alkmenes Antwort hervor, die ihr mangelndes Unterscheidungsvermögen deutlich genug bezeugt: *Geliebter und Gemahl! Was sprichst du da?* (*V. 458−460*) [...] Es täte ihrer Ehre und ihrer Sittlichkeit keinen Abbruch, wenn sie der Liebe des Ehegatten den Vorzug gäbe vor dessen Erfüllung der Ehepflicht, anstatt diese fast als Selbstzweck zu betrachten. An ihrer Antwort ist sichtbar, wie die starre Förmlichkeit eines gesetzlich geregelten Vertragsverhältnisses an die Stelle des ursprünglichen Gefühls getreten ist". „Was über die Pflicht des Ehegatten hinausgeht, ist für sie nicht etwa die höhere, die eigentliche Liebe, sondern eher eine Kühnheit, die dem Gatten nicht etwa anzurechnen, sondern eher zu ‚verzeihen' wäre [...] (*V. 491−492*)." „Alkmene kann es also nicht fassen, daß das Verhältnis auch von Ehegatten zueinander nicht von der Ehebindung her zu begreifen ist, sondern von der Spontaneität der Liebe her, die jene unendlich übersteigt." „Daraus geht auch hervor, daß es verkehrt wäre, von dieser in ihrer Unverständigkeit komisch wirkenden Alkmene zu sagen, sie verkörpere gegenüber dem Gott einen höheren sittlichen Wert: der Gott, der sie ja nicht etwa zum Ehebruch verführen, sondern ihr zu einem tieferen Verständnis der eigenen Liebe verhelfen möchte, hat uns eben die Begrenztheit ihrer falsch verstandenen Sittlichkeit vor Augen geführt." (87 f.). „Es heißt demnach die doppelte Perspektive, die in diesem Lustspiel obwaltet, auf eine einzige (die untergeordnete) reduzieren, wenn man den Angriff auf die Heiligkeit der Ehe seitens der machtverkörpernden Autorität als dessen Hauptmotiv betrachtet. Im Gegenteil: es läßt sich sehr wohl fragen, ob Alkmene überhaupt Ehebruch begeht, ob Jupiter sie überhaupt zur Sanktionierung des Ehebruchs überreden möchte. Mit wem verkehrt sie denn, wenn nicht mit dem ihr anvertrauten Ehemann? Nicht mit einem Fremden, sondern mit einem Amphitryon, der einmal nicht nur der Pflicht des Ehegatten nachkommt, sondern ihr aus der Spontaneität des nur Liebenden naht. Es gilt zu berücksichtigen, daß Jupiter eben ein anderer, ein ,ins Göttliche verzeichneter' Amphitryon ist; die Vorstellung des Ehebruchs entspringt einer Selbsttäuschung Alkmenes und Amphitryons und wird durch den übergreifenden Handlungszusammenhang stark relativiert." (86)

Die zitierten Deutungen erklären sämtlich, und mit verwandten Argumenten: Wenn Alkmene einerseits den Geliebten von dem Feldherrn unterscheidet und wenn sie andererseits festhält an der Einheit von Geliebtem und Gemahl, dann sind ihre Gründe dafür fragwürdig, ja verwerflich; sie zeigt sich unaufrichtig und seelisch verkümmert.

„Alkmene darf nicht mit jenem Heiligenschein umgeben werden, den Jupiter ihr in höchst vieldeutigem Sinn verleiht" (Arntzen 224), den man ihr früher immer gönnte und den ihr schon die älteren Dichter gönnten.

Bei PLAUTUS ist Alkmene in dieser Szene noch ausschließlicher als bei Kleist Geliebte und hat nur zu tun mit dem Geliebten. Erst in einem späteren *Canticum* (II,2) wiederholt sie ihren Schmerz darüber, daß sie Amphitryon so oft entbehren muß; sie findet aber Trost in seinem Ruhm und schließt mit einem echt römischen Preis der Männertugend, die alles Gute und Glückliche begründe. Liebe und stolze Anteilnahme an dem Ruhm des Gatten verbinden sich zu klassischer Einheit. Die späteren Dichter fassen beide Motive schon in dieser frühen Szene zusammen, und zwar so, daß sie die Sorge um den geliebten Gatten knapp überwiegen lassen, einfach indem Alkmene, umgekehrt wie die Römerin, zuerst vom Ruhm, dann von der Sorge spricht.

In keiner Weise wird dadurch der wohlausgewogene Zusammenhang der beiden Regungen und damit das Bild einer idealen Feldherrn-Gattin beeinträchtigt. Auf genau der gleichen Linie liegt Alkmenes selbstverständliche Auffassung von der Einheit des Geliebten mit dem Gatten. Die Ehe ist für sie göttliches und weltliches Gesetz, heilig und verbindlich. Das hindert sie nicht, im Gatten zugleich den Geliebten zu sehen:

im Gegenteil. Ständig redet sie den, den sie für ihren Gatten hält, als den Geliebten an. Schwerlich läßt sich daraus folgern, es fehle ihr an der Liebesglut für den Gemahl, an der Glut, die den Gott ja erst – und eben in Amphitryons Gestalt! – herbeilockte. Natürlich kann sie unterscheiden und unterscheidet sie zwischen Amphitryon, dem Feldherrn und Gemahl, und Amphitryon, dem Geliebten; das sind zwei Seiten an einundderselben Person. Und sie vollzieht diese Unterscheidung immer nur, um beide Seiten auf ihre Einheit in der einen Person Amphitryon zurückzuführen. Genauso versteht Jupiter sie; und das eben entspricht nicht seinen Wünschen. Er bringt die Unterscheidung gewiß auch nicht ins Spiel, um sie einer Alkmene abzugewöhnen, die im Falle „Feldherr und Geliebter" eben jene Unterscheidung selbst bereits vollzogen hätte. Vielmehr fing er sich in seiner Maske; die Liebe, die er in der Gestalt Amphitryons genoß, galt eben diesem und nicht ihm. Das weckt in ihm den Wunsch, nachträglich als er selbst geliebt zu werden. Zu diesem Zweck muß er Alkmene klarmachen, daß sie nicht Amphitryon, sondern ihn, den Gott, umarmte. Die Unterscheidung des Geliebten vom Gemahl ist der erste Schritt dazu.

MOLIÈRE, dem Kleist weitgehend folgt, aber schon nicht mehr so eng wie in den ersten Szenen, hat diese diplomatisch-philosophische Unterscheidung eingeführt. Sie lautet hier noch nicht „Amphitryon oder Jupiter", läuft jedoch der Absicht nach auf diese Alternative hinaus und wird es bei Kleist später ausdrücklich tun (II, 5; III, 11).

Die Komik der Szene beruht hauptsächlich darauf, daß Jupiter mit seinem Ansinnen keinen Erfolg hat, daß er in seiner Identität nicht einmal ahnungsweise erkannt und daher auch in seiner wahren Absicht nicht verstanden wird. Andererseits ergibt sich stellenweise doch der Eindruck, daß er wenigstens einen Teilerfolg erreicht. Lenkt das die Komödie nun ins Weihespiel, oder erhöht es die Komik der Szene und die komische Fallhöhe der endgültigen Niederlage Jupiters? Th. Mann 60–62. Fricke 80–84.

V. 410 f. Jupiter scheut das Licht der Fackeln. Ist er lichtscheu? Man beachte die Funktion der Lampe des Sosias und die Bezeichnung Jupiters als *Licht* selbst am Schluß durch ihn selber (*V. 2299*) und Alkmene (*V. 2306*). Vgl. auch die zweifelhafte Rolle des Schreibers *Licht* im *Zerbrochnen Krug*. Den Licht-Ausdrücken entsprechen diejenigen von Nacht, Umnachten, besonders bei Alkmene *V. 2306*.

V. 420. Jupiter scheut das Licht, weil er fürchtet: *Die Welt könnte ihn mißdeuten, diesen Raub.*

MOLIÈRE schreibt *blamer* (539). Szondi (50): „Kleist reißt das Wort ‚blamer' (tadeln) in den Wirbel der Erkenntnisproblematik hinein und übersetzt: ‚... mißdeuten'." „Mißdeuten" drückt hier aber nur schwächer jenes „Tadeln" aus, das ungeschwächt in Jupiters eigenem Wort

Raub enthalten, gleichsam nachgeholt wird. Kleist bewegt sich eben in erster Linie auf dem Boden des Ethischen. Also: Die Welt könnte Anstoß nehmen. Jupiter spricht zwar in der Rolle des Amphitryon, dessen Abwesenheit vom Heere Mißbilligung finden könnte; doch er spricht auch für sich selbst. Er weiß, daß sein Tun dem allgemeinen moralischen Gefühl zuwiderläuft; und im augenblicklichen Stadium der Affäre denkt er offenbar — das ist für sein Verfahren bis zum Ende äußerst wichtig! — noch nicht an eine öffentliche Regelung der Angelegenheit, geschweige an die Geburt des Herkules.

Alkmenes Verse *423 ff. Ach, wie so lästig ist so vieler Ruhm, Geliebter!* usw. lehnen sich eng an MOLIÈRE an.

Dessen Alcmène beginnt:

Amphitryon, ich nehme großen Anteil an dem Ruhme,
Den Eure Heldentaten Euch errangen;
Und Eures Sieges Glanz
Hat mich im Innersten gerührt; [...]
Je prends, Amphitryon, grande part à la gloire
Que répandent sur vous vos illustres Exploits;
Et l'éclat de vostre Victoire
Scait toucher de mon Coer les sensibles endroits.   542—545.

Dann folgen 6 Zeilen der Klage und nochmals 2 Zeilen der Anteilnahme am Ruhm des Gatten und weitere 11 Zeilen der Klage.

KLEISTS Alkmene findet zwar innigere Worte der Liebe, wahrt aber grundsätzlich wie bei Molière die Haltung der vorbildlichen Feldherrngattin, der es doch erlaubt sein sollte, dann und wann den Beruf des Gatten zu verwünschen.

V. 441 deutet Alkmene an, daß diese Liebesnacht die schönste war, die sie bisher erlebte. Sie wird das später ausdrücklich bekräftigen: *V. 487 — 489, 1186 ff.*

V. 456 ff. Jupiter fragt Alkmene, ob sie den *Geliebten* oder den *Gemahl* empfing. Das klingt komisch absurd und wird von Alkmene auch so empfunden. Sie kann die Alternative nicht gelten lassen. Sie ist ja glücklich, daß ihr *Geliebter* ihr *Gemahl* ist und deshalb wahrhaft der Geliebte sein kann. Das *heilige Verhältnis* der Ehe, das *Gesetz der Welt* bilden keinen Gegensatz zu ihrer Herzensleidenschaft, im Gegenteil — und *die Götter* selbst haben dafür gesorgt! (*V. 490*)

Jupiters Frage schlug mehr als fehl. Daher beschimpft er nun den abwesenden Gatten (*V. 465 ff.*). Man darf darin nicht ohne weiteres eine objektive Charakterisierung des Feldherrn sehen. Jupiter macht vielmehr seiner Eifersucht Luft und seinem Ärger, daß er, der Gott, verwechselt wird mit dem Menschen, dessen Nebenbuhler er sein muß. Das verdankt er seiner Maske. Seine Situation ist komisch, und seine Reaktion darauf desgleichen. Er spricht geradezu, als vergäße er seine Maske. Es fehlte nur noch, daß er Amphitryons und seinen eigenen Namen benutzte. Daß er sich als *Besieger* der schönen Frau aufspielt und ihre *Tugend* gern dem Gatten überlassen will, macht das Frivole seines Unternehmens deutlich. In all diesen Punkten verfährt Kleist selbständig gegenüber Molière.

V. 484ff. War es komisch, daß Jupiter seine angenommene Rolle zu vergessen schien, ohne sich indessen deutlich zu verraten, so entspricht dem nun die Komik, daß Alkmene seine Rollen-Identität in Frage zieht, freilich ohne es im Ernste so zu meinen. Für sie bleibt er Amphitryon. Zwar, sie kommt ihm unwissentlich entgegen insofern, als sie nun endlich die geforderte Unterscheidung zwischen Geliebtem und Gemahl trifft. Aber sie beharrt auf der Vereinigung beider in der Person Amphitryons. Und vor allem schränkt sie die erneut zugestandene Einzigartigkeit der Nacht auch wieder ein durch das *Oft*. Sie vermag sich durchaus vorzustellen, daß so schöne Nächte häufiger vorkommen. Bei Giraudoux wird sie dem Gott sogar sagen, daß er sich weniger göttlich als Amphitryon aufführte.

V. 493ff. Jupiter ist mattgesetzt. Er verdeckt das — und er wird es jedesmal ähnlich verdecken — durch den schein-logischen Anschluß *denn*, so als ob er aus Alkmenes Worten Folgerungen in seinem Sinne ziehen könnte. Tatsächlich setzt er neu ein. Er appelliert mit einigem autoritativem Druck an ihr Gefühl, das die Unterscheidung vollziehen soll — die Unterscheidung, die er diesmal — er geht komisch-selbstvergessen einen Schritt weiter — zwischen sich (*ich*) und *Amphitryon* getroffen sehen will.

V. 501f. Alkmene nimmt die Auslassungen des scheinbaren Amphitryon einigermaßen ratlos hin und jedenfalls nicht ernst. Jupiter reagiert wieder in der für ihn typischen Weise. Er dankt ihr, als hätte sie ihm zugestimmt. Er gibt übrigens selber zu — zumindest halbwegs —, daß er zu weit geht: Alkmene kann nicht wissen, was er mit dem Gesagten meint. Gleichwohl suggeriert er sich selbst und ihr, sie seien einer Meinung: *Es hat mehr Sinn und Deutung, als du glaubst.*

V. 507. Den Wortwechsel über die Nacht hat Kleist neu hinzugefügt. *Schien diese Nacht dir kürzer als die andern?* fragt Jupiter. Ist Alkmenes *Ach!* „ein Aufschrei des Glücks" (Thalmann 60) und bekräftigt es damit das wehmütige Schluß-*Ach!* (Milch 158)? Oder drückt es innige Zustimmung aus, gedämpft durch schamhafte Verweigerung des rückhaltlos offenen Eingeständnisses mit Worten und am Tage, wo das eigentliche Geständnis doch bereits gewährt wurde? Ein solcher Einschlag von Abweisung brächte es seinem Gestus nach in eine gewisse Nähe zu dem *Ach!* des Sosias, *V. 228, 238,* das ebenso eindeutig Leid bedeutet wie *Homburg V. 240f.* und *Käthchen V. 693.* Wird Alkmenes

Schluß-*Ach*! mehr ihrem jetzigen *Ach*! oder dem früheren *Ach*! des Sosias
zuzuordnen sein? Die Unklarheit des jetzigen überspielt Jupiter — *Süßes
Kind!* —, diesmal zu Recht. Alkmene stimmt zu, wie sie gleichsinnigen
Fragen vorher zustimmte. Jupiter schließt mit dieser Frage eben deshalb,
weil er mit einer Form von Zustimmung und Sieg scheiden will, wenn
schon nicht mit der gewünschten.

Fünfte Szene

Merkur trifft in Gestalt des Sosias mit dessen Frau zusammen. Parodistische Parallele zu I, 4. Das Gegenteil von tiefgefühlter Leidenschaft
und eifersüchtigem Werben; auch von innerlicher Ehre und Treue. Stattdessen nämlich Wahrung der äußeren gesellschaftlichen Reputation, des
Decorums. Kleist arbeitet dieses für das Thema wichtige Motiv noch
deutlicher heraus als MOLIÈRE, dem er im übrigen fast bis in den Wortlaut folgt und der die Szene wie ja überhaupt die Figur der Dienersfrau
erfand. Kleists Abweichungen: Merkurs frivole Bemerkungen über Jupiters Liebesnacht V. *519—522* (die *Nacht* als *Göttin Kupplerin*); die
drastischen Derbheiten V. *548—564*; die gesellschaftlichen Moralbegriffe,
„Ehre", „Reputation" und „guter Ruf", die in Charis' Replik V. *570f.*
wiederaufgenommen werden und dadurch häufiger, mit größerem Nachdruck auftreten.

Hohoff (24 f.): Merkur „ist Sosias bei Charis, weil er es sein muß [...]
er betrachtet sich ironisch, während der olympische Gefährte kein
Gefühl für seine Komik als irdischer Liebhaber hat. Für Merkur ist die
Fahrt ein etwas langweiliges Abenteuer, während Jupiter sich bis zur
Lächerlichkeit ernst nimmt, wie jeder irdische Liebhaber."

V. *529* erklärt Merkur: *In diesem Stücke bin ich ein Lakoner.* Darf
man *Stück* doppelsinnig lesen, dann wäre das ein Heraustreten der Figur
aus der Spielillusion gemäß der romantischen Ironie, allerdings dank dem
Doppelsinn des Wortes auch wieder kein eindeutiger Bruch. Vgl. V.
1103, wo Sosias ähnlich spricht. Im übrigen steht die Auffassung von
Ehre und ehelicher Treue, die Merkur vorträgt, in genauem Widerspruch
zu derjenigen des Sosias. Er imitiert diesen hier also ebenso ungenau wie
in seiner Leidenschaft für Prügel und seinem Mangel an Mutterwitz. Er
ist eine durchaus unvorteilhafte Kopie des Dieners. Wenn er den Mann
beneidet, *dem ein Freund den Sold der Ehe vorschießt*, und *Bequeme
Sünd* so gut wie *lästge Tugend* findet (V. *581f., 590ff.*), dann ist das die
laxe und frivole Denkweise beider Götter; vgl. Jupiters Alternative *deine
Tugend Ihm, jenem öffentlichen Gecken, ... Und mir, mir deine Liebe*
(V. *481—3*).

Merkurs Maxime *Nicht so viel Ehr in Theben, und mehr Ruhe* (*V. 592*) könnte an sich im Sinne des Sosias sein. Dessen Ruhe erlitt in Theben eine Störung, für deren Vermeidung und Bewältigung er seine äußere und innere Ehre gerne preisgegeben hätte und preisgab. Trotzdem wird er in Sachen ehelicher Treue niemals so weit gehen wie hier Merkur. Ebenso fremd ist ihm das gereimte falsche Pathos seiner Frau: *O ihr Götter! Wie ich es jetzt bereue, daß die Welt Für eine ordentliche Frau mich hält!* (*V. 597ff.*). Sie fühlt sich zur Treue nur verpflichtet, weil man sie für treu hält. Oder besser: aus diesem Grunde wagt sie nicht den Ehebruch, den sie wünscht oder auch bloß zu wünschen vorgibt. Es geht ihr ja nur darum, Sosias zu kränken, und nicht um die Erfüllung einer Leidenschaft. Im Gegensatz dazu hält Alkmene dann fest an ihrer Leidenschaft zu Amphitryon, obwohl ein Ehebruch mit Jupiter im Rahmen der öffentlichen Religion ihre Reputation und Ehre enorm höbe.

Zweiter Akt

Erste Szene

Der inzwischen heimgekehrte Amphitryon läßt sich von Sosias Bericht über dessen Mission erstatten und bekommt wunderliche Dinge zu hören. Seine Reaktion ist verständlich und bleibt im Rahmen des typischen Herr-Knecht-Verhältnisses, wie es die ganz ähnlich gebauten Szenen bei PLAUTUS und MOLIÈRE vorzeichnen. Bei Molière erhält jedoch Sosie bedeutsame Funktionen, die bei KLEIST wiederkehren. Der Diener, dessen Rolle Molière vermutlich selber spielte, ist der Überlegene. Während sein Herr tobt, gebärdet er selber sich gelassen: er weiß ja, was geschehen ist. In sauberer, konsequenter Logik unterscheidet er die zwei Ichs und wirft sie wieder zusammen, was die Komik seiner Schilderung auf den Gipfel des Absurden führt. Doch auch dabei hält er an der Vorstellung fest, daß er sich verdoppelt hat, ja daß sein zweites Ich von ihm verschieden ist, seine eigene Identität also nicht verlorenging. Ferner weist er immer wieder auf das ständische Decorum hin, das zum Zentralthema gehört. Der Herr kann tun, was er will: es ist immer gut. Und er kann sagen, was er will: es ist immer wahr. Der kleine Mann dagegen hat im Kollisionsfall immer Unrecht, und eben nur, weil er der Kleine ist, gleichgültig, ob er wirklich unrecht oder recht hat. Vgl. dazu besonders die letzten Worte des Sosias in der Szene:

So ists. Weil es aus meinem Munde kommt,
Ists albern Zeug, nicht wert, daß man es höre.
Doch hätte sich ein Großer selbst zerwalkt,
So würde man Mirakel schrein.   V. 766—69

Das ist Molière nachgebildet. Die Bedeutung des ständigen Decorums so zynisch überdeutlich aussprechen, heißt aber, sie kritisieren und über ihr stehen. Tatsächlich geht Sosias so weit, die hohen Herren grundsätzlich der Lügenhaftigkeit zu zeihen und die Glaubwürdigkeit des Ehrenworts ausschließlich für Seinesgleichen zu beanspruchen. Zu diesem Aspekt des Zentralthemas gehören auch die Schimpfwörter, mit denen der fremde Sosias und das von ihm heraufbeschworene Rätsel belegt werden. Sie bewerten den Sachverhalt, wie er von einem unbefangenen, unvoreingenommenen Standpunkt aus bewertet werden muß; sie sollen freilich aufgegeben werden, sobald sich die Götter als Urheber herausstellen. Denn was Götter tun, ist wohlgetan. Umgekehrt aber müssen die Götter, solange sie sich nicht zu erkennen geben, es hinnehmen, daß sie für ihr Tun beschimpft werden. Das ist komisch. Und für die Qualität ihres Tuns ist aufschlußreich, daß es verurteilt wird, solange man die Urheber nicht kennt. Gossman 206. Mann 63—64.

V. 610. Teufelsrätsel nur bei Kleist, ebenso die Anspielungen auf *Hölle V. 633* und *Teufel V. 635, 681,* die Beschimpfung *V. 654, 717.* Die plumpe Drastik *Setzt ich den Fuß stets einen vor den andern (V. 639)* erinnert an Shakespeare. Molière hat sie nicht. *V. 645.* Kleist hat folgende philosophische Sosie-Stelle von MOLIÈRE nicht übernommen:

> Natur, wenn sie Gestalt uns gibt, verfährt sie launisch;
> Gibt manche Neigung zu erkennen:
> Den einen ist es höchste Lust, sich in Gefahr zu stürzen,
> Mir mehr, in Sicherheit zu sein.

> *En nous formans, Nature a ses caprices.*
> *Divers panchans en nous elle fait observer.*
> *Les uns à s'exposer, trouvent mille délices;*
> *Moy, j'en trouve á me conserver.*   727—30

Zweite Szene

Die Szene ist bei PLAUTUS vorgebildet, nur schaltet sich dort Sosias öfters mit frechen Kommentaren ein. Vorangig das *Canticum,* das die späteren Dichter auswerten und hier, II, 2, durch Alkmenes Anheben zur Opferhandlung ersetzen. Alkmene will den *großen, heilgen Schutz der Götter . . . auf den besten Gatten niederflehn.*

Der heimkehrende Amphitryon glaubt sie zu überraschen, findet sie stattdessen jedoch erstaunt. Ja, sie behauptet, er habe sie in der eben vergangenen Nacht besucht. Er muß das leugnen; dadurch fühlt sie sich verletzt. Sie ist ihrer Sache sicher und verweist auf den Gürtel mit dem Diadem. Darauf nimmt der ratlose Amphitryon sich zusammen und bittet sie, ihm den Vorgang zu erzählen. Als sie jedoch erklärt, sie sei mit dem nächtlichen Besucher zu Bett gegangen, verläßt ihn seine Fassung. Es entsteht ein heftiger Wortwechsel, in dessen Verlauf beide erklären, sie wollten sich scheiden lassen. Amphitryon sieht sich außerdem vor die Pflicht der Rache gestellt; er fühlt seine Ehre beleidigt, auch wenn er den Betrug Alkmene nicht direkt zur Last legte. Beide befinden sich in einer Täuschung, in die sie der Gott verwickelt hat. Beiden bleibt dies unbekannt, obwohl mehrfach darauf angespielt wird. Das Diadem ist aus dem Kästchen in Sosias' Händen ohne Verletzung des Siegels verschwunden und in Alkmenes Besitz gelangt. Alkmene erzählt, der Besucher habe gesagt, *Daß nie die Here so den Jupiter beglückt*; er lebe vom *Nektar* ihrer Liebe und sei *ein Gott*. Es mag psychologisch gezwungen sein, daß niemand einen Götterbesuch in Erwägung zieht (Mann 65). Diese Ahnungslosigkeit erhöht jedoch die Komik, die trotz allem persönlichen Ernst und Schmerz die Situation beherrscht. Zugleich ermöglicht sie die unwissentlichen Ausfälle gegen die Götter. Sie sind indirekt enthalten in Anrufungen des Amphitryon; in dessen erschütterter Frage, was über ihn verhängt sei; in seiner befremdeten Wahrnehmung, daß er, *Ein Überlästger, aus den Wolken falle*; in Alkmenes entrüsteter Frage, ob ihm *ein böser Dämon* oder *vielleicht Ein Gott* den heitern Sinn verwirrt habe, ob die Götter ihn fürchterlich straften; ferner in Sosias' Wort, der *Teufel* habe das Diadem *wegstibitzt;* endlich in Amphitryons Erklärung: wer sich an seiner Statt hier eingeschlichen habe, sei *der nichtswürdigste der Lotterbuben.* In allen Fällen handelt es sich um Ironie; nicht um eine absichtliche Ironie der Figuren, sondern um eine Ironie, die über ihren unwissentlich treffenden Äußerungen liegt und von der sie selbst nichts wissen. Insofern ist sie das Gegenstück zur tragischen Ironie. Zugleich aber ist es eine satirisch-polemische Ironie. Denn die Äußerungen treffen den Gott, auch wenn er nicht bewußt gemeint ist. Und der Witz ist, daß man nur darum, weil man ihn gar nicht meinen kann, sein Verhalten in dieser Weise und so treffend würdigt. Die Ironie wendet sich aber auch schon im voraus gegen Amphitryon: er wütet hier gegen eine Beleidigung, die er später als Ehre akzeptieren wird (Nordmeyer 353).

Zu den psychologischen Gewaltsamkeiten dieser typischen Komödienszene vgl. das oben S. 95 Gesagte. Zu ihnen gehören auch komische, opernhaft stereotype Repliken wie: *Du scherzest — Du scherzest. Schweig, ich will nichts wissen — Schweig, ich will nichts wissen.* Seit Plautus setzt das Stück den Vorrang des Mannes in der Ehe voraus. Damit hängt zusammen die Art, wie man hier von der Umarmung spricht: „Schuld abtragen", „Forderung der Liebe entrichten", „sich Freiheiten erlauben, die dem Gemahl über die Gattin zustehen". Es wäre abwegig, von dergleichen auf ein nur förmliches, seelisch entleertes Verhältnis schließen zu wollen (Müller-Seidel 125, Arntzen 227f., Ryan 89f.). Auch Jupiter wird verlangen, Alkmene solle die ihm zustehende *Forderung auszahlen (V. 1539f.).* Alkmene beteuert glaubwürdig, die *Schuld* aus ihrem *warmen Busen reichlich* „abgetragen" zu haben: *Ich gab dir wirklich alles, was ich hatte.* Amphitryon ist für sie *der Liebste;* das sagt vorderhand genug aus über ihre Zärtlichkeit und beweist nichts gegen seine. Gundolf 79—83 (siehe Zeugnis Nr. 33), Mann 64—66, Guthke 118, Arntzen 227f., Ryan 89f.

Den Versen *963—975* entspricht bei Molière:

ALKMENE	Und als das Mahl beendet war, da gingen wir zu Bett.
AMPHITRYON	Zusammen?
ALKMENE	Natürlich. Was nur soll die Frage?
AMPHITRYON	(beiseite) Weh mir! das ist der grausamste von allen Schlägen,
	Und gegen ihn versah sich meine eifersüchtige Glut vergebens.
ALKMENE	Wieso befällt bei diesem Wort Euch solche Röte,
	Hab unrecht ich getan, mit Euch zu Bett zu gehn?
AMPHITRYON	Das nicht, doch war ich's nicht zu meinem größten Schmerz:
	Und wer erklärt, daß gestern meine Schritte ich hierher gelenkt,
	Der sagt von allen Lügenschändlichkeiten
	Die schändlichste der Schändlichkeiten.

ALCMÈNE	*Et, le soupé fini, nous nous fûmes coucher.*
AMPHITRYON	*Ensemble?*
ALCMÈNE	*Asseurément. Quelle est cette demande?*
AMPHITRYON	*(á part) Ah! c'est icy le coup le plus cruel de tous!*
	Et dont á s'asseurer, trembloit mon feu jalous!
ALCMÈNE	*D'où vous vient, à ce mot, une rougeur si grande?*
	Ay-je faith quelque mal, de coucher avec vous?
AMPHITRYON	*Non, ce n'estoit pas moy, pour ma douleur sensible,*
	Et qui dit qu'hyer ici mes pas se sont portez,
	Dit, de toutes les faussetez,
	La fausseté la plus horrible. 1019—1028

Den Versen *994—7* entspricht bei Molière:

Die Schande ist gewiß, mein Unglück nur zu deutlich,
Vergebens sucht die Liebe, mir es zu verhüllen;
Und doch begreif ich's nicht in allen Einzelheiten,
Und mein gerechter Zorn heischt Klarheit.

Le des-honneur est seur, mon malheur m'est visible,
Et mon amour en vain voudroit me l'obscurcir.
Mais le détail encor ne m'en est pas sensible,
Et mon juste courroux prétend s'en éclaircir   1052—1055

Streller (95): „Während Molière Amphitryon lediglich von Unglück und Schmach sprechen läßt, gebraucht Kleist, den Konflikt von Ehre und

Liebe zuspitzend, das Wort Betrug." „Amphitryon ordnet die Liebe der Ehre unter. Er handelt nicht unter dem Eindruck, daß Alkmene ihre Liebe zu ihm verloren hat, sondern unter dem Gesichtspunkt, daß er als Gatte gedemütigt worden ist. Alkmene dagegen trifft der Vorwurf, sich einem anderen als dem Gatten hingegeben zu haben, nicht so sehr unter dem Aspekt der Ehre, sondern unter dem der Verleumdung ihrer Treue. Es ist die Mißachtung ihrer Liebe und ihrer Menschenwürde, die sie empört. Ihr geht es um das persönliche Verhältnis, um das ungetrübte Vertrauen."

Solche Bemerkungen laufen darauf hinaus, daß es in *Amphitryon* weder um eine bestimmte Form von Liebe noch um Identität geht, sondern um Verletzung und Behauptung menschlicher Würde.

Dritte Szene

Parodistische Parallele zur vorhergehenden Szene, wie I, 5 zu I, 4, und gleichfalls erstmals bei MOLIÈRE, dem Kleist sich eng anschließt; er kürzt nur etwas, verstärkt ein wenig die allgemeine Drastik sowie die Anspielungen auf die Götter. Wie in II, 2 setzt die Ehefrau den vorher aufgetauchten falschen Ehemann mit dem nun erscheinenden richtigen gleich. Aber während Amphitryon das nur allmählich und mit größter schmerzlicher Erregung erkannte, rechnet Sosias bereits damit, daß sein Doppelgänger, dem er ja schon selbst begegnete, ihm auch bei seiner Frau zuvorkam — nur möchte er wissen, ob jener so weit ging wie der Besucher Alkmenes: ob ihm *wohl etwas Ähnliches beschert ist*. Im Unterschied zu Amphitryon ist er mehr gelassen als erregt, und seine gelegentlichen Ansätze zum Pathetischen wirken parodistisch. Mit der Liebesfaulheit seines „Nebenbuhlers" ist er moralisch zufrieden, und auch deshalb, weil sie sein eigenes eheliches Wunschbild erfüllt. Im Unterschied zu Alkmene spielt Charis wenigstens in ihrer Phantasie mit außerehelichen Abenteuern. Schon in Molières Prolog bemerkt Mercure, bei den meisten Frauen empfehle den Liebhaber eine Ähnlichkeit mit dem Gatten am wenigsten. Alkmene repräsentiert die respektable Ausnahme, Charis die profane Regel. — Die komische Wirkung beruht gewiß auf dem niederen Niveau der Auseinandersetzung; ferner auf der parodistischen Parallele zu den prinzipiell gleichgerichteten, aber höhergearteten Motiven der Herrschaft, endlich aber auch auf der Paradoxie, daß die Diener in all ihrer Primitivität immer noch besser empfinden als die moralisch indifferenten Götter: Charis hat nicht den Mut zum Ehebruch; Sosias lehnt dergleichen unzweideutig ab; ja, er wird es im Unterschied zu Charis und Amphitryon, jedoch analog zu Alkmene, sogar im Falle eines Gottes tun.

V. 1022. Sosias rafft sich nicht ohne ein gewisses Pathos vom bequemen Verzicht auf Erkenntnis zur Wahrheitserforschung auf. Das ist bei MOLIÈRE ähnlich und dort eine parodistische Analogie zu Amphitryon. Kleist läßt sie fallen und hebt damit den Fürsten. Das Gebaren des Sosias mag er jedoch zusätzlich genossen haben als eine Parodie auf Ödipus, die er ja etwa zur gleichen Zeit auch im *Zerbrochnen Krug* betrieb.

Wie Amphitryon, so bringt auch Sosias seine Frau zum Berichten dadurch, daß er zum Schein zugibt, mit dem Gatten der letzten Nacht identisch zu sein. Er sagt, er könne sich nur nicht mehr an die Vorgänge erinnern, er habe zu viel *getrunken.* Daß Charis das halbwegs glaubt, ist ziemlich plausibel. Alkmene dagegen berichtete einfach, weil der Herr Gemahl es, ohne nähere Erklärung, wünschte − und das in einer hochgereizten Situation, und obwohl ein derartiger Bericht Alkmenes keuscher Natur zutiefst zuwider sein müßte. Die psychologische Wahrscheinlichkeit wird da insofern mehr mißachtet als in der Dienerszene.

Sosias' Ausrede, er habe *Meerrettich* gegessen, findet sich schon bei MOLIÈRE, wo es sich um Knoblauch handelt. Die paradoxe Zuspitzung des Witzes in den Antworten der Charis und wieder des Sosias ist dagegen Kleists Erfindung. Sie ersetzt eine weitere Ausflucht des Dieners bei MOLIÈRE.

Sosie erklärt dort, er habe Cleanthis gemieden, weil man laut ärztlichem Bescheid im Rausch lebensunfähige Kinder zeuge. Das führt zu einer Satire auf die Ärzte, einem Lieblingsthema des Dichters (Anekdote: der Arzt fragt Molière, wie er so bald gesund geworden sei; Antwort: Dadurch, daß er die verschriebene Medizin − nicht genommen habe). In diesem Lichte muß man die folgenden Zeilen lesen:

CLEANTHIS Schafsköpfe sind die Ärzte allesamt.
SOSIE   So mäßige doch deinen Zorn auf sie, ich bitte dich:
          Was auch die Welt von ihnen sagt, ehrbare Leute sind's
          (*Ce sont d'honnestes Gens, quoi que le Monde en dise* 1181.)

Sosie tut so, als seien die Ärzte redlich, obwohl die Gesellschaft sie anders einschätze. Das ist witzig übertreibende Umkehrung der These: die Ärzte sind nicht redlich, obwohl sie in der Gesellschaft das Decorum der Ehrbarkeit genießen (vgl. Der eingebildete Kranke).

V. 1101: Das hat ein Esel dir gesagt, nicht ich. Ein von Kleist hinzugefügter Hieb auf Merkur, dem gegenüber der Diener hier seine Identität ganz selbstverständlich wahrt und ebenso seine grundverschiedene Einstellung zum Ehebruch. Vgl. *V. 662.*

V. 1103: Du wirst in diesem Stück vernünftig sein. Vielleicht doppelsinnig: = „in dieser Sache", und = „in dieser Dichtung". Letzteres wäre Illusionsdurchbrechung im Sinne der romantischen Ironie und der Komödie aller Zeiten, Vgl. *V. 529.*

Vierte Szene

Alkmene hat entdeckt, daß auf dem Diadem nicht, wie sie gestern meinte, ein A steht, sondern J. Zusammen mit der Erinnerung an gewisse Worte des nächtlichen Besuchers und an Amphitryons Betragen bringt sie das auf den Gedanken, vielleicht habe sie an Stelle des Gatten doch einen anderen empfangen. Der Dialog mit Charis bringt ihre Zweifel und ihre Verzweiflung zutage.

Die Szene ist zum Teil bei Rotrou (III, 2) vorgebildet, nicht bei Plautus und Molière. Mit ihr leitet Kleist sein Zusatz-Thema ein: Alkmenes Wahl zwischen Amphitryon und Jupiter. Wir haben vornehmlich vier Motive zu beachten. 1. Alkmenes maßvolle, vertrauensvolle Einstellung zu ihrem Gatten, die Kleist auf sie von MOLIÈRES und FALKS Amphitryon-figur überträgt. Sie hat über die schmerzlich-überraschende Auseinander-setzung nachgedacht, sich Amphitryons echten *Schmerz* und seine Anständigkeit ins Gedächtnis gerufen und daraus geschlossen: er wollte nicht, wie sie zuerst vermutete, ein unedelmütiges Spiel mit ihr treiben; vielmehr muß hier ein Irrtum walten. 2. Sie geht der Sache auf den Grund, findet auf dem geschenkten Diadem statt des erwarteten A nunmehr ein J. und gerät dadurch in die äußerste Verwirrung. Sie beteuert zwar die Untäuschbarkeit ihres Gefühls. Aber die paradoxe Hyperbolik, mit welcher sie das tut, bezeichnet nur die gewaltsame An-strengung, mit der sie das Wissen um ihre Täuschung unterdrücken will (s. o. S. 103 f.). Das offenbart, wieviel für Alkmene davon abhängt, ob sie getäuscht wurde oder nicht, und wie verzweifelt sie sein muß, wenn sich die Täuschung nicht mehr leugnen läßt. Die erste Hälfte der Szene hindurch wehrt sie sich gegen die Wahrheit und tut alles, um ihr besseres Wissen zu verdrängen – ein Verhalten, zu dem sie noch öfters Zuflucht nehmen wird. 3. Eine versöhnliche Möglichkeit deutet sich an: Alkmene hat den Amphitryon der letzten Nacht wie *ins Göttliche verzeichnet* empfunden und ein noch nie erlebtes Glücksgefühl erfahren. 4. Im gleichen Atemzug erinnert sie sich jedoch daran, daß der Besucher den Geliebten gegen den Gatten Amphitryon ausspielte. Wenn dies nicht, wie sie meinte, *Scherz* war, sondern Wahrheit, bedeutet das für sie – und zwar trotz der „Göttlichkeit" des Erlebnisses! – *Schmerz* und *Vernichtung*. Beharrt Alkmene auf dieser Einstellung, könnte sie den Besuch des Doppelgängers ablehnen, auch wenn sie erkennen wird, daß es der Gott war. Ein tiefgefaßtes Thema in hochkomischer, weil absurd argumentierender Durchführung. – Th. Mann 67–69, Fricke 85–87, Arntzen 230, Jancke 103 f.

Alkmene ist zutiefst erregt. Sie will, daß Charis sich äußert, und erst dann, daß sie den Tatbestand betrachtet (*V. 1106 f.*). Daß in das *Diadem*

Amphitryons *Namenszug gegraben* sei, ist eine apodiktische Behauptung, mit der Alkmene ihre soeben vorgebrachte Aufforderung und Frage sowie überhaupt ihr eigenes besseres Wissen niederschlägt. Sie möchte mit aller Gewalt, daß Charis ihr hilft, die Dinge so zu sehen, wie sie selbst sie sehen will (*V. 1109ff.*).

V. 1114–1116 verstärkt Alkmene ihre Anstrengungen. Sie sucht Charis einzureden, es handle sich um ein A, obwohl sie selbst genau weiß, es ist ein J (*V. 1140–1148*). Deshalb hat sie ja die Unterredung herbeigeführt.

Der Umschlag *V. 1120 Weh mir sodann! Weh mir! Ich bin verloren* verdeutlicht, worum es in den vorangehenden Zeilen ging: Alkmene wehrte sich gegen das Weh, dem sie sich überliefert fühlte, dem sie nun nicht mehr ausweichen kann und das durch das vorangegangene krampfhaft-absurde Abwehrmanöver in seiner ‚vernichtenden' *Schmerz*haftigkeit (*V. 1225*) hervorgehoben wird.

V. 1127. Daß mir ein anderer erschienen sei. Th. Mann (68): „[. . .] dieses *erschienen* wiederholt sich von nun an, es ist der schwebende Sprachklang, der die Sprache ins Mystische hinüberleitet." Zugleich drückt *erscheinen* zusammen mit dem Reflexivpronomen *mir* die mögliche Subjektivität des Erfahrens aus, dessen objektive Faktizität jedoch den primären Sinn ausmacht: „er kam und ich sah ihn."

Alkmenes rückblickender Bericht *V. 1128–1148* besagt, daß sie sich in dem Besucher wie in dem Zeichen täuschte und daß sie das erkannte. Trotzdem schreckt sie *V. 1150ff.* erneut vor der Annahme der Täuschung zurück. Zwar räumt sie nun offen ein, sich vielleicht in dem Zeichen getäuscht zu haben. Doch sie versichert in paradoxer Übersteigerung und entschiedener als vorher, daß sie sich in dem Gatten nicht getäuscht habe. Th. Mann (67): „Sie hat Amphitryon, den geliebten Gatten, umarmt; er war es, und sie war es, und war er's nicht, so war auch sie es nicht, denn ihr Gefühl für ihn ist mit dem der eigenen Identität verbunden, und mit der Sicherheit des einen wird die des anderen erschüttert."

Diese Deutung hat Schule gemacht. Sie geht aber wohl zu weit. Alkmene beruft sich auf die Unerschütterlichkeit ihres Identitätsgefühls nur, um ihre Gewißheit, was die Identität des Besuchers angeht, als unerschüttert und unerschütterlich hinzustellen. Als sie endlich diese Behauptung aufgeben muß, geht ihr darüber das Gefühl der eigenen Identität jedoch keineswegs verloren. Sie wird, so müßte man stattdessen sagen, für sich selbst identisch sein als diejenige, die sich irrte und schuldig wurde. Es geht nicht um das Problem der Identität oder der Wahrheitserkenntnis, sondern um das der Schulderkenntnis; es geht um das, was sein soll und nicht sein soll.

Charis will Alkmene in ihrer angestrengten Bemühung, sich Sicherheit zu verschaffen, unterstützen. Durch Hinweise auf die Fakten (*V. 1168 ff.*) lenkt sie die Aufmerksamkeit der Herrin aber gerade wieder auf das Diadem mit dem mysteriös veränderten Buchstaben.

Wenn sie die Namen nicht unterscheiden konnte, so fragt Alkmene *V. 1181 ff.*, wäre es dann nicht möglich, daß man die beiden Namensträger auch verwechseln könnte? Oder einfacher: Kann man die Namen nicht unterscheiden, kann man auch die Männer nicht unterscheiden. Eine sachlich kühne Unterstellung, schließlich sind A und J deutlich verschieden. Und eben das krampfhaft-Gewollte, das geradezu Sophistische der Argumentation zeigt an, daß die drohende Erkenntnis Alkmene fast *rasend* macht (*V. 1126, 1220*).

V. 1185–1200. Charis fragt Alkmene, ob sie sicher sei – und die Herrin bejaht es, um es sogleich einzuschränken. Indem sie es einschränkt, sichert sie dem Ja ein gutes Gewissen. Und indem sie bejaht, sichert sie die Einschränkung gegen ein ernsthaftes Gewicht. So mag man sich die psychologische Operation im Anschluß an den Aufsatz *Über die Verfertigung der Gedanken beim Reden* denken. Alkmene will sich für den Augenblick behelfen. Und im Schutz der Sicherheit, die sie sich verschaffte, malt sie nun unbeschwert das einzigartige Erlebnis aus. Viele Interpreten haben es etwa so wie Aggeler (65) verstanden: „Es ist das ‚Bild‘ Amphitryons, das Alkmene schon immer liebend in sich bewahrte; aber nicht etwa ein Bild, das sie sich, dem Pygmalion gleich, als Idol erschaffen hat [so allerdings Arntzen und Schmidt s. o. S. 82], nein, es ist dies das wahre, wesenhafte Bild des Geliebten, sein Urbild, das platonische *eidos*. Allein die Liebe läßt dieses wahre Bild des Geliebten offenbar werden. Damit wird jedoch das ‚wirkliche‘ Du nicht übergangen, vielmehr ist in der Liebe beides vereint. Auch wird das Ideal vom Ich nicht eifersüchtig für sich selbst gehütet, nein, im Miteinandersein der Liebe wird dem Du dieses, sein wahres Bild zum liebenden Geschenk. Erst damit vermag das Du sich selbst zu erkennen und es selbst zu werden; es empfängt sein Bild, sein Telos, als die ständige Aufforderung, sich zu diesem hin zu verwirklichen."

Der Umschlag *V. 1202 ff.* von der preisenden Schilderung des vergöttlichten Amphitryon zum entsetzensvollen Hinweis (*Ach*) auf die Unterscheidung zwischen Amphitryon und ihm, dem *Geliebten*, dem *Dieb*: dieser Umschlag kommt überraschend. Man vermißt auch den Ausdruck des Umschlags. Das *Ach, und der doppeldeutge Scherz* schließt den entsetzten Hinweis syntaktisch zu harmonisch an die Schilderung der beseligenden Nachterscheinung an. Es muß also eine so enge Beziehung bestehen, daß das *und* berechtigt ist. Sie kann wohl nur darin liegen, daß während der ohnehin künstlich abgesicherten Schilderung der göttlichen

Erscheinung schon und noch unterbewußt das *Entsetzen* gegenwärtig war, das jetzt offen zutagetritt. Alkmene empfindet also das Göttliche als entsetzlich und als Zurückzuweisendes, wenn es kollidiert mit dem, was hier auf dem Spiele steht.

V. *1207–1209* spricht Alkmene aus, was auf dem Spiele steht. War es nicht der Gatte, so will sie sich verfluchen. Sie gab sich dem Gatten *zu eigen*, weil er der Geliebte, und dem Geliebten, weil er der Gatte war. Sie will sich also verfluchen, wenn der, der sich *stets den Geliebten* nannte, nicht zugleich auch der Gatte war; wenn sie sich einem andern als dem Gatten und Geliebten, einem andern als Amphitryon hingab.

Wiederum rückt Charis' Beschwichtigungsversuch V. *1210ff.* komischerweise das Übel gerade in hellstes Licht: Wenn heute alles in Ordnung ist, ist damit nichts gewonnen; wenn Alkmene sich indessen gestern täuschte, alles verloren.

V. *1218ff.* gibt Alkmene den Widerstand gegen die vernichtende Erkenntnis so gut wie auf. Ihre Fragen sind rhetorisch. Sie weiß: das Zeichen J spricht gegen die Identität Amphitryons mit dem nächtlichen Besucher. Sie hat es nicht von ihm erhalten. Sie empfing stattdessen ein A. Sie wurde getäuscht. Das könnte sie entlasten. Davon ist indessen nicht die Rede. Es geht ihr einzig um das objektive Faktum, ob sie sich täuschte und ob sie dadurch schuldig wurde oder nicht.

Fünfte Szene

Bei PLAUTUS geht der Szene ein Monolog Jupiters voran (III, 1). Der Gott erklärt dem Publikum, welcher Amphitryon er ist. Die Illusionsdurchbrechung gipfelt in der Mitteilung:
>   Ich stieg jetzt euretwegen hier herab,
>   Weil ohne mich das Stück nicht weitergeht.

Er „wechselt den Ton" und nennt das Motiv, weshalb er zurückkehrt zu Alkmene:
>   Ich komm, Alkmene Hilfe zu gewähren,
>   Die ohne Schuld des Ehebruchs bezichtigt.
>   Ich selbst beschwor das Unheil auf ihr Haupt:
>   Drum sei es meine Sorge, es zu bannen!

Zugleich will er jedoch weiterhin „dieses Haus zum äußersten verwirren. Erst später mag die Welt die Wahrheit wissen." III, 2 findet er Alkmene tiefentrüstet und entschlossen, die Ehe zu scheiden. Lange versucht er vergebens, sie zu beschwichtigen. Endlich nimmt er alle Behauptungen Amphitryons zurück mit dem Schwur:
>   Und lüge ich, mag Jupiter, der Hohe,
>   Amphitryon in Ewigkeit verdammen!

ALKMENE (erschrocken) Nein, nein! Er sei ihm gnädig!
JUPITER   Oh, er wird!
>   Denn einen wahren Eid hab ich geschworen!
>   Du bist nicht zornig mehr?

ALKMENE Ich bin es nicht.

Der schnelle Umschwung ist komisch in dreifacher Hinsicht. Erstens schwört Jupiter bei seinem eigenen Namen, läßt in den Augen des Zuschauers durchblicken, wer er ist, und bringt damit die ahnungslose Alkmene dahin, wohin er sie haben möchte. Zweitens wird deutlich, daß man die Götter hoch respektiert (was bei diesen Göttern durchaus erheitern muß) und große Furcht vor ihnen hat (mit gutem Grund, denn sie besitzen ungeheure Macht). Drittens enthüllt Alkmene bei dem plötzlichen Umschwung, der ihrer Haltung abgezwungen wird, ihre Liebe zu Amphitryon, die sie soeben hartnäckig leugnete. − Die ganze Situation, daß der Gott ihr kraft seiner Künste und seiner Geltung so weit überlegen ist, läßt Alkmene komisch erscheinen. Ihre Unterlegenheit wirkt aber nicht herabsetzend. Ein kritisches Licht fällt höchstens auf den Gott, der seine Macht und Geltung zu seinem Spiel gebraucht. Gewiß, die Spielregeln der Komödie und des Mythos räumen ihm das Recht dazu ein. Die Frivolität der Götter stellt demnach eben jene Spielregeln, wenigstens die des Mythos, in Frage. Insofern ist die Komödie Göttersatire. Da sie sich dazu jedoch nicht offen bekennt, sondern so tut, als teile sie die allgemeine Ehrfurcht vor den Göttern, ist sie ironisch verhüllte Satire.

MOLIÈRE läßt dieser Szene zwei kurze Auftritte vorangehen. Im ersten (II, 4) erklärt Jupiter, er wolle Alcmène besänftigen und seine Glut − offenbar mit einer zweiten Umarmung − in der Wollust der Versöhnung stillen. Cleanthis sagt ihm, Alcmène habe ihr verboten, bei ihr einzutreten. Jupiter antwortet, auf das Hauptthema anspielend: „Was immer sie verboten hat, Für mich gilt solches nicht." Der nächste Auftritt (II, 5) will das Ganze ins Lächerliche ziehen. Die Diener bemerken, daß der Kummer des scheinbaren Amphitryon schnell verflog. Cleanthis empfiehlt daher, man solle die Männer sämtlich zum Teufel jagen. Darauf Sosie: Dann wäret ihr gerade die Genarrten. − In der Hauptszene (II, 6) folgt Molière weitgehend Plautus; nur verschiebt er das Ganze mehr ins Psychologische und Höfisch-Galante. Wäre nicht der Kontext komisch, würde Alcmènes Schmerz auf weite Strecken tief bewegen − und er bewegt Jupiter, wie dieser „beiseite" bemerkt. Sie erklärt eingehend, warum sie so entrüstet ist: Gäbe Amphitryon ihr ungewollt Anlaß zur Eifersucht, so müßte ihre Liebe ihm verzeihen. Grundlose, vorsätzliche Kränkung aber schmerzt zu sehr. Jupiter bringt daraufhin wieder die Unterscheidung zwischen Geliebtem und Gemahl ins Spiel: der Gatte habe sich im Schutz des Eherechtes jene Unverschämtheiten herausgenommen, die dem Geliebten niemals eingefallen wären; dieser solle folglich nicht bestraft werden für etwas, was er nicht beging. Das bezieht sich natürlich auf Amphitryon und Jupiter − Alcmène aber kann den Unterschied nicht sehen und hält das Ganze für Klügelei, für Ausflucht. Jupiter muß zu anderen Mitteln greifen. Er gibt Alcmène Recht. Sie müsse in ihm ein *Monstre*, Ungeheuer sehen (er wunderte sich zunächst, daß sie ihn dreimal hintereinander so bezeichnete; zur Erklärung s. o. S. 33/38). Sein Vergehen kränke die Menschen und die Götter. Ist das schon Selbstironie, so erst recht das Folgende. Jupiter fällt auf die Knie und erklärt in einer pathetischen Rede: Wenn sie ihm nicht verzeihe, werde er sich erstechen und nur hoffen, daß sie dann aufhöre, ihn zu hassen. (Die Stelle mußte die Zuschauer zusätzlich amüsieren, weil sie fast wörtlich aus Molières älterem Stück *Don Garcie de Navarre* stammt, also Literaturparodie und Selbstparodie des Dichters darstellte.) Alcmène bringt es nicht über sich, durch ihr Wort den vermeintlichen Amphitryon in den Tod zu schicken. Sie muß zugeben, daß sie sich zwar bemüht, ihn so zu hassen, wie Gerechtigkeit und Ehre fordern − daß sie es aber nicht vermag, letzten Endes also schon verziehen hat. Zu dieser Schlußentscheidung drängen sie auch Sosie und Cleanthis, die neben Jupiter flehend auf die Knie fallen, womit dessen Triumph vollends ins Licht spöttischer Ironie gerät. Komisch-ironisch ist seine Überlegenheit über die ahnungslose und genasführte Alcmène, ist die automatische Verläßlichkeit, mit welcher die galante Konvention ihm zum Erfolg verhilft; komisch-ironisch aber ist hauptsächlich Jupiters Unvermögen, die Unterscheidung zwischen Geliebtem und Gemahl durchzusetzen und damit die zwischen sich selber und Amphitryon. Zwar erhebt er selber sich ironisch über die Hohlheit der Konvention und über seine eigene Ohnmacht, aber damit gibt er eben seine Niederlage zu, wenn er sie auch durch die Pose des unanfechtbar Überlegenen verhüllt.

Bei KLEIST ruht die Szene auf veränderten Voraussetzungen. Alkmene ahnt, daß ein anderer sie besucht, sie hintergangen hat. Dementsprechend begegnet sie Jupiter, den sie für den wiederkehrenden Gatten hält, nicht mit vorwurfsvoller Zurückweisung, sondern umgekehrt in der schmerzlichen Furcht, sein Vorwurf sei berechtigt, sie habe Ehebruch begangen. Sie ist entschlossen, daraus die Konsequenz zu ziehen; schmachbedeckt, wie sie dann wäre, würde sie sich von Amphitryon trennen; ja, sie würde sterben.

Jupiter sieht sich dadurch vor ganz andere Möglichkeiten und Schwierigkeiten gestellt als bei den früheren Autoren. Will er Alkmenes Schmerz beschwichtigen, dann muß er den Ehebruch als ungeschehen hinstellen. Andererseits würde er damit seine Chance begraben, sich bei ihr zu identifizieren und ihre Liebe für sich zu gewinnen. Genau hierzu aber fühlt er sich nun von Eifersucht gedrängt, weil nämlich Alkmene ihr ganzes Heil von Amphitryon abhängig macht, während sie verzweiflungsvoller Haß erfüllt gegen den nächtlichen Besucher, gleichgültig, wie wunderbar und beseligend dessen Erscheinung war. Wichtiger als das erfahrene Glücksgefühl ist ihr das Bewußtsein, in tiefster Seele mißbraucht und also entwürdigt, mit Schmach bedeckt, geschändet worden zu sein. Dies geschah durch Ehebruch. Beides gehört unlöslich zusammen. Es läßt sich daher kaum sagen, ob Alkmene mehr den Ehebruch beklagt oder den Umstand, daß ihr ihre Liebe gegen ihr Wissen und Wollen abgelistet wurde. Es geht ihr jedenfalls nicht bloß um das Gesetz der Ehe, sondern zumindest ebenso um Liebe als Gegenstand autonomer Entscheidung, freier Selbstbestimmung.

Jupiter lernt das erkennen. Wenn er trotzdem versucht, sich zu identifizieren, seinen nächtlichen Besuch zu enthüllen, so setzt er offenbar voraus, Alkmene werde in seinem Falle, im Falle eines Gottes, anders wählen und ihm nachträglich doch ihre Liebe schenken. Zunächst freilich bedenkt er das alles nicht. Er reagiert ganz augenblicksgebunden. Er will Alkmene beschwichtigen: es war kein Ehebruch; und zugleich will er sich identifizieren: es war doch einer. Er läßt seine Behauptung *Ich wars* zweideutig klingen: es war Amphitryon; und er wars nicht. Er sucht Alkmene damit zu trösten, daß der Besucher jedenfalls ihr als Amphitryon erschien, daß sie also subjektiv nicht schuldig sei. Indem Jupiter darauf hinweist, rückt er Alkmenes sittliche Makellosigkeit ins rechte Licht. Sie selbst aber pocht nicht auf ihre subjektive Unschuld; sie sucht darin keine Entschuldigung. Das ist die Vornehmheit, die Noblesse und auch die Wehrlosigkeit des tragischen wie insbesondere des Kleistschen Helden.

Im folgenden läßt Jupiter nun durchblicken, daß er selber sie besuchte und daß der Besuch durch einen Gott auf einem anderen Blatte steht. So entspricht es dem mythischen Weltbild, das hier vorauszusetzen ist; so sieht es der Gott; so sehen es die meisten Menschen; so bemüht sich auch Alkmene es zu sehen. Aber sie macht klar, daß ihre Liebe Amphitryon gilt und nicht dem Gott. Dadurch läßt Jupiter sich reizen, sie mehrfach gestuft vor die Wahl zu stellen: Amphitryon oder Jupiter. Jedesmal entscheidet sie: Amphitryon. Damit durchbricht sie die mythisch-ideologische Schicht ihres Bewußtseins und des allgemein herrschenden Denkens. Sie stellt sich gegen die Autorität, das Ansehen der Weltanschauung und des höchsten Gottes. Kleist rückt diesen letzten, revolutionären Teil der Auseinandersetzung allerdings in den Modus des Möglichen, des Denkbaren, Bloß-Gedachten, Theoretischen. Das kompliziert Frage und Antwort. Und es läßt Raum für Steigerung: Wird Alkmene, konkret-tatsächlich zwischen Gott und Mensch gestellt, ihre Entscheidung widerrufen oder bekräftigen?

Die schrittweise Abstufung und teilweise Verhüllung des Vorgangs ist dazu angetan, die Spannung auszudehnen, zu erhöhen und so den Wagnischarakter dieser prometheischen Herausforderung hervorzuheben und auch zu verschleiern. Gleichzeitig gehört das zur komisch-ironischen Struktur der Szene. Jupiter soll immer wieder hoffen, seine Werbung führe zum Erfolg; und auch wir Zuschauer sollen im ersten Augenblick immer wieder glauben, das Selbstverständliche geschehe: der Gott setze sich durch. Bei genauerem Zusehen jedoch ergibt sich regelmäßig, daß dies nicht eintrifft. Nur darum setzt Jupiter sein Werben eben immer weiter fort. Aber er läßt sich auch nur selten deutlich merken, daß er einen Korb bekam – damit täuscht er wiederum uns über den fatalen Stand seines Unternehmens. Seine vorgetäuschte Unanfechtbarkeit hat viele Interpreten hinters Licht geführt. Sie macht ihn indes zu einer erheiternd spielerischen Figur und rückt gleichzeitig seine Niederlage in zusätzlich ironisch-komische Beleuchtung. Zu ihr trägt ferner die fatale Rolle bei, die er sich von der Situation aufdrängen läßt: die Rolle Amphitryons, des betrogenen Ehemannes, in welcher er Alkmene den Betrug mit einem Gott schmackhaft zu machen sucht. Alkmene wirkt ironisch-komisch allein auf Grund der Situation, die sie verkennen muß. Um so peinlicher aber für den Gott, daß er, dem die Situation ganz deutlich ist, dennoch nicht erreicht, was er erreichen will. Man hat die Szene freilich neuerdings meist anders ausgelegt – einmal ihrem Sinne nach: es gehe darum, daß Alkmene sich Jupiter zuwenden soll, ob dieser nun der Gott oder der gesteigerte Amphitryon oder beides ist; zum andern dem Verlauf nach: Alkmene wähle tatsächlich früher oder später Jupiter.

Edelmann (312): „[. . .] als Jupiter im Höhepunkt des Dramas (II, 5) Alkmene prüft und zugleich seiner Sehnsucht nach menschlicher Liebe Ausdruck verleiht. Die Treue der Gattin wird nicht erschüttert: diese entscheidet sich stets für Amphitryon; aber der Gott führt sie zur Anerkenntnis der Göttlichkeit durch ihr Geständnis, daß sie ihm nur folgen möchte: sie sieht in ihm die Idee des Menschen Amphitryon, wie sie vorher nur im Bild des Gatten den Gott sich vorstellen konnte. So wird durch Jupiters Menschlichkeit das Göttliche in Alkmenes Liebe geläutert. Niemals ist wohl im Drama die Liebe als Umfassen der Idee in der Persönlichkeit des geliebten Wesens mit so hehrer Gedanklichkeit dargestellt worden." „Aber damit büßt die Handlung auch an Deutlichkeit des realen Zusammenhanges ein: die Szene ist so von Reflexion durchtränkt, daß sie trotz ihrer einzigartigen lyrischen Stellung innerhalb des Ganzen dramatisch undurchsichtig erscheint: es fehlt die unmittelbare Überzeugungskraft, weil die seelische Handlung abstrakt bleibt, nicht als Geschehnis bildhaft wird. So eindeutig klar die Ereignisse des Dramas sind, die Idee wird nicht rein Gestalt, weil sie im Höhepunkt ihrer Entfaltung nicht von der Abstraktion loskommt. Hier ist der schwache Punkt in der Komposition des Werkes; es bleibt ein Rest, weil der Plan so ungeheuer kühn war."

Wagner (51): „. . . immer nur Amphitryon . . ." „Genau so wenig wie der hohen Frau, kommt es uns in den Sin, daß sich Zeus hier pantheistisch geben will. Nicht er ist überall, sondern Amphitryon."

Fricke (79 f.): „Auf mehreren Wegen und unter dauernder Steigerung der Versuchung wirbt Jupiter um Alkmene. Dabei gewährt es einen seltsamen Anblick, wie zwar nicht Alkmene, aber zum großen Teil die Kleistinterpretation diesen Versuchungen zum Opfer gefallen ist, indem sie das Stück jeweils von Jupiter her interpretiert." (Im übrigen teilt Fricke, wie auch Th. Mann, die Konzeption Edelmanns).

Dorr (der gleichfalls Jupiter als gesteigerten Amphitryon und mit diesem partiell identisch versteht, 51): „Der Inhalt der wichtigsten Szene des Dramas gerade, der Unterredung Jupiters und Alkmenes, ist letzten Endes nicht in dramatisches Leben umgesetzt worden, ist in einer Sphäre zwar dichterisch beseelter, aber doch gewisser abstrakter Gedanklichkeit geblieben."

Nordmeyer: „Nicht weniger als fünf, ja sechs Versuche unternimmt er [Jupiter], um die Amphitryon-Liebe dieser Frau in eine Jupiter-Liebe umzudichten, Versuche, die, in ein seelisches Helldunkel getaucht, eine immer süßere, vollere Sprache reden, ein immer innigeres Sehnen andeuten, und doch umsonst. [. . .] ihr Herz muß bezwungen werden.

Daß er das aber überhaupt noch für möglich hält, bleibt eine immer neue Quelle zarter, spannend verhaltener Komik." (171) „Von jeher hat ihr [. . .] in ihrer jungen Ehe der Gemahl den Geliebten bedeutet, V. 458 ff., und von jeher hat sie dem Gott die Züge dieses geliebten Gemahls geliehen." „Was sie schmerzlich zunächst erleben wird, ist eine unabweisbare Scheidung [. . .] zwischen dem, wovon sie innerlich lebte, und dem was sie von außen aus der Gesellschaft, aus dem Religionsunterricht übernommen." „Alkmenes Verhältnis zum überlieferten Gottesbegriff — und das bezieht alles ein, was sie im Tempel über Leda, Kallisto und all die andern ‚hohen Auserwählten Jupiters' einmal gelernt — ist zwar an sich ‚kindlich', rührend aufrichtig, aber der Art nach nicht viel beseelter als das des Gatten." „Wahres, heiliges Leben erhält ihre Religion erst durch ihre Beziehung auf den Gemahl, ‚das höchste Gesetz ihres Herzens'." „Widerstreit zwischen ihrem Gottesbegriff, den sie sich als Kind und Jungmädchen zu eigen gemacht, und ihrem Gottgefühl." (92) „Wir verzichten darauf, die Ironie des Bühnenvorgangs auch von Alkmenes Seite im einzelnen durchzugehen." „Niemals wirkt die Fürstin lächerlich." „Aber auch komisch ist sie nie." „Wir versuchen ebensowenig, die unsägliche, im tiefsten metaphysische Heiterkeit zu erörtern, die daraus entspringt, daß die Menschenfrau, im Besitze ihres Du, szenisch offensichtlich stärker ist als der, ‚der über Wolken ist', mit all seiner das unmittelbare Gefühl verdrehenden Rabulisterei des Gottesbegriffs; oder zu erörtern, wie die beiden . . . ‚aneinander vorbeireden', und ob der Dichter diese Komik beabsichtigt hätte — darauf beruht es doch gerade, wenn hier, im thematischen Herzstück des Dramas, die Komödie triumphiert in der innig-verschmitzten Bloßlegung der verkappten Lächerlichkeit einer Gesellschaftsreligion [. . .], die das erlebende Einzel-Ich mit schwärmerischen oder dogmatischen Machtansprüchen geistig zu unterjochen trachtet." „Wir lächeln auch dazu (Kleist muß dies gewollt haben), daß die Liebende ja in einem solchen Kampfe schon insofern verblümt aber unweigerlich im Vorteil ist, als sie bei alledem, beseligt den wider Willen göttlich gehörnten ‚Gemahl' nun wieder so zugänglich zu finden, jeden zarten Grund hat, ihm alle (wer weiß?) noch verbleibende Eifersucht, und wäre es auf den Göttervater selbst, aus der Seele zu reden." (100) „Die Komik der unschuldigen Abweisung, die er einstecken muß, wird erhöht durch seine Selbstsicherheit. So ist es letzten Endes gerade diese selbe Götterkraft und -macht, die seinen Dünkel zu Schanden werden läßt." (168) „Je selbstherrlicher der Gott scheinbar waltet, um so schärfer sollte uns ins Bewußtsein dringen, wo und wieso seine Allmacht versagt, und darauf spitzt sich das Drama schließlich zu." (273)

O. Mann: „Bei Kleist begegnet dem Jupiter jetzt eine Alkmene, die befürchten muß, ein Betrüger habe die Rolle ihres Gatten gespielt. So könnte die Seelennot Alkmenes zum Thema werden. Doch entspricht dem Lustspiel und seiner Ausführung mehr, daß Kleist Jupiters Lage zu seinem Thema macht. Jetzt steht vor ihm, dem Betrüger, die Betrogene. Jetzt begegnet ihm, dem Schänder, die ganze Schande seiner Tat. Er muß sie hören, da er wieder als Amphitryon auftritt, gegen den Alkmene sich offen ausklagen kann. Kleist hat so dem Jupiter eine komisch fatale Situation bereitet." (363)

Korff (65): „Nicht das der Gemarterten zuletzt entschlüpfende Ach am Schluß der Dichtung, sondern diese tiefe Rührung des Weltenschöpfers über die durch nichts zu verwirrende letzte menschliche Treue, die letztlich auch nicht durch das soviel Schönere der göttlichen Erscheinung zu beirren ist: das ist der eigentliche Sinn der Dichtung, die zwar ihre Heldin mit der Gefühlsverwirrung durch das Göttliche versucht, aber nur um die durch nichts und selbst nicht durch den Gott in Wahrheit zu erschütternde Festigkeit des persönlichen Liebesgfühls, die Treue zu verherrlichen."

Gadamer (344—349): „Der innere Sinn dieses Gesprächs scheint mir darin zu bestehen, daß der Gott Alkmene lehren will, das untrügliche Gefühl, das in ihr ist, nicht zu verleugnen, und daß sie, wenn sie an sich selbst zweifelt, auch an der Göttlichkeit des Göttlichen zweifelt, und umgekehrt, daß wenn sie zu ihrem eigenen Gefühle steht, sie den Gott in seiner wahren Göttlichkeit sein und erscheinen läßt." „. . . eine bleibende Wahrheit des menschlichen Herzens ist: daß die irdisch erscheinende und daher tragisch zu nehmende Verwechslung die Verwechslung mit einem Gott und daher keine Verwechslung war." Die „vermeintliche Sicherheit Alkmenes [in ihrer Unterscheidung von Gott und Gatte] ist in Wahrheit der Gipfel der Verwirrung, ja der Verleugnung ihres Gefühls." Am Ende der Szene hat Jupiter „— endlich — den Sieg errungen, um den es ihm geht, Gott zu sein. Jetzt endlich bekennt sich Alkmene ganz und unbedingt zu ihrem innersten Gefühl." „Indem sie nicht mehr zwischen dem Gatten und dem Geliebten unterscheidet, gibt sie beiden, dem Gatten und dem Gotte, ihr Sein. Der Gott ist der Gott des innersten Gefühls. Es ist nur konsequent, daß Alkmenes Verwirrung von nun an behoben ist und nicht wiederkehrt."

Th. Mann 69—77, Fricke 87—94, Nordmeyer 92—101, 168—167, 268—280, Guthke 114—117, Arntzen 230—236, Jancke 96—99, Wittkowski 44—51, Ryan 92—97.

V. 1236—1247. Alkmene setzt ein mit einer feierlich-gemessenen, antithetisch-eindringlichen Rede. Ihre Entschlossenheit, aus einem Ehebruch die äußerste Konsequenz zu ziehen, leidet keinen Zweifel und wird darüber hinaus im folgenden mehrfach bekräftigt. Sprache und Gestik der Stelle werden II,6 von Charis parodistisch aufgenommen, Arntzen (223 f.) meint, um Alkmenes attitüdenhaftes Rollenspiel in Parallele bloßzustellen; vermutlich aber doch wohl umgekehrt, um Alkmenes sittliche Würde im Kontrast herauszuarbeiten. Vgl. V. 1599, 1653 f. Dagegen Ryan (89): „[. . .] gerade das Entsetzen" über den Ehebruch „läßt den Abstand erkennen, der sich zwischen der Befangenheit des menschlichen und der Freiheit des göttlichen Bewußtseins auftut – und das hat für den Zuschauer eine komische Wirkung. [. . .] so lachen wir – [. . .] kraft der Überlegenheit des Wissens, das wir mit dem Gott teilen. Von der – allerdings tragisch scheiternden – Würde einer Frau, die ihre unabdingbare Treue gegen die ruchlosen Verführungsversuche eines lüsternen Gottes verteidige und hierin zu einer rein menschlichen Sittlichkeit finde, kann im Zusammenhang des Kunstwerks keine Rede sein."

V. 1262 f. alles, Was sich dir nahet, ist Amphitryon. – Nach Ryan (86) sind diese Worte Jupiters „kein Betrug, sondern Wahrheit," und verweisen auf die „Identität Amphitryons und Jupiters". – Jupiters Worte besagen: Alkmene ist subjektiv von Amphitryon so sehr erfüllt, daß ihr jeder Besucher, keineswegs also bloß Jupiter, als Amphitryon erscheinen muß – selbstverständlich ohne deshalb mit diesem identisch zu werden. Alkmene wäre danach außerstande, einen Mann von dem anderen zu unterscheiden. Ihr mißlingt dies jedoch in diesem einen Falle nur, weil Jupiter Amphitryons Gestalt annahm und damit den sichtbaren Unterschied zwischen ihm und sich selber aufhob. Jupiter verschleiert seinen extravaganten Sophismus hinter der zweideutigen Wendung *dir erscheinen.* Und er verrät ihn samt dem dahinter steckenden Motiv der Eifersucht durch den eklatanten Widerspruch zwischen der kühnen Verallgemeinerung: *alles,* jeder, der sich Alkmene naht, *ist Amphitryon* – und der Besonderung, auf die es ankommt: *Auch selbst der Glückliche, den du empfängst (V. 1261).* Silz (49): „a glittering sophistry that evades the point and does not satisfy her honest mind though it has beguiled more learned ones." Alkmene empfindet die gewundene und hintergründige Erklärung mit Recht als ein Ausweichen. Sie wiederholt ihre Frage und formuliert sie nun einfacher, um den Befragten zu einer klaren Antwort zu zwingen *(V. 1264 f.).*

V. 1266–1273. Jupiter zieht sich aus der Klemme, indem er zunächst eindeutig antwortet: *Ich wars.* Weil aber solche Ehrlichkeit ihn bei Alkmene gerade mit Amphitryon identifizieren würde, schwenkt er wieder um in Zweideutigkeit. *Seis wer es wolle. Sei – sei ruhig.* Die Wiederholung des *Sei – sei* zeigt an, daß Jupiter noch schwankt, wie er fortfahren soll. Er spürt das Paradoxe und will es – nicht auflösen, sondern bekräftigen, und zwar mit Hilfe der Pantheismus-Konzeption, die also der Verlegenheit des Augenblicks entspringt, im folgenden aber immer wieder herhalten muß. Ihr zufolge steckt der Gott in jedem Manne, den Alkmene empfängt. Der vorliegende Fall entlarvt das als spekulative Ideologie. Wäre es so, wie Jupiter erklärt, dann brauchte er sich weder an der Stelle Amphitryons mit Alkmene zu verbinden, noch könnte die Verbindung den Charakter einer polaren Partnerschaft tragen: Jupiter wäre ja auch Alkmene.

Das Schlimmste ist jedoch im Augenblick, daß Alkmene die Konstruktion überhaupt nicht versteht und den Gott kurzweg korrigiert: *hier irrst du dich*. Sie meint zwar, sie habe mit Amphitryon zu tun. Ihr Urteil trifft aber, ohne daß sie es weiß, objektiv zu und rückt Jupiter mit seiner pantheistischen Sophistik in komisch-ironische Beleuchtung. Jupiter möchte mit seinen Antworten Alkmene von dem Schuldgefühl befreien, daß sie einen Fremden empfing, und ihr doch zugleich seinen Besuch eröffnen. Er variiert im folgenden beide Themen — Alkmenes Unschuld und den Götterbesuch — in Richtung auf den Gedanken: es war ein Götterbesuch und daher keine Schmach noch Schuld, sondern Auszeichnung und Glück. *V. 1274f., 1278f., 1287—1298f., 1308f., 1343f.* Alkmene befindet sich vorläufig und für die nächsten Zeilen noch auf der Gegenposition. Trotz ihrer subjektiven Schuldlosigkeit betrachtet sie den schändlichen Betrug, mit dem sie hintergangen wurde, als eine objektive Schuld, als eine objektive Befleckung ihrer Ehre und Ehe; die Konsequenzen lauten: Trennung, sogar Tod.

V. 1280—1286. Jupiter steigert das Argument der subjektiven Schuldlosigkeit durch ein übertreibendes Paradox, das gleichwohl seine Position beleuchtet: er setzt sich selbst in Parallele mit dem Teufel. Alkmene wird später (*2240—2244*) den ungebetenen nächtlichen Besucher mit ähnlichen Attributen versehen und damit die Parallele bekräftigen. Vgl. *Die Marquise von O. . . .*: Der Graf, der sich an der Marquise ähnlich vergeht wie Jupiter an Alkmene, spricht ähnlich wie hier Jupiter von einem Schwan, den er *einst mit Kot beworfen, worauf dieser still untergetaucht, und rein aus der Flut wieder emporgekommen sei*. Da der Graf der Marquise zunächst *wie ein Engel* vorkam, erscheint er ihr auf Grund seines Verbrechens später *wie ein Teufel*. Aber da er seine Schuld bereut und wiedergutzumachen sucht, wird ihm verziehen. Jupiter bekräftigt ebenfalls Alkmenes Unschuld, macht sich aber kaum Gedanken über eigene Schuld. Von Reue gar ist nichts zu spüren. Alkmene sollte ihm daher später gleichfalls nicht verzeihen — falls man die Analogie bis dahin ziehen kann.

Vorerst freilich ist daran nicht zu denken. Sie klagt: *Ich Schändlichhintergangene! (V. 1287)*

Arntzen (230): „Doch keiner hat sie hintergangen, als sie sich selbst, die weder den wirklichen Amphitryon noch auch den Gott oder das Göttliche liebt, sondern ein Idol", in welchem Amphitryon und Jupiter zusammenfallen. Der Fehler läge danach bei Alkmene. Das meint auch Ryan (93), allerdings aus umgekehrtem Grund, nämlich weil Amphitryon und Jupiter, obwohl sie identisch seien, für Alkmenes Liebe gerade nicht zusammenfallen.

V. 1287–1297. Jupiter steigert drei Motive. Sein Trick, Amphitryons Gestalt anzunehmen, hat Alkmene unfehlbar getäuscht. Vorhin bagatellisierte er das, indem er Alkmenes subjektive Unschuld mit ihrer Erfülltheit von Amphitryon erklärte. Jetzt versteigt er sich dazu, von ihrem unfehlbar erkennenden Gefühl zu reden. Das ist Sophismus. Was er dabei im Sinne hat, ist andererseits richtig und wichtig genug. Es ist eine Tatsache, die von vielen Interpreten ignoriert, von Jupiter aber unzweideutig zugegeben wird: daß nämlich Alkmene bei der Umarmung nicht an Jupiter gedacht hat, sondern an Amphitryon. Daher zweitens komischerweise seine Eifersucht, ja gar sein Werben um Mitleid für den Übeltäter, und drittens sein unfreiwillig ironisch-komisches Eingeständnis, mit seinem Hintergehungsmanöver eben eine *böse Kunst* geübt und sich selbst hintergangen zu haben, ja mit seiner *ganzen Götterkunst* zur Ohnmacht verurteilt zu sein — ein Bekenntnis, das zusätzlich den Pantheismus (V. 1266–1272) als komisch unzureichende Behelfskonstruktion entlarvt.

V. 1298–1299. Alkmene zeigt nicht die geringste Spur von Anteilnahme an dem Übeltäter. Im Gegenteil. Ihre Erbitterung bedient sich antiker (*Zeus*) und christlicher (*O Gott!*) Wendungen. Das entspricht dem zusammengesetzten Gottes-Charakter Jupiters, erweitert die Relevanz des Geschehens aber eben auch in die christliche und jede institutionalisierte Religion mit hierarchischer Gottesvorstellung hinein.

V. 1300–1307. Jupiter versucht es jetzt, indem er ganz die angenommene Rolle des Amphitryon spielt und als Gatte die liebste Frau auf den unbekannten Dritten verweist — eine Kontrast-Parallele zu den groben Empfehlungen, die Merkur I, 5 der Charis erteilt, nur daß Jupiter es ernst meint, er wirbt ja für sich selbst.

V. 1311–1316. Die olympische Seligkeit, eben noch als ungenügend hingestellt, wird sogleich im Widerspruch gegen Alkmene (V. 1310) beschworen. Jupiters Identität wurde immer wieder angedeutet, spricht sich in dieser Verfertigung der Gedanken beim Reden direkt aus — *Dich in die Schar Glanzwerfend aller Götter führ ich ein* — und wird nur durch den grammatischen Modus der Möglichkeit wieder verhüllt: *Und wär ich Zeus.*

V. 1322—1327. Alkmene hat Jupiters Argumente sämtlich als allzugut gemeinte Tröstungsversuche ihres Gatten abgewiesen. Sie fühlt sich verunreinigt; daher will sie allen Zärtlichkeiten und überhaupt entfliehen. Jupiter pariert mit mehr galantem als gefühlvollem Schwung.

V. 1328—1332. Alkmene zieht nun selbst die stärkste Waffe, nämlich die Götter heran. Sie schwört, eher zu sterben, als weiter Amphitryons Frau zu sein.

V. 1333—1336. Jupiter wird durch Alkmenes Schwur gezwungen oder verlockt, jedenfalls herausgefordert, seine Maske fallen zu lassen. Er tut es, indem er den Eid zerbricht und sagt: es war Zeus. Auch wenn er das Zweite nicht in der Form vorbrächte, bliebe Alkmene gewiß in ihrer seitherigen Annahme befangen, sie habe es mit Amphitryon zu tun.

V. 1337—1348. Die Folgen der mißglückten Epiphanie sind für Jupiter peinlich und für uns komisch. Dem Göttervater verschlagen sie eine Weile die Sprache. Bei *Ich zeihe Frevels die Olympischen?* (*1344*) kann man sich ihn — nach dem Wort aus dem Aufsatz *Über die Verfertigung der Gedanken beim Reden* — *nicht anders, als in einem völligen Geistesbankerott* vorstellen. Er versucht, Alkmene das Wort auf autoritative Weise abzuschneiden, durch „einen barschen Machtspruch, einen Schweigebefehl" (Streller 84) — allerdings vergeblich, denn sie sieht in ihm den Gatten und in diesem Augenblick gar einen *verlornen Menschen.* Jupiter hat nämlich den Sachverhalt so ziemlich beim Namen genannt: er hat das, was für Alkmene höchster Frevel ist, ohne Arg als seine eigene, als Tat Jupiters hingestellt — und muß zu seiner Überraschung entdecken, daß sich für Alkmene die Tat deswegen keineswegs sogleich in Auszeichnung und Glück verwandelt; vielmehr beharrt sie zunächst darauf, daß die Tat Frevel war und daß sie folglich dem Gott nicht zugeschrieben werden darf — denn sie traut den Göttern keinen solchen Frevel zu. Damit fällt ihr Denken aus den mythischen Voraussetzungen heraus. Ihr *erstes Gefühl* (*Homburg 1041*) entscheidet anders als die mythische Ideologie; beide geraten in Konflikt; und Jupiter will natürlich, daß die mythische Ideologie sich nicht bloß äußerlich durchsetzt, sondern nachträglich auch Alkmenes Gefühl für sich, und das heißt, für ihn, für Jupiter gewinnt. Suchte er bisher mit Hilfe von Schmeicheleien und sophistischen Überredungstricks zu überzeugen, so kommt fortan, seit Nennung des höchsten Namens, ein autoritärer Druck hinzu.

V. 1349—1355. Jupiter erinnert Alkmene daran, daß sie die von Zeus besuchten Frauen zu beneiden habe. Damit wie mit dem Wunsche nach Zeussöhnen spricht er ganz in der Rolle Amphitryons, wie sich am Schluß herausstellt. Dort wünscht sich Alkmenes Gatte, Zeus möge ihm

tun, was er dem Tyndarus getan habe (2332f.). Jupiter zeugte mit dessen
Gattin Leda in Gestalt eines Schwanes Kastor, Pollux und Helena.
    V. 1356–1362. Alkmene reagiert auf die Vorstellung eines Götter-
besuchs mit Gegenfragen. Ob sie bloß ungläubig klingen oder ab-
weisend: Sie offenbaren Jupiter nicht genug Enthusiasmus für jene Vorstellung. Deshalb reagiert er tiefgekränkt und eifersüchtig, mit ohnmäch-
tig-trotziger Ironie.
    V. 1363–1373. Alkmene erklärt: Wäre es Jupiter gewesen, würde sie
in sich kein Leben fühlen. Sie stellt sich eine Begegnung mit dem Gott
demnach weit überwältigender vor als die erlebte. Das ist eine der vielen
kleinen oder auch nicht so kleinen Ohrfeigen, die sie, ohne es zu wissen,
Jupiter erteilt. Vielleicht freilich übertreibt sie hier, um das Argument
des Partners zu entkräften. Auch ihre Erklärung, zu unwürdig zu sein,
klingt mehr nach einer Ausflucht als nach tiefgefühlter Demut. Jupiter
hört aus alledem weniger die Abweisung seiner Gefühle als vielmehr die
Ignorierung seiner Autorität heraus. Seine Reaktion ist dementsprechend
grob und autoritär: *Du wirst über dich, wie er dich würdiget, ergehen
lassen.* Wenn er meint, er wisse, daß Alkmenes Herz der höchsten Auszeichnung würdig sei, so kann man, sein eigenes Wort von *V. 502* ab-
wandelnd, sagen: Es hat mehr Sinn und Deutung, als er glaubt. Er hat
zwar Recht; aber ermißt er überhaupt, wie Recht er hat? Wäre er
wirklich der Kenner menschlicher Herzen, erlebte er schwerlich mit
Alkmene eine unangenehme Überraschung nach der anderen. Die nächste
folgt sogleich.
    V. 1374–1382. Alkmene nimmt die Vorstellungen, die Jupiter ihr
macht, vollends nicht mehr ernst, sondern erklärt sie für einen gutge-
meinten Versuch des Gatten, sie hinwegzutrösten über ihren *Schmerz-
gedanken*, daß die vergangene Nacht sie in Schuld und Schande stürzte.
Dabei mag ihr der Partner wie ein gesteigerter Amphitryon vorkommen
– *mein lieber Liebling* –, nämlich auf Grund seiner Großmut, was
wiederum mehr Sinn und Deutung hätte, als sie und ihr Partner glauben;
denn der richtige Amphitryon wird zeigen, daß er zu dergleichen fähig
ist (III, 11). Nichts dergleichen findet sich dagegen in Jupiters wahrer
Motivation.
    V. 1383–1394. Jupiter nimmt Alkmenes rührenden Ton auf, lenkt
aber beharrlich auf sein Ziel, auf die Erkennung, hin. Ganz in der Rolle
des Amphitryon, mit andächtig ergriffenen Worten, führt er Alkmene
sanft-unwiderstehlich an den Punkt, an dem sie sich der Erkenntnis nicht
mehr verschließen kann (*V. 1395–1400*). Die folgenden Zeilen erwecken
den Eindruck, als habe der Erfolg den Gott übermütig gemacht. Die
Indizien, mit denen er nun beweisen will, daß Jupiter der Besucher war,
enthüllen leichtfertig die zentrale Thematik: die naive mythische Vorstel-

lung, die Götter dürften sich buchstäblich alles herausnehmen und noch stolz sein auf die Einzigartigkeit von Taten, die bei den Menschen und vor einer absoluten Wertordnung als verwerflich gelten: Was Götter tun, ist gut, nur weil es Götter tun, und auch, wenn es ‚an sich' nicht gut wäre. Indem Jupiter mit der Irreführung von Alkmenes Empfindung (zu *Glockenspiel* vgl. V. *1166, 1688*) protzt, entkräftet er zu allem Überfluß noch seine frühere Behauptung, ihr Gefühl sei unfehlbar.

V. *1401–1409.* Alkmene ist so gut wie überzeugt: Es muß Jupiter gewesen sein. Von diesem Erfolg läßt der Gott sich zu weiteren Übertreibungen hinreißen, die durch die mythische Ideologie zwar gerechtfertigt, deshalb aber nicht minder Übertreibungen, Verzerrungen der Wahrheit sind. Die *Allmächtigen* müssen, stellt Jupiter eifersüchtig fest, Amphitryons Züge stehlen. Der *Allwissende* versteht sich dabei schlechter auf Alkmenes Herz, als ihm jetzt deutlich ist. *Allgegenwärtig* ist er vielleicht in der Art eines Universalspions; aber als er bei Alkmene gegenwärtig war und wenn er es jetzt ist, war und ist er schwerlich gleichzeitig anderswo.

V. *1410–1414.* Alkmenes Kuß führt Jupiters Euphorie zum Höhepunkt – und um so größer ist die darauffolgende Ernüchterung. Der Gott verdankt den Kuß ausschließlich seiner Amphitryon-Rolle, die er eben besonders und ausdrücklich hervorkehrte. Und der Kuß entspringt Gefühlen, die keinerlei Enthusiasmus seinerseits rechtfertigen. *Nun ja,* sagt Alkmene. Das entspricht dem *Nun ja. Was soll man dazu sagen?* (*V. 501*) von I, 4. Das war ein Ja, das von einem verwundert-lächelnden Kopfschütteln begleitet wurde. Das jetzige Ja ist ähnlich, das Lächeln aber trübe. Alkmenes folgende Worte klingen zwar nach Glück; dann aber folgt die Bedingung, ohne deren Erfüllung es für Alkmene hinfort kein Glück mehr geben kann: Wenn Jupiter es war, dann ist sie froh, es nicht wissentlich erlebt zu haben; und sie wird froh sein können nur, wenn es dabei bleibt, d. h. wenn Jupiter nicht unzweideutig in Person erscheint und, so darf man wohl ergänzen, ihre Einwilligung in die vollzogene Umarmung fordert. Den Gott muß diese Bedingung enttäuschen, kränken, nachdem er sich schon über den Kuß freute und zumal er Alkmene mit der Vorstellung, es war Jupiter, vertraut machte. Diese Vorstellung änderte offenkundig nichts oder nichts Grundlegendes an Alkmenes *Schmerz*, also nichts an ihrer Grundeinstellung zu dem Fall. Mit was für Trümpfen soll Jupiter ihr Herz nun eigentlich gewinnen?

Wagner (53): „[...] trotzdem es Jupiter war, dem sie gehörte, ist sie innerlich vernichtet. Die Göttlichkeit mildert also nicht nur die Verwirrung, sondern verschärft sie noch."

V. *1415–1420.* Der Gott setzt – man wird annehmen müssen, nach einer Pause, in der er sich zu fassen sucht – von neuem und von anderer

Seite an. Er tut es zögernd und behutsam. Er möchte nicht noch mehr verderben und daher das Argument der Strafe für Vernachlässigung der Götter nicht als religionsmoralisches Prinzip verwenden, das uneingeschränkt, auf Biegen und Brechen, Gehorsam fordert (Müller-Seidel), sondern als Argument ad hoc, als einen Trumpf, dem er mehr oder weniger Nachdruck geben kann, je nachdem, wie es seinen Zwecken zuträglich erscheint.

> *1420—1433.* Anklänge an FALK, *Amphitruon* (1804) II. Abtlg. S. 7—9.
> Lebend'ges Wirken ist der Gottheit Kleid;
> Natur der Saum, woran du sie mußt fassen! —
> Sieh, was im Kiesel funkt; — im Abendstrahl; —
> Was grün im Schatten quellt; — im Moose lichtet; —
> Was singt im Vogel; — anschießt im Kristall; —
> Was sich ein Kleid aus Sonnenstrahlen dichtet; —
> [...]
> Was, auf Natur ihr stilles Machtgebot [auf das Machtgebot der Natur hin]
> In Vogel, Pflanz' und Tier, sich will verkleiden: —
> Auch in dir — um dich — bei dir, ist der Gott!
> In Licht — in Schall und Luft — im Meer der Töne,
> Vernimmst du ihn, und hörst du ihn, Alkmene!

> Falk wiederum nimmt GOETHES *Faust* (1790) zum Vorbild: „Und wirke der Gottheit lebendiges Kleid" V. 509; ferner:
> Der Allumfasser,
> Der Allerhalter,
> Faßt und erhält er nicht
> Dich, mich, sich selbst?
> Wölbt sich der Himmel nicht dadroben?
> Liegt die Erde nicht hierunten fest?
> Und steigen freundlich blickend
> Ewige Sterne nicht herauf?
> Und drängt nicht alles
> Nach Haupt und Herzen dir,
> Und webt in ewigem Geheimnis
> Unsichtbar sichtbar neben dir? V. 3438—3450

Fausts Antwort auf die berühmte Gretchenfrage: „Wie hast du's mit der Religion?" bildet den unmittelbaren Übergang zur Verführung. Bei Kleist werden jene Argumente im Interesse der Gretchenfrage des *Amphitryon* gleichfalls zum Zwecke der — geistig-sittlichen — Verführung angewendet. Wir erinnern uns, daß Jupiter das Pantheismus-Argument vorhin auf sehr fragwürdige Weise benutzte. Jetzt wirft er Alkmene vor, daß sie ihn nicht in der Natur wahrnimmt, weil ihr Herz stattdessen ganz von Amphitryon erfüllt ist. *Des Herzens Schacht* bedeutet Tiefe, soll außerdem vermutlich „finstere Enge" meinen, wie ja auch *Götze* vorwurfsvoll gesagt ist. Bevor man dem Satz indessen objektive Gültigkeit zuspricht, ist zu bedenken, daß er Jupiters Eifersucht entspringt.

V. 1435—1453. Alkmene beteuert ihre Frömmigkeit. Indem sie Jupiter in Amphitryon anbetet, tut sie genau das, dessen Unterlassung ihr von Jupiter meist abverlangt, soeben freilich — wie von einem großen Teil der Forschung — vorgeworfen wird.

Ryan (91): „Eine solche Wiederstrahlung der ‚Liebe‘, die der ‚*so viel*[*e*] *Freude*‘ (V. 1526) ausschüttende Gott zu seiner Schöpfung hegt (1523—1525), würde zustandekommen, wenn Alkmene in Jupiter Amphitryon und in Amphitryon Jupiter liebte, wenn sie also, ohne ihrem irdisch anvertrauten Ehemann untreu zu werden, dem allgegenwärtigen Gott eine Liebe zuwendete, die im Unterschied von der restriktiven Liebe, die nur dem Ehemann gilt, etwas von der Weite und Unbegrenztheit der göttlichen Freiheit in sich hat, ja am göttlichen Sein ‚teilnimmt‘. Zu einem solchen neuen Verständnis ihrer Liebe zu Amphitryon will Jupiter sie bewegen." — Tatsächlich enthält Alkmenes Liebe bereits die hier geforderte Vermischung; und Jupiter lehnt sie gerade ab, weil er eben gar nicht das All-Wesen ist, zu welchem ihn Alkmenes Gefühl und zahlreiche Forscher machen, und weil er im Gegenteil als Eigenwesen neben Amphitryon und an dessen Statt geliebt sein will. Von seiner Kritik bleibt nichts weiter übrig als die eifersüchtige Beschwerde, Alkmene finde den Gott nirgends so sehr wie in Amphitryon, den sie über alles liebt. Das ist der empfindliche Punkt, wie Jupiters Verkleidungsmanöver hinreichend bestätigt.

V. 1458—1463. Ausgehend von seiner eben dargelegten Stellung hoch über den Menschen, die ihm Anbetung im Staube schulden, verurteilt Jupiter jetzt die vorhin geforderte Verehrung des Göttlichen in der konkreten Erscheinung als Abgötterei und verlangt eifersüchtig, anstelle Amphitryons oder vielmehr — auffallend bescheiden — neben und im Unterschied zu ihm — *auch* — *angebetet* zu werden.

V. 1462. Es geht jetzt um die Unterscheidung zwischen Amphitryon und Jupiter. Alkmene stimmt ihr zu, aber sie bleibt dabei genau im Rahmen der für alle Menschen gleicherweise vorgeschriebenen Ehrerbietung, also weit hinter Jupiters Erwartungen zurück.

V. 1464—1470. Jupiter, mit seinen autoritativen Forderungen im besten Zug, übertrumpft Alkmene und sich selbst, indem er nun unverhüllt seine Eifersucht mit Gewalt und Rache zusammenstellt. Das ist aufrichtig, aber seinen Zwecken wenig dienlich, wie ihm Alkmenes Reaktion *Entsetzlich!* rechtzeitig zum Bewußtsein bringt. Darum verabschiedet er das Motiv der Rache für Vernachlässigung und ersetzt es durch das der bloß gerechten Strafe. Die Wendung *nicht mehr* [...], *als du verdient*, läßt freilich offen, wieviel Alkmene verdiente und erinnert an die ähnlich lautende, nichtssagende Ausflucht Merkurs *V. 401—403* Die konventionelle Floskel soll zusammen mit der tröstenden Ermunterung *Fürchte nichts* bei Alkmene gut Wetter machen. Die moralische Mahnung bleibt jedoch in Kraft und bildet die Grundlage für die eifersüchtige Forderung, Alkmene solle zukünftig bei der Andacht nur an Jupiter denken, der ihr zur Nacht erschien, und nicht an Amphitryon.

V. 1468–1473. Diese Unterscheidung kennen wir von *I, 4* her, wo Jupiter sich als den Geliebten vom Gatten unterschieden wissen wollte. Er ist seitdem nicht viel weiter gekommen. Zwar hat er Alkmene klar gemacht, daß sie mit zwei Amphitryonen zu tun hat, und daß der eine Zeus ist; Alkmene tut die Alternative daher diesmal nicht mit ungläubigem Lächeln ab. Vielmehr beeifert sie sich, ihr vollauf gerecht zu werden. Aber für Jupiters Sache bedeutet das eher einen Rückschlag. Ihr Eifer entspringt nämlich der Angst vor Jupiter, der Angst, er könne wiederkommen (vgl. *V. 1414* und *V. 1474*). Und die Versicherung, sie werde unterscheiden, sie werde Jupiter nicht mit Amphitryon verwechseln, markiert nicht bloß Alkmenes Komik – indem sie diese Versicherung abgibt, verstößt sie ja bereits dagegen –, sondern weit mehr die Komik und dazu noch die Blamage des Allmächtigen: sein Ansinnen, Alkmene solle unterscheiden, muß scheitern. Der Gott muß schlechterdings mit dem verwechselt werden, dessen Gestalt er annahm, dessen Rolle er spielt – und mit dem er gerade nicht verwechselt werden will.

V. 1474–1489. Jupiter akzeptiert Alkmenes fragwürdige Gehorsamsversicherung *Ich ... werd ihn nicht mit dir verwechseln.* Der drohende und diktatorische Ton jedoch, in dem er fordert, sie solle künftig ihn vom Gatten unterscheiden und sich beiden gesondert widmen, deutet auf ein gewisses Unbehagen, dessen Ursache offenbar durch verstärkten Druck beseitigt werden soll. Vermutlich merkt er also sehr wohl, daß Alkmenes Antwort komisch-unbefriedigend war, und er macht nur gute, unangefochtene Miene zum bösen Spiel. Seine Forderung wiederholt in verschärfter, gesteigerter Form die Forderung *V. 1468–1470.* Alkmenes Antwort *V. 1486–1489* wiederholt ihre Antwort *V. 1471–1473* unter Verschärfung der Peinlichkeit und Komik, die hauptsächlich den Gott treffen.

V. 1490–1493. Jupiter pariert diesmal eindeutig klar mit seiner Lieblingstaktik: Er macht gute Miene zum bösen Spiel. Er tut, als sei alles in bester Ordnung (vgl. den Anschluß *also* mit *V. 493 denn*) und als habe er bei Alkmene so viel Fortschritte erreicht, daß er sie einer höheren Prüfung unterziehen könne. Genau besehen scheint es freilich, als tue er dies nur, um dadurch gewaltsam-leichtsinnig endlich das Zugeständnis zu erzwingen, das ihm bis jetzt versagt blieb. Er fragt sie, wie sie sich verhielte, wenn sich der Gott jetzt selber zeigte.

V. 1494—1496. Alkmene beginnt mit einem *Ach* von eindeutig abweisender Funktion. Sie bringt dem Gott nur furchtsamen Respekt entgegen, bereut erneut, seinen Besuch herausgefordert zu haben durch die Verwechslung mit Amphitryon — und bekräftigt damit gerade die Verwechselbarkeit, die sie *V. 1471—1473* wenig überzeugend noch geleugnet hatte und gegen die Jupiter sich wehrt. Alkmene wiederholt: die Möglichkeit zukünftigen Glücks hängt für sie davon ab, daß Jupiter ihr niemals in Person erscheine (*V. 1412—1414*). Dem intensivierten Werben des Gottes antwortet sie also mit verstärktem Widerstand.

V. 1497—1513. Der Gott bemerkt das nicht im vollen Umfang. Er ereifert sich nur über die erneute Gleichsetzung mit Amphitryon. Er versichert ihr eifersüchtig, sie werde von ihm weitaus glühender beseligt werden als jemals durch Amphitryon. Ja, er suggeriert, sie würde dem scheidenden Gott nachtrauern. Das ist eine Versuchung für Alkmene und für die Leser, die am Ende mit genau diesem Vorgang konfrontiert werden (Crosby 108). Alkmene ihrerseits widersteht der Versuchung allerdings, und zwar auf eine Weise, die Jupiter die kräftigste Abfuhr, die schwerste Niederlage bisher erteilt. Sie sagt glatt *Nein*, und erklärt ausdrücklich, sie wäre froh, wenn sie mit Göttern nichts zu tun hätte. Jupiter sucht die verhängnisvolle Äußerung zu unterbinden, verleiht ihr aber dadurch nur um so größeren Nachdruck. Da gesteht er selber ein, daß er bisher völlig gescheitert ist. *Verflucht der Wahn, der mich hieher gelockt!* Er wird das am Ende wiederholen. Auch dann spricht er freilich nur für sich; er hütet sich, die Niederlage offen zuzugeben; aber die gute Miene zum bösen Spiel will ihm diesmal nicht ganz gelingen, wie Alkmenes besorgte Frage zeigt. Die Anrede *Geliebter* muß ihn noch besonders ärgern, weil sie nicht ihm, sondern dem Gatten gilt.

V. 1514—1539. Jupiter spricht weiterhin als Weltenherrscher (nun außerdem als Schöpfergott, in ausschließendem Kontrast zu einer pantheistischen Gottesvorstellung). Er verlegt sich aber mehr aufs Bitten, verbunden mit der autoritativen Vorstellung, es sei Alkmenes Pflicht, den Gott zu lieben, sie habe dessen *Forderung an die Schöpfung . . . auszuzahlen.* Jupiter verwickelt sich dabei in eine doppelte Paradoxie. Erstens verlangt er, als er selbst geliebt zu werden — behauptet aber andererseits, sein Wesen sei in *ewge Schleier* eingehüllt und erscheine daher notwendig den Menschen stets als *Wahn*. Entweder stimmt die Ideologie, dann kann Jupiter nicht als er selbst geliebt werden. Oder dies ist möglich, und jene Gotteskonzeption ist falsch. Kleist selber neigte zur Vorstellung eines unbegriffenen Geistes (nicht Gottes, ein solcher wäre schon zu klar begriffen): *Es kann kein böser Geist sein, der an der Spitze der Welt steht: es ist ein bloß unbegriffener! Lächeln wir nicht auch, wenn die Kinder weinen?* 4. 8. 06 an Frh. v. Stein zum Altenstein,

31. 8. 06 an Rühle von Lilienstern). Hier dagegen stellt der Dichter uns einen sehr begreifbaren Gott vor Augen, einen Komödiengott, der indessen einige Verwandtschaft mit anderen allzu konkreten Gottesvorstellungen besitzt und zu Unrecht Anspruch erhebt auf die Unbegreifbarkeit eines wahren Gottes. Er ist eine Parodie auf den Gott der Kirche und der Gesellschaft, der Konvention.

Die zweite Paradoxie betrifft die Forderung, Alkmene habe die Pflicht, Jupiter zu lieben. Sie bildet das genaue Gegenstück zu der pflichtmäßigen Gattenliebe, die er ihr *I, 4* gerade auszureden suchte, obwohl sie selbst sie gar nicht hegte. Jetzt beansprucht er dergleichen für sich selber – und erhält es auch, nämlich Liebe einzig und allein aus Pflicht. Alkmene erklärt ihre Bereitschaft dazu in Worten, die an die der biblischen Jungfrau Maria anklingen (Lukas 1, 38). Aber dabei läßt sie es nicht bewenden. In einer Erklärung, die durch Jupiters drängende Zwischenfragen zusätzlich Nachdruck erhält, äußert sie den Wunsch, sogar die pflichtmäßige Liebe zu Jupiter möge ihr erlassen bleiben und stattdessen erlaubt sein, weiterhin den Gott zu ehren und Amphitryon zu lieben: eine vernichtende Abfuhr, die Jupiter indessen in der Maske des Amphitryon als scheinbarer Sieger anzunehmen hat.

Vgl. dagegen Ryan 91, zitiert oben zu *V. 1435–1453*, und Aggeler (94 f.): „Vielmehr muß der Gott als pantheistische Gottheit verstanden werden [. . .] – als die sich Jupiter in der Schlußszene auch offenbart. Alkmene soll Jupiter so lieben, indem sie ihn als den Grund ihrer Liebe weiß und ihn so als den göttlichen Geist in Amphitryon denkend erkennt. Damit kann sie des Gottes Forderung erfüllen, damit ihm in einem Lächeln, das nun in Amphitryon auch den Gott weiß, den Dank der ganzen Schöpfung erweisen.

Wer unser Stück auf der Bühne sieht oder ihm bei einer ersten Lektüre begegnet, wird allerdings kaum zu einem solchen Schluß gelangen. Dann ergötzen ihn die geistvoll-witzigen Dialoge, die bildhafte, kernige Sprache oder die gesamte bühnenwirksame Anlage des Dramas. Dann wird er unsern Jupiter eher als den ungöttlichen Verführer und eifersüchtigen Liebhaber sehen. Und doch muß man wissen, daß Kleists Stücke stets doppelsinnig zu verstehen sind. Somit muß auch hinter diesem Lustspiel-Jupiter zugleich der wahre Gott gesehen werden. Unsere Deutung bestätigt sich außerdem, wenn wir Jupiters Worte auf dem Hintergrund der Ideen des Idealismus verstehen. Sei es die Identitätsphilosophie eines Schelling, die Dichtung Hölderlins oder später Hegels absoluter Idealismus: Alle gestalten ein ähnliches Gottesbild, wo die Himmlischen, um gegenwärtig zu sein, auch der Menschen bedürfen oder wo der Gott Mangel leidet und in der Liebe seiner Geschöpfe sich erkennen und damit wieder mit sich selbst eins werden will. [. . .]

Jupiter ist hier wohl der wahre Amphitryon, nicht aber der wahre Gott, sondern eben nur der Gott, der in einer menschlichen Gestalt erscheint und damit in Widerspruch zu seiner unendlichen Göttlichkeit tritt. Auch er wird damit schuldig. Und dennoch ist dieses Eingehen in die Welt notwendig; nur so kann er seinem Geschöpf offenbaren, was des Gottes Forderungen sind, nur so wieder zu sich selbst gelangen."

Jupiters zwei *Ach* (*V. 1518, 1532*) sind schmerzliche Vorwürfe („Ach, verhieltest du dich doch anders!"). Vgl. *V. 228, 238, 507, 1494, 1498, 2362.*

V. 1540—1552. Alkmene hat das bisher in Frage stehende Nebeneinander von Jupiter und Amphitryon in die Alternative „Jupiter oder Amphitryon" verwandelt, und zwar zu Gunsten des letzteren. Jupiter, der Sieggewohnte, ist leichtsinnig genug, das aufzugreifen und in der von ihm eingeschlagenen Richtung einen Schritt weiterzugehen: „Wenn e r nun der Gott wäre." Er sagt ausdrücklich, daß er Amphitryon ist, jedenfalls „ihr", Alkmene. Der Indikativ *Amphitryon bin ich* unterscheidet die vorgespielte Wirklichkeit von der nur als Möglichkeit angenommenen Wahrheit *Wenn ich ... dieser Gott dir wäre,* der Gott und nicht Amphitryon. („wenn ich nicht, was ich bin, Amphitryon, sondern was ich nicht bin, nämlich dieser Gott dir wäre"). Alkmene soll also weiterhin glauben, und sie glaubt es auch, Amphitryon vor sich zu haben. Die Vorstellung, er sei Jupiter, bleibt ausdrücklich bloße Annahme, Hypothese, Theorie, Fiktion.

Die Fiktion, er sei wirklich, also gerade nicht Fiktion, hat freilich etwas leicht Verwirrendes und zahlreiche Interpreten tatsächlich verwirrt, die ja zudem wissen, daß dieser Amphitryon in Wahrheit Jupiter ist. Aber wenn sie meinen, Alkmenes Antwort gelte dem Gott, dann übersehen sie, daß der Gott ihr der wirkliche Amphitryon ist und hier nur fiktiv als Gott vorgestellt wird. Sie selbst zweifelt nur vorübergehend, vielleicht sei er wirklich Jupiter und sie sollte vor ihm niederfallen — diese vor Jupiter einzig angemessene Geste findet aber nur am Eingang der Szene, vor dem vermeintlichen Gatten statt, sonst nie. Das sollte auch dem letzten Leser klarmachen, daß sie ihn für Amphitryon hält, und nie für Jupiter.

V. 1543 liest Th. Mann (597): *Soll ich es nicht? Bist d u's mir? B i s t d u's mir'* („Wie glücklich der Jambus die Betonung ihres nun völlig verstörten Fragens mit sich bringt!"). Statt des zweiten *du's* dürfte jedoch das zweite *mir* Akzent tragen; so empfehlen es das Taktschema, Kleists Vorliebe für das Reflexivpronomen und der Parallelismus, der doch wohl nicht gleiche, sondern gegensätzliche Betonung fordert. Vgl. Arntzen 224, zit. unten zu *V. 1652.*

V. 1549—1552. Alkmene antwortet, wie es so viele Interpreten wünschen: sie identifiziert Amphitryon mit Jupiter, den Menschen mit dem Gott. Sie tut es aber nur in der theoretischen Annahme, die Zweiheit und Alternative sei aufgehoben und es gebe nur den einen Amphitryon, der zugleich Jupiter ist. Und sie wählt diesen Jupiter-Amphitryon n i c h t, w e i l e r Jupiter ist, s o n d e r n o b w o h l e r J u p i t e r i s t, und e i n z i g, w e i l e r A m p h i t r y o n i s t. In dieser Jupiter-Amphitryon-Fiktion hat Amphitryon eindeutig den Vorrang, der Gott ist nur unvermeidliches, aber unwesentliches Anhängsel.

Arntzen (235): „Endgültig ist Amphitryon zum Gott gemodelt, indem Alkmene die göttliche ‚Truggestalt Amphitryons‘ akzeptiert, die vor ihr steht, und den Menschen Amphitryon verwirft." Jancke (98): „Alkmenes Antwort bedeutet zwar eine wörtliche Absage an Amphitryon und zugleich eine Hinwendung zu dem Gott; jedoch so, daß diese Hinwendung dem vor ihr Stehenden gilt, der für sie nur hypothetisch Jupiter, in Wahrheit aber Amphitryon ist. Deshalb genügt dem Gott die Antwort nicht, und er verschärft die Hypothese zur Konfrontierung von Gott und Gemahl."

V. 1553—1568. Jupiter kann mit Alkmenes Antwort tatsächlich nicht zufrieden sein. Es drängt ihn — obwohl er es besser unterließe; aber er kann einfach nicht an seine Niederlage glauben, und er soll sie offenbar voll auskosten — es drängt ihn, jene Identifikation aufzulösen in die Zweiheit und Alternative „Amphitryon oder Jupiter". Er tut es. Er sagt: „Stell dir vor, ich, Amphitryon, sei der Gott, und nun zeigte sich Amphitryon daneben. Wie würdest du wählen?" Manche Interpreten meinen, er spreche so, damit Alkmene wisse, er sei wirklich der Gott. Die Wendung *ich, der Gott,* ist allerdings zweideutig und läßt den tatsächlichen Sachverhalt ironisch durchblicken. Für den Zuschauer ist das überflüssig, für Alkmene ist es nicht deutlich genug. Die Möglichkeitsformen *könntest, sei, hielte, zeigte, würde* behalten für sie eindeutig die Oberhand. Und vor wie nach ihrer Antwort bekräftigt sie ihre unangefochtene Überzeugung, Amphitryon im Arm zu halten. Ihre Antwort selbst indessen klingt zunächst zweideutig und entwickelt sich erst in ihrem Ablauf zur Abweisung und Niederlage Jupiters, zur letzten und klarsten dieser Szene.

Sie sagt, sie wäre *traurig.* Die Behauptung, sie sei traurig, weil Jupiter und Amphitryon gedacht wären als zwei, und nicht als einer, nämlich nicht als der göttliche Jupiter-Amphitryon, ist ohne jede Grundlage im Text. Dasselbe gilt von der entgegengesetzten Annahme, sie begrüße die vollzogene Einheit beider: den göttlichen Jupiter-Amphitryon. Alkmene spricht überhaupt nicht von der vollzogenen oder fehlenden Identität beider, noch hat Jupiter ihr dergleichen vorgestellt. Ihm geht es weiter-

hin im Gegenteil um die Alternative „Jupiter oder Amphitryon". Was er
ihr vorstellt, ist eine Verwandlung der Situation derart, daß er, der „ihr"
Amphitryon ist, der Gott wäre und daß Amphitryon neben sie zu
stehen käme. Worauf sie eindeutig erklärt, sie wünschte, daß die
Situation sich erneut verwandle oder gleich anders verwandelt hätte,
nämlich so, daß der hinzutretende Amphitryon der Gott wäre und der,
der sie im Arme hält, Amphitryon, wie er es ihrer Meinung nach tatsächlich ist. *Traurig* also wäre sie, wenn dieser Wunsch ihr nicht erfüllt
würde, wenn der, der sie im Arme hält, der Gott wäre und der Hinzutretende Amphitryon. Sie wählt Amphitryon. Situation und Logik sind
an sich klar, einfach und im Einklang mit der vorangegangenen Entwicklung. Die Art, wie Kleist den Dialog gestaltet, stellte jedoch viele
Interpreten vor unüberwindliche Probleme.

De Leeuwe (184): „Das wäre ihr gar nicht recht, antwortet sie; dann
hätte sie den Wunsch, daß der göttliche Amphitryon, der bei ihr ist,
wieder zum menschlichen, und der Mensch-Amphitryon, der ihr erscheint, zum Gott-Amphitryon würde."

Müller-Seidel (128f.): „Die nur gedachte Unterscheidung sich real
vorzustellen, ist für den Leser und Zuschauer so schwierig wie für die
Figuren des Spiels — gewiß am schwierigsten für Alkmene. Sie antwortet
[V. 1566—1568]. Darauf antwortet Jupiter in der Form einer Selig-
preisung seines angebeteten Geschöpfs. Warum wohl dieser Preis auf
diese Antwort? Was er bedeutet, wird verständlich, wenn man sich
vorstellt, daß die Antwort Alkmenes auch anders hätte ausfallen können.
Alkmene hätte in diesem ohnehin irrealen Gesprächsspiel antworten
können, daß zwischen Jupiter und Amphitryon kein Unterschied sein
möge. Dann hätte sie gerade das bestätigt, wovon Jupiter sie abbringen
will. Aber die Antwort hätte auch so ausfallen können, daß der Fragende
ihr der Gott wäre und jener, der sich zeigte, Amphitryon. Sie wäre damit
wohl dem Wunsche Jupiters entgegengekommen. Aber da es für Alkmene noch immer Amphitryon ist, der so spricht, hätte sie ihre Liebe
zum Gatten verraten. So wünscht sie, daß jener, der sich zeigte, der Gott
wäre und dieser, der sie fragt, Amphitryon — *wie du es bist*. Womit nun
Jupiter dennoch erreicht hat, was in dieser über die Maßen schwierigen
Denkoperation einzig zu erreichen möglich war. Alkmene ist ihrem
Gefühl treu geblieben und hat doch, von Jupiter auf verschlungenen
Denkwegen geleitet, die Unterscheidung vorweggenommen, auf die hin
das Spiel komponiert ist." (128f.) Ebenso Aggeler (109), Gadamer (348):
„Hier hat er — endlich — den Sieg errungen, um den es ihm geht, Gott
zu sein. Jetzt endlich bekennt sich Alkmene ganz und unbedingt zu
ihrem innersten Gefühl. Sie will den Unterschied nicht mehr festhalten,
sie weiß sich dessen sicher, was ist. Nun findet Jupiter sie *urgemäß dem*

göttlichen Gedanken — offenbar deshalb, weil sie Amphitryon nicht mehr, weil er Amphitryon, das heißt ihr Gatte ist, liebt, sondern weil sie den wählt, den sie liebt und als gegenwärtig in ihrem Gefühle hält." „Indem sie nicht mehr zwischen dem Gatten und dem Geliebten unterscheidet, gibt sie beiden, dem Gatten und dem Gotte, ihr Sein. Der Gott ist der Gott des innersten Gefühls. Es ist nur konsequent, daß Alkmenes Verwirrung von nun an behoben ist und nicht wiederkehrt." „Der Gott ist nicht mehr der andere. Er ist es so wenig, daß Alkmene überhaupt nicht auf die Idee kommt, der zu ihr Sprechende, den sie für ihren Gatten hält, sei der göttliche Besucher."

Szondi (56): „Sie entscheidet sich also weder für Amphitryon noch für Jupiter, sondern gegen beide, die nur in ihrer Vorstellung existieren, und für jenen, der ihr gegenwärtig ist", für „diesen Jupiter-Amphitryon, der nicht der Gott ist, sondern der göttliche Mensch, der Mensch in der Göttlichkeit seines Gefühls."

Arntzen (235): „Sie antwortet, sie möchte dann den Menschen als Gott ansehen (dem sie abstrakte Ehrfurcht erweisen und dessen sie nur in der ersten Stunde des Tages gedenken will)". „Alkmene liebt weder den realen Menschen Amphitryon noch glaubt sie den Gott, zu dem sie betet, sie bekennt sich zu ihrem Idol."

Jancke (99): „... so wird der Gott bejaht — aber als der, der er nicht ist — als Amphitryon, jedoch so, als wäre dieser Amphitryon der, der er nicht ist — der Gott; und so wird umgekehrt Amphitryon verneint als der, der er nicht ist — der Gott, aber wiederum so, als wäre dieser Gott der, der er nicht ist — Amphitryon: So werden beide — Amphitryon und der Gott — ineins und zugleich bejaht und verneint, aber jeder im Namen dessen, der er nicht ist: der Gegenwärtige im Namen des Entfernten und der Entfernte im Namen des Gegenwärtigen. Damit spricht Alkmene unbewußt aus, was am Schluß des Stückes als Erkenntnis ins Bewußtsein dringen soll: nicht die falsche und tautologische Identifizierung von Amphitryon und Jupiter und ebensowenig ihre völlige Isolierung, sondern ihre dialektische Identität als einer Einheit, die die Differenz in sich enthält."

Ryan (94—96). „Dieser entscheidenden, aber schwer deutbaren Stelle müssen wir eine genauere Aufmerksamkeit zukommen lassen. Nach der Auslegung Wittkowskis, der ältere Interpretationen wieder aufgreift, könne ‚keine Rede davon sein, daß Alkmene sich da zu Jupiter bekenne'. Er legt die Stelle so aus: ‚Wenn der, der vor Alkmene steht, sich in den Gott verwandelte und wenn Amphitryon sich danebenzeigte, dann wäre Alkmene traurig. Sie würde wünschen, es wäre so, wie es, nach ihrer Meinung, wirklich ist: daß nämlich Amphitryon sie umschlungen hielte — und daß sich der Gott allenfalls daneben zeigte.' Merkwürdig ist hier wieder einmal die Beharrlichkeit, mit der Wittkowski den göttlichen Charakter Jupiters verkennt und ihn fast nur als einen menschlichen Verwandlungskünstler verstanden wissen will; wie soll man sonst seine Formulierung verstehen, daß ,der, der vor Alkmene steht', sich ,in den Gott verwandelte'? Wenn die Stelle wirklich so zu lesen wäre, so wäre es zur Not verständlich, daß Alkmene lieber die täuschende Verwirrung rückgängig machen möchte, damit der wirkliche und unbezweifelbare Amphitryon sie umschlungen hielte; warum der Gott sich dann ,allenfalls daneben' zeigen und wie sie eine solche Erscheinung aufnehmen würde, bleibt allerdings bei dieser Auffassung ungeklärt. Eines wird aber dabei übersehen. Es heißt nämlich nicht: Wenn ich mich in den Gott verwandelte, sondern: ,wenn ich, der Gott, dich hier umschlungen hielte', der Gott nämlich, der von vornherein und an sich Gott ist und von dem es gerade geheißen hat, Alkmene könne ihn *leicht ... in Armen halten, / Im Wahn, es sei Amphitryon* (V. 1558—1559). Das heißt also: Voraussetzung der Frage ist, daß nicht der (nicht göttliche) Amphitryon, sondern der Gott, wenn auch in der Gestalt Amphitryons, Alkmene umschlungen hält. Für die Antwort Alkmenes bleibt diese Voraussetzung auch gültig, ja sie wird wörtlich wiederholt (*Wenn du, der Gott* ...). *Traurig* wäre Alkmene, weil der hinzukommende Amphitryon eben kein göttlicher wäre, im Gegensatz zu dem sie umschlungen haltenden; sie würde aber wünschen, daß ihr der Gott als Amphitryon bleiben, daß der andere (irdische) Amphitryon ihr *der Gott* wäre [sic]. Zwischen dem Amphitryon gewordenen Gott und dem Gott gewordenen Amphitryon entscheidet sie eigentlich nicht, sie wünscht sich die Einigkeit beider. Damit entscheidet sie sich allerdings in einem gewissen Sinne für Jupiter und gegen Amphitryon, aber nur so, daß sie — indirekt — dem Jupiter, der zugleich Amphitryon ist, recht gibt gegenüber dem Amphitryon, der vor dem Tor steht und im feldherrischen Befehlston auf sein lächerliches Menschenrecht pocht. Unnötig zu sagen (aber man muß es offenbar sagen): ihrem Manne wird sie damit keineswegs untreu, Jupiter will sie auch nicht zur Untreue überreden.

Die Antwort Alkmenes reißt Jupiter zu einem freudigen Ausruf hin, bei dem er das *süße, angebetete Geschöpf* preist, das *urgemäß, dem göttlichen Gedanken* sei (V. 1569—1573). Es gehört eine wirkliche große interpretatorische Freiheit gegenüber dem Wort des Dichters dazu, wenn man hierin Jupiters ,Eingeständnis seiner endgültigen Niederlage' erblicken will, als mache er hier nur ,gute Miene zum bösen Spiel'. Wenn er Alkmene als *angebetetes Geschöpf* apostrophiert, so verstößt er nicht etwa gegen das ,religiöse Protokoll' (was ist das eigentlich?), sondern er begründet diese seine göttliche Anbetung durch Alkmenes Übereinstimmung mit dem (oben erläuterten) *göttlichen Gedanken*, dessen

beseligende Realisierung ja alles andre als eine ‚Niederlage' bedeutet."
„In diesem Gespräch zeigt sich Alkmene als so weit belehrt, daß sie
– wenn auch nur in hypothetischer Umschreibung – dem Wunsch des
Gottes entspricht und ihre Liebe als ein Verhältnis gleichzeitig zu
Amphitryon und zu Jupiter erfaßt. Man darf wohl vermuten, daß sie
damit zu einer Ursprünglichkeit des ‚Gefühls' zurückfindet, die inzwischen vom Bewußtsein, vom Dogma der ehelichen Treue, von Vor-
stellungen der Ehre und des guten Namens so überlagert wurde, daß sie
als ‚verwirrt' zu bezeichnen wäre."
    Henkel: „Hochtheologisch? ... Jupiters gewissermaßen wechselnde
Masken von Theologoumena ...: der allem Moralischen überlegene
Gott, der allmächtige Gott des Kosmos, der eifrige, der rächende, der
Gott des Hen kai Pan, der Pascalsche, – und als metaphorische Basis
solchen göttlichen Gestaltwandels dient die erotische Sprache der
Mystik, von der Gottesminne, dem Einwohnen Gottes in der Seele.
    Der Sinn der Szene II, 5 ist, daß all dies verabschiedet wird. Und zwar
in einem Erkenntnisprozeß, der sich mit Alkmene ereignet – und mit
einem neuen Begreifen dessen, was hier Gott sein soll. Denn daß er
nicht ein göttlicher Pädagoge ist, der souverän über einer Erziehung
Alkmenes waltete, auf Unterscheidung zwischen dem Gatten und dem
Anderen erpicht, bis er sie in ihrem innersten Gefühl sich vergewissern
ließe – und damit die Erfahrung des Göttlichen gerade in ihrer Amphitryon-Liebe, – das hat Kleist deutlich gemacht in jenem: *Verflucht der
Wahn, der mich hieher gelockt!* Wenn das nicht bloß Theater sein soll,
stellt sich die Frage nach dem verwandelten Gott, der schließlich in den
Jubel ausbricht: [*V. 1569–1573*]." (163) „Selbstberauscht feiert er in
seiner Niederlage als Dialektiker den Sieg als Schöpfer. So will er
offenbar den vollkommenen Menschen, ganz irdisch, unbedingt, von
keiner Mystik getrübt." (162) „Wir müssen noch einmal zu Alkmenes
letzter Antwort auf die schärfste Wendung des Verhörs zurückkehren.
Der Gott fingiert das, was wir die Wahrheit der Fabel nennen können:
*Wenn ich, der Gott, dich hier umschlungen hielte, / Und jetzo
dein Amphitryon sich zeigte, / Wie würd dein Herz sich wohl erklären?*
    Die Antwort folgt dem Muster, das wir kennen: dem Gott die Ehr-
furcht, die Liebe für den gegenwärtigen Amphitryon. Nur, daß die
hypothetische Erwägung versetzt ist mit hypothetischer Trauer: *Ja, –
dann so traurig würd ich sein, und wünschen, / Daß er der Gott mir
wäre, und daß du / Amphitryon mir bliebst, wie du es bist.* Kann man
also sagen, daß der Gott seinen Sieg gerade da gewinnt, wo die erotische
Differenz sich aufhebt, wo er den Gatten und den Geliebten identisch
werden läßt in der Zustimmung des ‚innersten Gefühls' der Frau? Wenn

das stimmt, dann kann man auch diesen Gott neu benennen. Und zwar indem man sich erinnert, daß der zugrundeliegende Mythos der von der Zeugung des Herakles ist. Als sich in der Schlußszene der bös mitgenommene Amphitryon wieder als Amphitryon verstehen darf, [...] da wünscht sich dieser einen Sohn. [...] Genau diesen Wunsch aber hatte der in Amphitryon verlarvte Gott Alkmene verraten in der Szene II, 5: [*V. 1354f.*]

Mithin: Amphitryon-Jupiter ist der Gott der Zeugungsnacht, der Gatte als Gott." (163f.)

Crosby: "The final four lines [V. 1565—1568] ... would seem to be straight-forward enough both in their literal meaning and in their implication: Alkmene confesses that, faced with a choice between the god posing as Amphitryon and her lawful husband, she would wish that her *husband* were the god (,Daß er der Gott mir wäre'), so that the could remain in the embrace of the 'other' Amphitryon, the divine impostor. Alkmene's choice here is a *Wunschbild* in the most literal sense of the word, one which prefigures the actual choice she makes in the final act of the play, when she rejects her husband and identifies the impostor as the 'real' Amphitryon.

Surprisingly, these lines have evoked almost as much diversity of opinion as Alkmene's final sigh, the ambivalent *Ach* which closes the play. E. L. Stahl sees in this passage 'the veritable seduction of Alkmene', but contends, paradoxically, that it represents 'Jupiter's most signal defeat.' Walter Silz supports this view and adds the cautionary observation that 'the fact that Jupiter has lost does not mean that Alkmene has won.' ... Most recently, Wolfgang Wittkowski ... (*Kleist und Frankreich*), advances the interpretation that Alkmene simply wishes that the two might exchange places, but without prejudice to the husband: 'in jenem angenommenen Fall wünscht sie, beide möchten ihre Rolle oder ihre Plätze tauschen, so daß ihr der Gott vom Leibe bliebe, und der Gatte sie im Arme hielte, wie er es tut.' Typical of the tender-hearted school of *Amphitryon*-criticism which finds it embarrassing to take Alkmene at her word, this reading flies in the face of the text, which specifically states that Alkmene would prefer to remain in the embrace of the god while keeping the *Gatte* at arm's length." (104) "Faced with the choice between the *two* Amphitryons, one the divine impostor holding her in his arms, the other the lawful husband, Alkmene would 'wish' that her husband, approaching upon the scene, were the god (to whom she owes *Ehrfurcht*), so that she could remain in the embrace of the conterfeit husband, the impostor whom she would then 'wish' to be Amphitryon. ... By rejecting her husband — as she clearly does — she violates the very marital laws which are to sacred to her. The severity of this judgement is not lessened by Alkmene's self-reassuring concluding lines: '. . . und daß du / Amphitryon mir bliebst, wie du es bist.' (V. 1567f.) Jupiter's question, it must be remembered, is a hypothetical one...; hence Alkmene has no reason to doubt that she is, at this moment, embracing her husband. Her fidelity becomes tainted, however, when she admits that, under the circumstances posited by Jupiter, she would turn her back on her husband, so that '. . . you [the god] would remain my Amphitryon, just as you are.'

Measured against textual evidence, Alkmene's theoretical choice in lines 1564—1568 cannot possibly mark Jupiter as the 'loser', for it grants him the triumph he has so greedily sought: the conquest of the beautiful mortal in spirit as well as in body. How else is one to explain the jubilant, narcissistic tone of Jupiter's reaction, a reaction so spontaneous that the putatively omniscient god himself seems surprised by Alkmene's choice? . . . (V. 1569—1573)" (109)

"And yet . . . One would expect that conjugal *fidelity*, rather than its breach, would be closer to the 'göttlicher Gedanke!' . . . For surely the answer of a truly virtuous woman under such circumstances would be couched in terms like the following: 'If you, the god, were holding me in your arms, and suddenly my Amphitryon were to appear, then I would be so sad, *but I would turn away from you in remorse and shame and return* to his side.'" (110)

— Tatsächlich antwortet sie in etwa diesem Sinne. Nur, statt selbst den Platz zu wechseln, wünscht sie, daß Amphitryon und der Gott die Rollen oder die Plätze wechselten bzw. daß die hypothetische Situation ersetzt werde und bleibe durch die wirkliche, wie sie sie sieht.

McGlathery (330): ". . . she balks at the suggestion that she might be capable of preferring a god over her husband. Jupiter must settle for her admission that the prefers the 'Amphitryon' who is with her now (whom she believes is her husband) to any other 'Amphitryon' who might subsequently appear to her."

V. 1569—1579. Jupiters berühmte Reaktion *Mein süßes, angebetetes Geschöpf!* usw. klingt so, daß man daraus glaubte rückwirkend schließen zu müssen, Alkmene habe in dem von ihm gewünschten Sinn entschieden. Was er wollte, war indessen eine Entscheidung für ihn und gegen Amphitryon. Und sie hat genau umgekehrt gewählt. Daß es anders sei, daß sie gegen beide oder für beide entschiede — dergleichen Folgerungen sind nur möglich, wenn man die reale Situation und die Situation, wie die getäuschte Alkmene sie erfährt, durcheinandergehen läßt. Für sie ist der Mann vor ihr Amphitryon; und ihre letzte Wahl traf sie auf dem Boden der hypothetischen Annahme, der vor ihr Stehende verwandle sich in den Gott und Amphitryon erscheine daneben. Und zwar wünscht sie, die beiden tauschten die hier eingenommenen Rollen oder Plätze, so daß sie nicht den Gott, sondern Amphitryon im Arme hielte, wie sie es jetzt zu tun glaubt. Das ist Jupiters schwerste Abweisung bisher; und seine Reaktion kann uns nicht überraschen. Immer wieder hat er ja in ähnlichen Fällen gute Miene zu bösem Spiel gemacht. Und seine ‚Miene' ist diesmal ebenso großartig, wie seine Niederlage alle bisherigen übertrifft. Er huldigt seinem Geschöpf in Tönen, die nach dem religiösen Protokoll durchaus unangemessen sind. Man betet die Geliebte und den Schöpfer an, nicht aber − als Schöpfer − das Geschöpf. Auf erheiternde Weise entlarvt Jupiter damit sein Schöpfertum als ideologische Fiktion, zumindest gradweise. Man beachte das Wort *entschlüpft* und seine ehrliche Überraschung. Alkmene steht vor ihm als eine autonome Person mit einer autonomen Denkweise, die ihm neu und unbequem ist, die ihm aber auch imponiert. Der Schlag, der seinem Göttlichkeitsanspruch versetzt wird, wirkt um so komischer, als er hier kaum noch die Maske wahrt und fast unverhüllt in seiner Gottesrolle spricht. Auch in dem Wort *Es drängt den Gott Begier, sich dir zu zeigen* kommt das ungöttliche Liebhaber-Wollen dieses „übersinnlichen-sinnlichen Freiers" (Mephisto über Faust) zum Vorschein.

Die großartige Pose durchlöchert sich mit solchen Ausrutschern selbst. Sie wird allerdings ohnehin nicht voll gewürdigt, sondern nur mit Befremden aufgenommen, denn er spricht ja als Amphitryon. Er kündigt den glorreichen Ausgang an, glorreich für sie und glorreich für ihn. Er wird sich offenbaren; damit wird er seiner Begier frönen und zugleich das Anrüchige der Affäre tilgen, Alkmenes Ehre vor der Welt wiederherstellen und erhöhen. Daß ihm da noch ein Strich durch die Rechnung gemacht werden könnte, daß nämlich Alkmene ein solches Glück und eine solche Ehre zurückweisen könnte: diese Möglichkeit müßte ihn eigentlich auf Grund der soeben gemachten Erfahrungen beunruhigen; aber er hält das offenkundig für völlig ausgeschlossen. Der Sieggewohnte glaubt trotz der erlittenen Niederlage fest an seinen Sieg am Ende, wenn er als Gott erscheinen wird. Nur in dem Sinne, wie er sich da in falscher Zuversicht wiegt, mag er Alkmenes abschlägige Antwort, über die selbst er sich nicht täuschen kann, blitzartig umdeuten zu einem kleinen Teilsieg; denn Niederlage darf nun einmal nicht für ihn sein. Er tat das schon einmal, nämlich als er Alkmene und sich selbst einreden wollte, ihr Eindruck, eine besonders schöne Nacht erlebt zu haben, und ihr Unvermögen, dem gegenwärtigen Amphitryon einen anderen vorzuziehen, habe *mehr Sinn und Deutung*, als sie glaube (V. 502). *Dank dir!* ruft er und *Schönes Kind!* (V. 501, 507). Jetzt, in gesteigerter Situation, verfährt er ebenso, nur in gesteigerter Form. Jupiter betrügt nicht nur Alkmene, sondern vor allem auch sich selbst.

Th. Mann (597f.): „*Wie du es bist!* Das ist alles, was er erreicht, aber er trinkt es wie Nektar. Er hat den Vorteil der Gegenwart, da er von der Tatsache Gebrauch gemacht hat, daß er, virtuell, unter anderem, unter allem anderen, auch Amphitryon ist, und darum hat sie i h m gesagt, was sie, wäre Amphitryon bei ihr, diesem gesagt haben würde. Aber der bescheiden gewordene Schöpfer ist selig. *Mein süßes, angebetetes Geschöpf!* ruft er. Und, noch einmal ihr Haupt an seiner Brust bergend, verkündet er pompös, vernarrt, ohne rechten Überblick über den ganzen Rest der Schöpfung und endgültig aus der Rolle fallend, in die Lüfte hinein: so etwas, wie sie, sei seiner Hand seit Äonen nicht entschlüpft! Er scheint zu faseln, und sie ruft ihn an, da er spricht wie Gott, der Herr. Aber schon weicht er in halber Verklärung, mit großer Gebärde, vor ihr zurück.

sei ruhig, ruhig!
Es wird sich alles dir zum Siege lösen.

Und er enteilt, um bald, ein Triumphierend-Verzichtender, himmlische Heimkehr zu halten."

Nordmeyer (101): „... wenn Jupiter zuguterletzt überwältigt scheint von ihren unbeirrten Antworten, so heißt das, über die psychologische und dramatische Funktion des Motivs hinaus ..., keineswegs, daß die Menschenfrau wörtlich und wirklich seinen, dieses Jupiters göttlichen Gedanken *so urgemäß* zur Erscheinung brächte; es bezeichnet nur, wie das eine Wörtchen *entschlüpfte* verrät, des Gottes Anerkenntnis, daß die unmittelbar erlebte, wesentlich verankerte, religiöse Ethik des Du-Gefühls über jede andre von Äonen her erhaben ist, ‚absoluter' als die von den sogenannten Göttern vertretene Weltordnung aus Chaos und Dogma. Alkmene ist einmalig, ein Einzel-Ich allein mit der noch nicht völlig begriffenen Not des Daseins, und Kleist läßt den Gott sich gnädig nur insofern überwunden geben, als dieser, unter genauer Umkehrung seiner ursprünglichen Einstellung, in seinem *Geschöpf* ein höheres, klareres und direkteres Prinzip des Handelns ahnt und anbetet als das seine, da ihm von der hohen Schicksalswarte alle Werte relativ erscheinen müssen; doch ohne auf das seine, dem die ‚Allmacht' innewohnt, zu verzichten." Streller (86): „So bleibt denn Jupiter nur ein resigniertes Entzücken über die Vollkommenheit seines Geschöpfes übrig." Vgl. Ryan 95f. und Henkel 162f. zit. zu V. *1553–1568.*

Sechste Szene

PLAUTUS. Jupiter in der Gestalt Amphitryons ruft Sosias. Dieser fragt:
>„... ihr seid euch wieder einig?
JUPITER Du Spötter! der du weißt, daß jene Worte
>Im Spaß von mir gesprochen!
[Das war der wirkliche Amphitryon, als er sich mit Alkmene zerstritt]
SOSIAS   Ach. − Im Spaß?
>Ich hielt's, weiß Gott, für bitterbösen Ernst!
JUPITER Doch ich fand Gnade, Frieden ist geschlossen.
SOSIAS   Ich gratuliere!
Alkmene geht ins Haus. *Ad spectatores* gewandt, ruft Jupiter Merkur, den „göttlichen Sosias", damit er Amphitryon den Eintritt ins Haus verwehre, solange er „die Nähe seines Weibes genieße." Inzwischen bringe er sich selbst ein Opfer.

MOLIÈRE II, 7: Sosie fordert Cleanthis auf, sich nach dem Vorbild der Herrschaften wieder mit ihm zu versöhnen. Cleanthis will nicht; aber als ihm das gar nichts ausmacht, will sie doch. Nun bleibt indessen er standhaft: „Jetzt ist's an mir, den Zornigen zu spielen." Das ist eine Parodie auf die gespielte Attitüde Jupiters und insbesondere Alcmènes, die ja auch die Zornige spielte. Allerdings waren ihr Zorn, ihre Entrüstung keineswegs ganz unecht und jedenfalls vollauf begründet. Indem sie beides spielend übertrieb und bei erster Gelegenheit fallen ließ, offenbarte sie, daß ihre unbeirrbare Liebe zu Amphitryon stärker war als alle vom gesellschaftlichen Ehrenkodex vorgeschriebenen Gefühle. Dem Zorn der Diener fehlt eine Folie wie Alcmènes Liebe oder Jupiters Virtuosität und Selbstironie. So schlägt die Parodie auch gegen die Diener selbst zurück. Zugleich jedoch bekräftigt sie, daß das Wesentliche an der vorangehenden Szene einerseits, in Analogie, die spielerische Attitüde, das Decorum einer Herzensregung war − und andererseits, im Kontrast, Alkmenes Durchbruch zur rückhaltlosen Äußerung der Liebe.

Auch KLEIST bezieht die Szene parodistisch auf den vorhergehenden zentralen Auftritt. Es geht um das Ehren-Decorum, das einem Götterbesuch herkömmlich anhaftet und von welchem dort die Rede war. Wie dort, wird es auch hier grundsätzlich, theoretisch behandelt, jedenfalls von Sosias. Und wie Alkmene, so lehnt auch er (im Unterschied zu seinem Doppelgänger) jede Form von Ehebruch und insbesondere den mit einem Gotte ab. Im letzten Punkt stimmt er mit Alkmene insofern nicht ganz überein, als diese sich immerhin verpflichtet fühlte, dem Gott, wenn es denn sein muß, ehrfürchtig zu willen zu sein. Sosias dagegen behandelt den Götterbesuch wie etwas, wovon auch nicht das geringste Aufhebens zu machen sei (*Dergleichen*).

Die Einstellung des Dieners wird erfrischend und schlagend gerechtfertigt durch Charis. Den Seitensprung mit einem Sterblichen lehnte sie ab aus Gründen der Reputation. Aus denselben Gründen hält sie den Seitensprung mit einem Gott für eine Auszeichnung und bewirbt sich mit plumper Offenheit darum. Das bildet zu Amphitryons späterer Haltung eine wenig schmeichelhafte Parallele und einen drastischen

Kontrast zur Zurückhaltung ihres Mannes wie besonders ihrer Herrin. Die Diener akzentuieren demnach auf komisch-niederer Ebene die Positionen ihrer Herrschaft in Parallele und Kontrast derart, daß, was die Einstellung zur Ehre des Götterbesuchs angeht, Charis mit Amphitryon auf eine Weise harmoniert, die diesen herabsetzt, Sosias mit Alkmene so, daß deren innere Autonomie hervorgehoben wird. Gegenüber MOLIÈRE, wo das gesamte Haus Amphitryon sich in mehr oder weniger ausgesprochener Opposition vereinte, ist das eine kompliziertere, differenziertere Konstellation, die die Intention des Werkes im ganzen ebenso verschleiert wie herausarbeitet. Diese Szene dient jedoch eindeutig der letzten Absicht. Unverblümter als alle anderen macht sie den Götterbesuch und sein Ehren-Decorum lächerlich. Dagegen Arntzen 223f., Ryan 105–108.

Zu *V. 1590 Der Blitzgott!* vgl. *Käthchen V, 11:* Der Kaiser enthüllt sich als unehelicher Vater der Heldin. Darauf Gottschalk für sich *Der Kaiser! Ei, so wahr ich bin! V. 2678.* Oder *Krug:* Richter Adam wird als der entlarvt, der Eve verführen wollte. Darauf Frau Marthe *Ei, solch ein blitz-verfluchter Richter, das! V. 1864;* Ruprecht *Blitz-Pferdefuß! V. 1896, Blitz-Hinketeufel! V. 1901.*

Th. Mann (598f.): „Vor allem folgt die Parodie, die Rüpelei: eine lustige Herabsetzung des in so hohem und innigem Ernst Vorangegangenen ins Populäre, Gemeine und Lächerliche, eine Selbstverspottung des dichterischen Impetus, so derb gelaunt, daß man sich fragen möchte, was das für Seelen sind, diese Dichter, was für ein Feuer das ist, ihre kalte Flamme, und in welcher verrucht-halbaußermenschlichen Beziehung zum Leben, zum Gefühl sie sich halten, das sie suchen, das sie mit Geist überfüttern, mit allen Künsten, allem Fleiß und Leidenschaft vertiefen, erhöhen, verklären – um gleich darauf, als sei es ihnen um nichts zu tun, als habe nie ihnen irgend etwas von dem, was sie mit so siegreicher Versessenheit betreuten, ihnen wirklich am Herzen gelegen, ihm und uns und der ganzen hohen Intuition eine lange Satyrnase zu drehen." „... und der Spaß liegt denn nun in der Umkehrung, daß, während Alkmene nicht denken wollte, der Herr des Himmels habe sich zu ihr geneigt, die dummehrgeizige Charis ihrem geprügelten Bäuerlein, das sich mit Händen und Füßen dagegen sträubt und sich über den Verkehr zwischen Göttern und Menschen in Vergleichen derbster Mißbilligung ergeht, die Rolle des Gottes gewaltsam aufdrängen will und sich, die sonst zänkische Ehehälfte, vor dem angenehm Verärgerten in der lächerlichsten Weise demütigt." „Die Parodie reicht bis in den Vers, in die jambischen Akzente. *Was zaudr' ich noch! Ist er's nicht? Ist er's nicht?"* (V. 1652).

Das letzte *nicht* ist gleichfalls zu betonen, entsprechend der Lesung von *V. 1543.* — Nach Arntzen (224) sind die Verse *1542f.* — „Alkmenes Zweifel, ob der vor ihr stehende Jupiter-Amphitryon der Gott oder der Gatte sei" — nur scheinbar „Ausdruck unlösbarer Verwirrung"; denn sie werden durch Charis' Vers *1652* „als Attitude, als Rolle decouvriert (die auf schlechtes Bewußtsein deutet)."

Ich sehe das Verhältnis, wie gesagt, umgekehrt als Kontrast. Charis spricht affektiert, in Attitude. Und sie hat wahrhaftig wenig Grund, in Sosias mehr zu sehen als den *alten, wohlbekannten Esel* (*V. 1662*). Nur in Imitation des II, 5 Beobachteten und aus eitler Geltungssucht macht sie sich darüber etwas vor. Alkmene dagegen war ständig versucht worden, in dem vor ihr Stehenden den Gott zu erkennen. Zwar hatte sie niemals ernstlich auch nur einen gesteigerten Amphitryon, einen Jupiter-Amphitryon in ihm bemerkt (Sie ist ja offenkundig überzeugt, gerade nicht mit dem nächtlichen Besucher, sondern mit ihrem Gatten zu reden). Nun aber wurde ihr hypothetisch vorgestellt, sie habe mit dem Gott zu tun — der sie, wie sie jetzt glauben mußte, schon nachts in Amphitryons Gestalt besuchte. Warum konnte er es nicht auch jetzt sein? Ihr Zweifel war völlig berechtigt; und es ist wichtig, daß sie den Zweifel als einen ihr aufgedrängten erfuhr und ihn abweist, während Charis den Zweifel sucht, den Gott erhofft. Vor der Enttäuschung: *Ach, du bist's! du bist's!* (*V. 1656*; jubelndes *Ach!*: „Weg mit dem Zweifel"!) Ihre Haltung ist Attitude, Alkmenes Haltung war das Gegenteil.

Die Verse *1653f.* sind Bestätigung des soeben Erörterten. Charis parodiert Worte und Gesten ihrer Herrin *V. 1236—1246*, jedoch nicht in Analogie, sondern im Kontrast. Während Alkmene lieber sterben will, als die Ehe zu brechen, und auch den möglichen Ehebruch mit Jupiter als Schmerz empfindet, laufen die feierlichen Worte ihrer Dienerin auf das alberne Anerbieten des Ehebruchs mit einem Gott hinaus, wodurch *Dergleichen*, letztlich also die Götter und die mythische Konvention, lächerlich gemacht werden.

V. 1663—1666. Die Vorstellung des Götterbesuchs enthüllt sich als lächerlich-prätentiöse Illusion und färbt damit auch den wirklichen in herabsetzender Weise — oder rückt er stattdessen vielmehr die Herrschaft, die nichts davon bemerkt bzw. nichts davon wissen will, in lächerliches Licht (Arntzen)? Das mag, soweit es die Begrenztheit des menschlichen Erkennens angeht, durchaus der Fall sein. Es erhebt sich damit die Frage, nach welcher Richtung die satirischen Hiebe hier am kräftigsten geführt werden.

Dritter Akt

Erste Szene

PLAUTUS III, 4 und 5. Merkur erklärt, *ad spectatores* gewandt, es sei sein Auftrag und
sein Glück, Jupiter „auf allen seinen krummen Liebeswegen" zu dem natürlicherweise gesuchten „Vergnügen" zu verhelfen. Das Wort des Göttervaters sei ihm
heilig, Gehorsam seine höchste Pflicht. Da er Jupiters Befehl gehorche, gebühre
ihm mehr Respekt als einem gewöhnlichen Sklaven auf der Lustspielbühne. Nun
wolle er, Jupiters Befehl gemäß, Amphitryon zum Narren und dem Hause fern-
halten. Daß Sosias dafür wird büßen müssen, kümmere ihn nicht: er habe nur des
Göttervaters Wunsch und Willen auszuführen. – Hier wird mit zynischer Offenheit
zusammenfassend behauptet, worum es dann auch bei Molière und Kleist geht: eine
verabscheuungswürdige Tat wird gut, wenn sie dem Interesse des Mächtigen dient.
Die Öffentlichkeit, die Gesellschaft, die „Welt" hat sie dann als gut zu billigen. –
Amphitryon hat Alkmenes Bruder nicht gefunden und kehrt zurück, um seine
Gattin näher zu befragen:

> Wer es war, dem sie sich hingegeben!
> Denn es ziemte eher mir, zu sterben,
> Als den Frevel unerforscht zu lassen!

MOLIÈRE III, 1. Amphitryon hat Alcmènes Bruder nicht gefunden, dafür aber viele
Leute, die ihm zu seinem Siege gratulierten – worauf er, die Not seines Ehebruch-
Verdachts verbergend, nur schweigend nickte und ihnen unhörbare (*tout-bas*) Flüche
nachsandte – eine aufschlußreiche Parallele zu seinem Verhalten am Schluß! Statt des
Ruhmes hätte er lieber seine Ruhe. Das könnte fast Sosie sagen; jedenfalls offenbart es eine
niedere, aber auch wieder unkonventionelle, natürlich-vernünftige Bequemlichkeit. Es will
ihm durchaus nicht einleuchten, daß er das „Geschenk in eigenster Person hier überreicht"
haben soll. Die komisch-paradox zugespitzte Formulierung zeigt keineswegs an, daß
Amphitryon seiner Identität unsicher geworden wäre. Er meint, wie seine folgenden
Worte bestätigen, nur die außergewöhnliche Ähnlichkeit seines Doppelgängers. Sie könnte
auf Zauberei beruhen; und er fürchtet – welche Schande! – doch noch an die thessalischen
Hexen glauben zu müssen, deren Künste er bisher der Vernunft-Mode gemäß als Unsinn
abtat. Immerhin, ein Ausweg bleibt noch: Alcmène könnte den Verstand verloren und
Unsinn geredet haben. Das ist eine psychologisch unwahrscheinliche, komische Übertreibung des gesellschaftlichen Ehren-Denkens.

KLEIST hält sich eng an Molière, verinnerlicht und hebt jedoch
Amphitryon. Unter den Menschen, die ihn zu seinem Sieg beglück-
wünschen, ist nicht einer, in dessen Herz er das eigene, kummervolle
ausschütten könnte. Statt von thessalischer Zauberei spricht er von einem
Höllenstück des Satans; er benutzt also die Terminologie, die man hier
auf die unerkannten Götter und ihr Tun durchweg anwendet. Von der
Verwechslung redet er in hyperbolischen Bildern, die seine Erregung
kaum noch komisch erscheinen lassen. Eine Verinnerlichung ins Ernsthafte bedeutet es auch, wenn er, statt lächerlich nur seine Ehre zu bedenken, sich vertrauensvoll an Alkmenes vollkommene Redlichkeit

erinnert (wie umgekehrt sie *V. 1134* sich an seine). Um so unwahrschein-
licher und gewalttätiger, nämlich grob-komisch, wirkt der jähe Übergang
zum Einklang mit Molière: zur Annahme, Alkmene sei verrückt. Streller
(96): „Die Situation, daß der siegreiche Feldherr Glückwünsche entgegennehmen muß, während ihn allein die Empfindungen des Hahnreis
erfüllen, ist echt komisch." − Es ist aber zu beachten, daß wir diese
Situation lediglich vom Hören-Sagen kennenlernen und sie nicht auf der
Bühne erleben. Das Komische wird dadurch in seiner Wirkung abgeschwächt bzw. sublimiert. Guthke 117−121.

Zweite Szene

MOLIÈRE und KLEIST folgen PLAUTUS. Zunächst arbeiten sie dessen
Szene III, 4 ein: Während Jupiter sein Liebesabenteuer fortspinnt (worüber Kleist respektlosere Worte fallen läßt als Molière), will Merkur
sich an Amphitryon schadlos halten. Bekannte er bei Plautus, ungerührt,
daß Sosias dafür sühnen müsse, so findet er bei Molière, die bevor-
stehende Behandlung Amphitryons entspreche eigentlich nicht dem
Charakter eines erbarmenden Gottes (*Cela n'est pas d'un Dieu bien plein
de charite* 1494). Kleist läßt den überflüssigen Hinweis weg. Die
Schimpfszene zwischen Merkur und Amphitryon folgt der Tradition der
Komödie. Sie ist bei Plautus nur in Bruchstücken erhalten. Kleist folgt
Molière, erweitert aber hier und da. Wie bei Plautus droht sein Merkur,
Amphitryon durch die Knechte hinauswerfen zu lassen. Und sein
Amphitryon wird durch Merkur zu einer zornigen Verzweiflung aufge-
reizt, die bei aller groben Komik doch schon die Grenze des Einfach-
Komischen überschreitet.

Th. Mann (80): „Es ist die Wiederholung des kläglichen Erlebnisses, das
den Sosias am Anfang ereilt, nur in furchtbarer und pathetischer Verstär-
kung."

Dritte Szene

Bei PLAUTUS zieht sich Merkur auf den Olymp zurück, um von dort aus zuzusehen, wie
Sosias seine Rechnung begleicht und wie Jupiter den Ablauf des Ganzen weiter regelt
(III, 7, Schluß des Aktes). MOLIÈRE und Kleist ersetzen diesen Auftritt durch einen Monolog
Amphitryons. Bei Kleist beginnt er ernsthafter, schließt sich dann aber Molière an. Die Frage,
ob er seine Schande der Welt erklären oder verschweigen soll, wird bei Molière zur komi-
schen Satire auf das gesellschaftliche Vernunft- und Ehren-Denken ausgeweitet. Amphitryons
Alternative lautet: Skandal oder Geheimnis, die Schande ausposaunen oder für sich behalten.

> *Et dois-je en mon courrons renfermer, ou répandre*
> *Le des-honneur de ma Maison?*

Sein treibendes Motiv ist der Zorn über die Beleidigung seiner Ehre und Liebe. Vernunft kann hier nicht raten. Er folgt seinem Zorn; er will Rache.

Bei KLEIST gelangt Amphitryon zum selben Entschluß. Aber die gesellschaftliche Ehre wird nicht so lange und die Vernunft überhaupt nicht exponiert, bevor sie beiseitetreten müssen. Kleists Held entdeckt sogleich und völlig klar, daß ihn nichts erfüllt als das glühende Gefühl der Rache, und er folgt ihm. Seine Komik liegt nun eindeutig in seiner rasenden Erbitterung über etwas, was er später geehrt als Segensstat annehmen wird – und diese rückt wiederum durch seine sehr natürlich-menschliche Erbitterung ihrerseits in komische Beleuchtung.

Vierte Szene

Bei PLAUTUS kommt zunächst (IV, 1) Alkmenes Bruder Blepharon mit Sosias, der ihm von Amphitryons (= Jupiters) Versöhnung mit Alkmene berichtet. Der von Amphitryon vergeblich Gesuchte erklärt sich das merkwürdige Verhalten des Feldherrn verständig als eifersüchtiges Auf-die-Probe-Stellen und Sosias' Erlebnis mit dem Doppelgänger kurzerhand für ein Phantom. Der Diener kann ihm durchaus nicht beipflichten: Amphitryon trieb es zu weit, ihn wegen des Beweisstückes, des Bechers, den er selbst aus dem Behältnis nahm, so streng zur Rechenschaft zu ziehen; und das Phantom handelte einfach zu handgreiflich. IV, 2 entspricht III, 4 bei MOLIÈRE und

KLEIST, wo lediglich statt Blepharon mehrere Offiziere auftreten und wo man sich am Ende auf eine Untersuchung der Angelegenheit einigt, nachdem man Sosias vor Amphitryon schützte, der ihn bestrafen will für das, was ihm Merkur III, 2 in Gestalt des Dieners angetan hat. Kleist verstärkt bei Amphitryon die ernsten Töne, die immerhin Molière schon anschlägt. Bei Plautus endet der Streit mit Sosias erst am Beginn der nächsten Szene. Komisch ist Sosias und ist – auf eine zwiespältige Weise – der Kontrast zwischen seiner Komik und Amphitryons Ernst. An die Götter mag man teils, mit ihnen lächelnd, als an die Hoch-Überlegenen denken, teils vorwurfsvoll als an leichtfertig willkürliche Quäler.

Fünfte Szene

Bei PLAUTUS (IV, 3) erscheint jetzt Alkmene. Sie glaubte, Amphitryon habe sich mit ihr versöhnt und opfere nun den Göttern. Dieser weiß nichts davon und setzt seine früheren Beschimpfungen fort. Alkmene hat jene verziehen, weil nur Sosias Zeuge war. Diese neuerlichen, die vor aller Öffentlichkeit stattfinden, vergibt sie nicht. Amphitryons Erregung grenzt an Wahnsinn. IV, 4 erscheint Jupiter; die Szene entspricht III, 5 bei Molière und Kleist. IV, 5 zeigt den alleingelassenen Amphitryon in erbarmungswürdiger, nicht mehr rein komischer Qual. Eine Ironie, die weder rein komisch noch rein tragisch ist, liegt über seinem Ausruf

Nicht Jupiter noch alle Götter können,
Wenn sie auch wollen, in den Arm mir fallen.

Damit „eilt er auf die Tür zu; als er sie berührt, ertönt ein gewaltiger Donnerschlag,
Amphitryon stürzt wie leblos zu Boden." Ende des IV. Akts.

MOLIÈRE III, 5 und KLEIST. Als Jupiter aus dem Hause tritt, sehen alle
mit Erstaunen zwei Amphitryonen einander gegenüberstehen. Die Feldherrn wissen nicht, wen sie für den echten halten sollen. Sosias stellt sich
gegen den, der ihn soeben hart anfaßte, und zu dem, der mit überlegener
Gelassenheit auftritt. (In ähnlicher Weise wird sich am Schluß Alkmene
irren.) Man hindert Amphitryon, seinem Doppelgänger auf den Leib zu
rücken. Seine Entrüstung übersteigt die Grenzen des Komischen; sein
Rachedurst überschlägt sich bei Kleist zum Blutdurst. Trotzdem sticht er
lächerlich ab gegen Jupiter, der ruhig bleibt, die Enthüllung seiner
Identität ankündigt und versichert, alles werde ein gutes Ende nehmen.
Der Zuschauer versteht ihn und nimmt daher an seiner Überlegenheit
über die anderen Figuren teil. Kleist hält sich eng an Molière, benutzt
nur manchmal eine drastischere und bildhaftere Sprache, z. B. *V. 1856
—1858, 1936, 1952—1954. V. 1845.* Die Unmöglichkeit, zwischen den
beiden Amphitryonen zu unterscheiden, wurde und wird später von den
Figuren praktisch erwiesen. Hier wird sie ausdrücklich hervorgehoben:
Kein menschlich Auge unterscheidet sie. Ebenso *V. 1895, 2119f., 2186*;
die Parallele der zwei Sosiasse *V. 712—715.* Dagegen Müller-Seidel 125 f.

Nach *V. 1902* fährt MOLIÈRES Jupiter fort: „Und daß er keinen Anlaß finde für ein
weiteres Wort." Damit baut er Amphitryon eine Brücke zu dessen Schlußgeste: dem Ver-
stummen, das öffentlich als Verzicht auf Protest, als Zufriedenheit gedeutet wird. Kurz
danach sagt Amphitryon jedoch:

> Solch Ehrabschneidersprüche
> Halte für den Augenblick ich keiner Antwort wert.
>
> *A ces injurieux propos*
> *Je ne daigne à présent répondre*   172f.

Damit wird angedeutet, was Amphitryons Schweigen am Ende ebenfalls bedeuten kann.

V. 1910f. Am Schluß wird bei Kleist die Ehre Amphitryons wiederhergestellt wie in den älteren Dramen.

Gerade MOLIÈRE spricht allerdings an dieser Stelle nur von Alcmènes Ehre:

> Von mir erharrt Alcmène dieses öffentliche Zeugnis:
> Denn ihre Tugend, durch das Aufsehn, die Verwirrung schwer gekränkt,
> Verlangt, daß Recht ihr widerfahre.
>
> *Alcmène attend de moy ce public témoignage.*
> *Sa vertu, que l'éclat de ce desordre outrage,*
> *Veut qu'on la justifie.*   1691 ff.

Dem entsprechen bei KLEIST *V. 2170—2172.* Es versteht sich von
selbst, daß die Heimsuchung, sobald sich herausstellt, es war eine Heim-

suchung durch Jupiter, nur Ehre bringt. So gilt es jedenfalls für die gesellschaftliche Welt und ihre öffentlich-offizielle Denkweise, hier die mythische. Indessen soll man den bloß offiziell-äußerlichen, mit Hierarchie und Autorität verbundenen Ideologie-Charakter solchen Denkens sehen und ebenso dessen scharfen Kontrast zu jedem ursprünglichen, echten, unverbildeten Wertempfinden. Andernfalls verkennt man notwendig den Kern des Problems – so etwa Ryan (86), der dem Gott allzu gutgläubig unterstellt, mit den Versen *1910f.* lasse er „deutlich werden, daß seine Bemühungen um Alkmene letzten Endes Amphitryon zugute kommen sollen." Gleiches müßte sinngemäß für Merkurs *besingenswürdge* Götterprügel gelten – und Ryan ist so konsequent, das zuzubilligen (108; s. o. zu I, 3).

Sechste und Siebente Szene

Jupiter läßt die Feldherrn ins Haus. Sosias will folgen. Die beiden Szenen nicht bei PLAUTUS; bei MOLIÈRE gehören sie mit zu II, 5. KLEIST schreibt drastischer, bildhafter, anschaulicher.

Achte und Neunte Szene

Die beiden Szenen nicht bei PLAUTUS. KLEIST folgt MOLIÈRE II, 6, schreibt aber ausführlicher, drastischer, anschaulicher.

Merkur macht dem Diener abermals den Eintritt ins Haus und den Namen streitig. Sosias verzichtet zwar feige auf diesen, behält aber sein Identitätsbewußtsein und weiß gleichzeitig diesmal den Fäusten des Stärkeren zu entgehen. Komisch sind seine rhetorischen, manchmal pathetischen Beschwörungen, die ihm Zugang zu Wurst und Kohl verschaffen sollen. Die Tier-Elemente seines Wortschatzes sind Aristophanes nachgebildet (Schmidt 227). Merkur wirkt gegen ihn wieder hölzern, plump, geistig schwerfällig. Die moralische Selbstverurteilung des Dieners am Ende schlägt die Brücke zum Ende der nächsten Szene, wo allein sie bei MOLIÈRE erfolgt.

V. 2049. Ein Kerl, der wie aus Wolken fiel. Das Schimpfwort spielt zugleich ironisch ungewollt auf Merkurs tatsächliches Standquartier an. Dieser Treffer kommt dem Sinn des Schimpfworts bekräftigend zu Hilfe. Vgl. *V. 792.*

V. 2055. Von der Bank gefallen – auf der Bank gezeugt – unehelich; wiederum durchaus zutreffend auf Merkur = Hermes, Sohn des Zeus und der Maja. MOLIÈRE: „zweifacher Hurensohn" (*Double Fils-de-Putain*

1794). Übrigens liebt Merkur auch dem Mythos zufolge das Essen. Hermann Jens, Mythologisches Lexikon, Goldmanns Gelbe Taschenbücher no. 490, S. 46: „Von einem Gelüst nach Fleisch befallen, stahl er 50 Rinder aus der Herde des Apollon." Er mußte sie wieder herausgeben, erwarb sie jedoch später durch Tausch.

V. 2064. Die Gleichsetzung mit Satan und der Vorwurf des Hochmuts (schon *V. 2056*) setzen Merkur komisch-ironisch grausamer und treffender herab, als Sosias ahnen kann.

Zehnte Szene

Die Szene nicht bei PLAUTUS. MOLIÈRE III, 7: Amphitryon erscheint mit den Offizieren vor seinem Hause. Man erörtert den Betrug, welchem Alcmène zum Opfer fiel.

AMPHITRYON   Wie man's auch nimmt, der Schmerz ist tödlich,
                    Leid ich doch für meine Liebe
                    Und für die Ehre gleicherweise.
POSIKLES   Wenn diese Ähnlichkeit so groß ist, wie man sagt,
                    Alcmène, ohne schuld zu sein ...
AMPHITRYON   In diesem Fall, um den es geht,
                    Wird schon ein Irren zum Verbrechen,
                    Selbst ohne Billigung nimmt da die Unschuld Schaden.
                    Und derlei Irren, wie man's auch erklärt,
                    Trifft uns im Innersten,
                    Und die Vernunft verzeiht gar oft,
                    Wo Ehr und Liebe nicht verzeihn.

        Ah! de tous les costez mortelle est ma douleur!
            Et je souffre pour ma flame
            Autant que pou mon honneur.
               . . . .
        L'erreur simple devient un crime véritable,
        Et sans consentement, l'innocence y périt.
        De semblables erreurs, quelque jour qu'on leur donne,
            Touchent des endroits délicats;
           Et la Raison bien souvent les pardonne,
        Que l'Honneur, et l'Amour ne les pardonnent pas.   1815–1826

Amphitryon durchbricht die äußerliche, bloß gesellschaftliche Ehrauffassung und die Vernünftelei noch entschiedener als in III, 3. Er schaltet den vernünftigen Aspekt der subjektiven Schuldlosigkeit aus – ähnlich wie das Kleists Alkmene tut (II, 4, 5) und überläßt sich den elementaren Gefühlen der Liebe und der innerlichen Ehre sowie dem Schmerz über ihre Verletzung.

KLEIST. Argatiphontidas gibt seine großmäulige Erklärung ab. Er repräsentiert den herkömmlichen Komödientypus des miles gloriosus. Er stellt die Vernunft ebenfalls hintan; oder besser: er verabschiedet sie völlig und folgt auf eine radikal ausschließliche, komisch bedrohliche Weise dem Trieb-Mechanismus des offiziellen Ehrendogmas. Kleist hat diese Partie übernommen und ebenso den Schluß, die unterwürfige Rückkehr des Sosias zu seinem wahren Herren. Diesen verließ der Diener, weil der Doppelgänger ein Essen versprach. Da er es nicht bekam und mit Prügeln bedroht wurde, wechselt er die Partei. Eine komische, unwahrscheinliche, bei Kleist noch drastischere Zuspitzung, auf welche Amphitryon ebenso unwahrscheinlich reagiert: er, der doch mit Sosias noch abrechnen wollte (III, 4), hat das jetzt ganz vergessen. Kleist verschärft indessen das Identitätsproblem.

Bei Molière sagt Sosie:

> Man sollte endlich mich entsosiassen,
> Wie man Euch entamphitryonen soll.

> *Et l'on me Des-Sosie enfin*
> *Comme on vous Des-Amphitryonne*   1860 f.

Sosie fordert Aufhebung der unseligen Verdoppelung zugunsten der anderen Ichs.

Bei Kleist dagegen redet er, statt zur Verdoppelung und ihrer Aufhebung wie sonst, vom faktischen Verlust der Identität.

> *Und kurz ich bin entsosiatisiert,*
> *Wie man Euch entamphitryonisiert.*

Zwei Zeilen vorher redet auch er freilich vom *andren Ich*, wodurch er jene Behauptung selbst als Überspitzung dartut. Die Verschärfung im Munde Amphitryons, der *V. 2098f.* sagt, der Fremde wolle, wenn er könnte, ihn *aus des Bewußtseins eigner Feste drängen,* macht gleichfalls klar, daß es beim Versuch geblieben ist. Der Satz findet sich im ersten Teil der Szene, der wie bei Molière erörternden Charakter trägt; allerdings ersetzt er das Problem der Schuld Alcmènes durch das Problem der Identifizierung Amphitryons. Dieser trifft auf die Offiziere, die Jupiter hat rufen lassen. Das nimmt er zum Anlaß, die Begegnung vorzubereiten, bei der es darauf ankommen wird, daß man ihn selbst von jenem unterscheidet. In hyperbolischen Bildern fordert er die Thebaner auf, ihn genau anzusehen und als Amphitryon zu identifizieren, was man mit komisch wirkender, selbstverständlicher Kürze befolgt. So einfach wird das nicht mehr möglich sein, wenn der andere ihm gegenübersteht. Darum knickt er den Helmbusch ein − eine symbolische Geste, die ängstliches Erschrecken auslöst, die von Alkmene im Sprachbild aufgenommen wird und die das Los Amphitryons vorübergehend ins Ernsthafte, ins Tragische vertieft.

Vgl. *V. 2262* Alkmene: *meiner Seele Frieden eingeknickt;* ferner *Penthesilea V. 812*, die Heldin über einen gefangenen Griechen, *Der zitternd stand, mit eingeknicktem Helmbusch*; über Achill, den sie wie einen *schöngefärbten Vogel* zu sich herabstürzen möchte, so daß er mit *eingeknickten Fittichen* zu ihren Füßen liegt (*V. 865−868*); *Homburg V.*

1155, Natalie zum Kurfürsten über den Prinzen: *Ach, welch ein Helden-herz hast du geknickt!; Michael Kohlhaas,* drei Stellen gegen Ende, wo der Kurfürst von Sachsen, *der Mann mit blauen und weißen Feder-büschen,* als Opfer von Kohlhaasens Rache niedersinkt.

Elfte Szene

PLAUTUS, V. Akt, setzt ungefähr dort ein, wo Kleist II, 5 endet. Eine Magd stürzt aus dem Palast und meldet, Alkmene gebar unter Donner und Blitz zwei Knaben, während eine mächtige Stimme die Gnade des obersten Gottes verhieß. Der wieder zu sich gekommene Amphitryon vernimmt mit Staunen, daß der eine Knabe so-gleich ungeheure Kraft entfaltete und daß Jupiter verkündete, er habe unerkannt der Liebe Glück genossen mit Alkmene; jener Sohn sei seiner, der andere Amphitryons. Dieser fühlt sich sogleich von allem Kummer befreit, da er „gewürdigt ward der hohen Ehre, mit Jupiter des Hauses Glück zu teilen." Der Gott erscheint in den Wolken und bekräftigt den Bericht der Magd. Amphitryon soll sich versöhnen mit Alkmene, die er mit unverdientem Vorwurf kränkte. „Durch meine Macht ward sie getäuscht." Merkur als Theaterherold fordert das Publikum auf, zu Ehren des Höchsten Gottes − kräftig zu klatschen: eine Huldigung, die weniger einem Gotte zukommen dürfte als vielmehr einem Bühnen-Star. Vgl. den Prolog.

MOLIÈRE, III, 8: Cleanthis kommt aus dem Palast und stellt mit Schrecken fest, daß Amphitryon sich in und zugleich vor dem Haus befindet. Ein Feldherr erinnert an das Ver-sprechen des Doppelgängers, daß er die Verwirrung und den Kummer nun vertreiben wolle. III, 9: Mercure kündigt den Göttervater an, den es Alcmènes wegen hierher getrieben habe. Er selber sei Mercure und habe Sosie aus Langeweile durchgebläut: dieser könne sich freilich trösten: „Denn eines Gottes Schläge sind für den, der sie erduldet, große Ehre." (*Font honneur à qui les endure*) Sosie erklärt, er wäre ohne solche Kompli-mente sehr wohl ausgekommen und wünsche keine Wiederholung: „Ich hab in meinem Leben keinen teuflischeren Gott gesehn als dich." (*Un Dieu plus diable*) Die Schlußszene III, 10 steht dazu in Parallele: s. o. S. 38−42.

KLEIST. Jupiter erscheint mit Alkmene. Nun stehen zwei Amphi-tryonen einander gegenüber. Alkmene wird aufgefordert, den richtigen herauszufinden. Sie wählt den Gott und beschimpft den Gatten, den sie für den Betrüger hält. Amphitryon gibt zu, daß sie aufrichtig überzeugt ist, ihr Begleiter sei Amphitryon. Darauf eröffnet Jupiter, tatsächlich seien zwei Amphitryonen gegenwärtig: der individuelle Mensch und der Gott, der zugleich jedes geschaffene Individuum sei, also auch Amphi-tryon. Ganz verstanden wird das erst, als er sich offenbart. Nur Alkmene ahnt es anscheinend vorher schon. Um so bedeutsamer muß es sein, daß sie da Jupiters letzte Werbung beantwortet mit dem Ver-langen, den Besucher dennoch für Amphitryon halten zu dürfen. Das ist angesichts der beiden Doppelgänger und der ausführlichen Unterrich-tung durch den nun erahnten Gott in II, 5 ein verzweifelt-absurder, ein nur als Illusion erfüllbarer Wunsch (*Laß ewig in dem Irrtum mich*). Jupiter jedoch empfindet diesen Wunsch als endgültiges Nein zu seinem

Werben. Trotzdem offenbart er sich. Alkmene stürzt in Ohnmacht, bis
er zum Olymp auffährt. Amphitryon, den das Geschehen an den Rand
der Verzweiflung brachte und Anfang der Szene gleichfalls in Ohnmacht
stürzte, nimmt die Nebenbuhlerschaft des Gottes sogleich frommergeben
als Segen und ehrende Auszeichnung an. Seine Forderung nach einem
Göttersohn entspringt aber auch dem männlich-entschiedenen Stolz, den
er stets und besonders zuletzt bewährte. Gleichzeitig ist es indessen
fraglich, ob sein Wunsch mit den Wünschen seiner ohnmächtigen Frau
zusammenstimmt. Sosias erklärt, er lege auf *besingenswürdge Schläge*
eines Gottes keinen Wert. Ist das eine Analogie oder ein Kontrast zu
dem Empfinden Alkmenes, das dann nur in Ausrufen *Amphitryon!* und
Ach! noch Ausdruck findet? M.a.W.: bejaht sie den Besuch des Gottes
als Segenstat oder weist sie ihn zurück als eine Beleidigung ihrer
Menschenwürde? Beklagt sie den Besuch oder den Abschied Jupiters?
D.h.: Ist Kleists *Amphitryon* ein religiöses Weihespiel oder ein Stück des
prometheischen Protests gegen die gesellschaftlich institutionalisierte
religiöse Autorität? Ist sein Weihespiel-Charakter echt oder ironischer
Schein? Wer ist komisch: nur Sosias und − falls sie wirklich widerstrebt
− Alkmene? Oder auch der würdig-fromme Amphitryon, die gläubige
Gesellschaft und der Gott?

Am meisten Verwirrung rief die Tatsache hervor, daß Alkmene, wie
bei Falk, zwischen zwei Amphitryonen wählen muß, dabei für den Gott
entscheidet und den vermeintlichen Betrüger für häßlich erklärt. „Auf
verwirrende Weise wird so zurückgenommen, was Alkmene im ersten
Akt von dem Amphitryon der *heitern Nacht* gesagt hat" (Szondi 56).
Darum eben ist es ausgeschlossen, daß sie sich jetzt für „Jupiter-Amphitryon" entscheidet. Von dem, genauer: von dem vergöttlichten Amphitryon, war, wenn man will, II, 4 die Rede − II, 5 dagegen nur von
Amphitryon und Jupiter. Jetzt geht es zunächst gar nicht um den Gott,
sondern nur um den Betrüger im Unterschied zum Gatten; und er ist,
wie Jupiter ihr vorgaukelt, *ein Sterblicher* (V. 2167). Wäre es anders, er-
schiene ihr einer von beiden *wie einer der Verherrlichten* (V. 1199) und
fände sie das selber herrlich, dann zögerte sie schwerlich so lange mit der
Wahl, sondern träfe diese rasch und sicher. Sie tut es aber ratlos und
verzweifelt, man hat den Eindruck, mehr um sich *die bitterste der
Lebensstunden abzukürzen* (V. 2266); sie will ein Ende machen, koste es,
was es wolle. Das ist ein Rückzug vor der objektiven Wahrheit auf die
Einhelligkeit des inneren Ich wie schon II, 5 (*Bleibt mir nur alles
freundlich wie es war*) und wie am Ende: *Laß ewig in dem Irrtum mich.*

Verwunderlich ist allenfalls, daß sie so lange zögert und Amphitryon
nicht gleich für abstoßend erklärt. Er fiel vor Aufregung in Ohnmacht
und hat seinen Helmbusch eingeknickt. Jupiter ist dagegen ganz ge-

lassene Überlegenheit; er war soeben in der Gestalt des Gatten lange bei Alkmene und führte mit ihr ein tiefsinniges – Alkmene meinte, ein gütiges – Gespräch. Warum also zögert sie so lange? Zunächst wissen wir, daß Kleist es liebt, bedeutsamen Entscheidungen durch Hinauszögern Nachdruck zu verleihen. Ferner muß stimmen, was uns wiederholt versichert wird, daß nämlich beide einander wirklich zum Verwechseln gleichen (*V. 2186*). Ein Unterschied zwischen Gott und Mensch, zwischen Jupiter-Amphitryon und Amphitryon ist nicht erkennbar. Alkmene bleibt angewiesen auf ihre Subjektivität; ihre Wahl kann nur dokumentieren, wie sie persönlich zu dem Betrüger steht, wer immer es sei.

Jupiter, der sich stets darum bemühte, daß sie ihn dem Gatten vorzöge, kann sich von früher her ausmalen, welche Vorwürfe den vermeintlichen Betrüger erwarten. Was immer er indes erhoffte, Alkmenes Reaktion muß ihn peinlich enttäuschen. Daß sie statt seiner Amphitryon für den Betrüger hält, darüber muß er doppelt erleichtert sein – und doppelt verärgert. Erleichtert, weil die Beschimpfung tatsächlich höchst massiv ausfällt – und verärgert, weil sie logischerweise auf ihn selbst gemünzt ist, auf den wirklichen Betrüger. Alkmene benutzt zudem Worte, die Jupiter – leichtfertig unbekümmert um ihre ethische Bedeutung – selber auf sein Tun anwandte (*V. 1280–1286*). Sie tut es, weil Amphitryon sie mit *Geliebte!* anredet und sie damit an die Sophisterei des Betrügers von I, 4 erinnert. Und sie wählte Jupiter jetzt nicht, wie er stets wünschte, weil er der Gott ist, sondern umgekehrt weil sie ihn abermals verwechselt mit Amphitryon. Beschäftigt ausschließlich mit dem vermeintlichen Betrüger, läßt sie Jupiter als den vermeintlichen Gatten auch noch unbeachtet stehen. Sollte der Hinweis, der andre sei *ein Sterblicher*, sie zu der gewünschten Wahl und Erkenntnis Jupiters verleiten, so hat der Gott sich abermals verrechnet.

Wenn sie den, der ihr damals wie *aus den Sternen* niederstieg (*V. 1200*), nun umgekehrt als *Farren* brandmarkt, dann verfährt sie offenbar nach der Maxime: „Wer gut ist, ist auch schön, wer böse, häßlich". Das bestätigt, was wir II, 4, 5 erlebten: der äußere, göttergleiche Glanz beeindruckt sie, wichtiger ist ihr indessen die sittliche Integrität der Vorkommnisse. Jupiter aber muß seine Amphitryon-Rolle, nachdem er darin schon mit Würde den betrogenen Ehemann spielen mußte, außerdem damit bezahlen, daß ihm die übermenschliche Schönheit seiner nächtlichen Erscheinung nun abgesprochen wird. Schließlich erklärt Alkmene ihre Erschütterung über das Erlittene mit so verzweiflungsvollem Ernst, daß dessen endliche Verwandlung in Triumphgefühl sogar dem Gott zweifelhaft erscheinen sollte. Auf jeden Fall erlitt er wieder eine schwere Niederlage. Er gibt das indessen mit keinem Worte zu erkennen und hält unbeirrt

fest an seinem Plan, Alkmene zu verherrlichen. Es läßt sich schwer ausma-
chen, wieweit er abermals gute Miene zum bösen Spiel macht (*Du Göttliche! Glanzvoller als die Sonne!*) — der autoritative Ton (*Und einen Augenblick verweilst du noch.*) deutet auf die Wunde — und wieweit er einfach
nicht daran zweifeln kann, daß seine Offenbarung allen Kummer in eitel
Freude kehren werde.

Amphitryon bekennt sich zu Alkmenes Treue in einer menschlich
schönen Vertrauenserklärung, die uns nicht überrascht und die unter
keinen Umständen als beabsichtigtes Ergebnis göttlicher Erziehungs-
strategie verstanden werden kann — ein Eindruck, den Jupiter zwar
geistesgegenwärtig hervorruft, indem er dem Feldherrn umgehend seine
Identität zubilligt. Amphitryon nimmt das aber als selbstverständlich hin
und demütigt sich auch später nicht so, wie Jupiter voraussagte und
sicher wünschte. Ja, der Feldherr fordert sogar einen handfesten Aus-
gleich für die Schuld, die der Gott überflüssiger- und also zynischerweise
zugab. Jupiter schenkt der bedrängten Menschheit auch Herkules nicht
als Retter (dieses mythische Motiv wird durch das des Ruhms ersetzt),
sondern einfach weil Amphitryon den Sohn verlangt, im Rahmen des Mythos fordern darf, und dem Gott damit die willkommene Chance zu einem
pompösen Abgang gibt. Er bemüht sich nicht, seinem Besuch damit
nachträglich mythischen Sinn zu geben. Zwar erhebt er Herkules zum
Gott-Menschen; doch es ist Alkmene, die außerhalb des Mythos, in
einem tieferen, innerlichen, symbolischen Sinn diese Stufe schon erreichte.

Denn sie erteilt, wie eingehend zu erörtern sein wird, Jupiter noch
eine letzte und endgültige Abfuhr, bevor er sich — er kann nicht länger
warten — offenbart. Das ist gleichzeitig Verweigerung ihrer flehentlichen
Bitte: *Laß ewig in dem Irrtum mich.* Sie fällt in Ohnmacht. Als sie
erwacht, ruft oder seufzt sie: *Amphitryon!* Trauert sie Jupiter und seinem
Entschwinden nach oder fühlt sie Erleichterung und Glück darüber, daß
sie nach all der ausgestandenen Qual im Arm des geliebten Mannes ruht?
Oder was sonst liegt in dem einen Wort? Es ist nicht auszumachen.

Dann freilich sieht sie Merkur, vernimmt das Parallelmotiv der Götterprügel, die Glückwünsche der Feldherrn für Amphitryon und dürfte
nun, nachdem sie es schon ahnte (*V. 2303, 2305f.*), erkennen, daß
Jupiter sie besuchte. Endlich ruft ihr Gatte sie beim Namen, gewiß voller
Genugtuung und voller Erwartung, sie werde seine Genugtuung teilen.
Genau das könnte ihr antwortendes *Ach!* bedeuten. Es wiche dann aber
schärfstens ab von den bis dahin gezogenen Linien, und Kleist zeigt
keinen solchen Umschlag an. Dann aber — nach der Gewißheit ver-
mittelnden Episode zwischen Merkur und Sosias, im Kontrast zu dem
erleichterten *Amphitryon!* und als Antwort auf den Triumph fordernden,

triumphierenden Anruf des Gatten – kann es wohl nur bedeuten: Ausweichen, Zurückweichen, Zurückweisen; m.a.W. Bestätigung ihres Protestes gegen das, was ihr, wie sie versicherte und worauf der Text mehrfach vorausdeutet, die Seele ewig verdüstern wird. Ihre Tragödie bestünde dabei nicht, wie man so oft gemeint hat, in der Einsicht, daß ihr erkennendes Gefühl sich täuschte. Das ist innerhalb des Stückes vorausgesetzte Gegebenheit und nicht Ergebnis. Zudem ist für Alkmene Wahrheit als solche gar nicht das Wichtigste. Wenn die Wahrheit Betrug, Betrug durch Jupiter bedeutet, will sie davon nichts wissen. Womit sich eben die ethische Alternative „Betrug oder Nichtbetrug", „Bewahrung der Würde der Person oder ihre Beleidigung" als ihr Kernproblem erweist. Und das im beharrlichen Widerspruch gegen die Vorstellungsweise der Öffentlichkeit, Amphitryons und der Götter, wonach jene Alternative im Falle eines Ranghöheren, eines Gottes, aufgehoben würde. Alkmene würde dadurch am meisten ausgezeichnet. Trotzdem lehnt sie ab. Sie beharrt auf der natürlichen Wertung der Menschen, bevor die mythisch-gesellschaftliche Religion und Konvention ins Spiel kommt. Damit durchbricht sie diese und verwirklicht im prometheischen Geist des Dichters das einzige, was in der Wert-Hierarchie der Dichtung das Attribut des Göttlichen verdient. Sie ist der vergöttlichte, der gottgleiche Mensch.

Das ändert nichts an ihrer Tragödie. Und doch ist das Werk trotz dieser Tragödie ein Lustspiel. Wir haben das einleitend erörtert. Hier sei noch hingewiesen auf die Situations-Komik, die sich ergibt aus der für Kleist charakteristischen Beschränktheit der Figurenperspektive, nämlich aus dem paradox verkehrten Verhältnis zwischen der Reaktion, die die Figur beim Gegenspiel erwartet, und der Reaktion, die tatsächlich erfolgt. Amphitryon ruft den Namen seiner Gattin in der Erwartung, sie werde sein Triumphgefühl teilen. Alkmene rief umgekehrt seinen Namen womöglich in der tröstlichen Hoffnung, in seinen Armen sei alles und für immer gut. Jupiter erwartet trotz übler Erfahrungen, Alkmene werde ihm, dem Gott, ihre Liebe nicht versagen, sie werde ihn dem Gatten vorziehen, weil er der Gott sei; und Amphitryon werde sich in Demut fügen. Alle diese Erwartungen werden enttäuscht; stets geschieht das Gegenteil. Das ist komisch. Es ist ferner komisch und zwar von ironischer Komik, weil es oft weithin verborgen bleibt; weil nur der Zuschauer ganz oder wenigsten in höherem Grad erkennen kann, welche peinlich-schmerzlichen Überraschungen, Enttäuschungen und Niederlagen sich ereignen. Diese komische Ironie trifft aber niemanden so scharf wie – logischerweise – den, der hier am höchsten steht und sich am sichersten fühlt: Jupiter. Am nächsten kommt ihm Amphitryon. Und in beiden wird außerdem getroffen die Mythosgläubigkeit, die

Ideologiehörigkeit, über die Alkmene und, auf seine Art, Sosias, hinaus-
gewachsen sind.

Wagner (50 f.): „Mit Recht hat man [. . .] das eigentliche Kennzeichen
des *Amphitryon* die Ironie genannt. [. . .] Indessen, bisher hat man sie
seltsamerweise gerade da nicht gesehen, wo sie sich doch offenbar am
augenfälligsten entfaltet. Es ist das an jenen Stellen, die man pantheistisch
gedeutet hat und durch Kleists Bestreben begründet fand, die Möglichkeit eines untragischen Endes offen zu lassen. [. . .] Hat Kleist selbst
Anlaß zu einer solchen Auffassung gegeben? Vielleicht durch die Verse,
in denen sich Jupiter am Schluß mit Griechenland, mit dem Licht, mit
den Thebanerfeldherrn usw. identifiziert? Eins steht jedenfalls fest:
Weder entnimmt Alkmene diesen Äußerungen des Göttervaters den
Trost, der ihren inneren Zusammenbruch verhüten könnte, noch kommt
uns auch nur einen Augenblick lang der Gedanke, daß dies überhaupt
möglich wäre."

Edelmann (312): „Vor allem Volke (denn um die Enthüllung eines
Wunders, nicht wie bei Molière um die peinliche Kundmachung eines
Ehebruches handelt es sich) offenbart sich Jupiter. Er zwingt den, dessen
Gestalt er geborgt, zur Anerkennung des Symbols: daß der furchtbare
Doppelgänger Alkmenes rechter Gatte sei; diese Selbstentäußerung wird
von Amphitryon verlangt zur Rechtfertigung des Urbildes, welches die
Gattin im geliebten Manne verehrt: die Gestalt ist nur sinnliche Erschei-
nung der geistigen Persönlichkeit. Damit ist zugleich die menschliche
Regung der Eifersucht in Jupiter erloschen, die ihn in jenem tiefsinnigen
Gespräch mit Alkmene noch quälte und von ihrer Seite aufgehoben
wurde durch die Anerkennung der Einheit Amphitryon-Jupiter. Diese
stellt das Symbol dar, das nun am Schlusse vollkommen geläutert
erscheint: die Erhöhung des Menschlichen zum Göttlichen wird deutlich
in der Prophezeiung auf die Geburt des Herakles, deren mystischer
Inhalt [. . .] durch das Anklingen an Bibelworte verstärkt wird. Die
Parallele zur unbefleckten Empfängnis Mariä ist leicht zu ziehen; aber
[. . .] nicht über die allgemeine Ähnlichkeit hinaus, daß die Vereinigung
von Göttlichem und Menschlichem im Bilde geschaut wird. Weit
entfernt von spezifisch christlicher Ausdeutung, ist ja im Amphitryon
gerade die irdische Liebe als Kern und Inhalt jener Vereinigung von Gott
und Mensch gedacht. Der Grundgedanke [. . .] macht das Drama zu
einem Mysterium, das über das Zeitlich-Religiöse hinaus geläutert ist zu
einer abgeklärten Menschlichkeit, deren Wurzel im Philosophischen
liegt."

Josef Collin (83 f.): „In dem *Amphitryon*, dem tragikomischen Lustspiel, das er Molière nachgebildet hat, rächt er sich an Gott, der durch
sein unverständliches Walten, durch den Schein der Gleichgültigkeit oder

schadenfrohen Tücke die qualvolle Unruhe seiner verdunkelten Seele auf das höchste gesteigert hatte. Der eine Gott als kupplerischer Sklave und Hanswurst, der andere als Betrüger und Ehebrecher; die beiden Pole, Gott und Verbrecher, in ihnen vereinigt! Die freche Narrenfreiheit, mit der das Altertum an seinen Festen die Bürde göttlichen Herrentums für Augenblicke abschüttelte, dem entknechteten Selbstgefühl erlaubte, durch ausgelassenste Herabwürdigung der Götter sich über sie zu erheben, hat in des Plautus *Amphitruo* nach griechischer Vorlage mit zügelloser Keckheit den Vater der Götter und Menschen bloßgestellt. Molière gebraucht das Narrenrecht des Dichters in seiner Nachbildung der Plautinischen ‚tragicomoedia' zu feiner, den Stachel geschickt verbergender Satire auf ein überhebliches Herrentum, das den Untergebenen nach seiner Meinung ehrt, wenn es ihn entehrt. Die Götterwelt wird zum Spiegel eines in seiner Macht und Laune unbeschränkten Fürsten, der sich erlaubt, was ihm gefällt. Ein revolutionärer Unterton grollt mit, aber er kommt vor dem schadenfrohen Gelächter über den betrogenen Gatten nicht zu Gehör. In Kleists Spiel werden die Menschen auch von den Göttern getäuscht; aber Jupiter wird es nicht minder; er ist wie sonst der Teufel der betrogene Betrüger. Als Bösen schmäht ihn denn auch Alkmene, als ein scheußliches Ungeheuer, das von einer Höllennacht bedeckt sein Gift ihr auf den Fittich hingeiferte. Allerdings richtet sie diese Worte, immer noch vom Wahn umfangen, an den Gatten, aber sie gelten dem Verführer. . . . wohl erobert der göttliche Nebenbuhler in Amphitryons Gestalt Alkmenes Leib, aber ihre Seele vermag er nicht zu gewinnen. Die Gattenliebe stellt sie über alle Liebe der Götter und Heroen. So muß Jupiter leiden, was Werther leidet: in dem Glück der Liebe zurückzustehen hinter dem niederen; er erfährt das tragische Geschick des Höhenmenschen: nicht erkannt und verkannt zu werden in der Eigenart seines Ichs; er verspürt den Fluch der Einsamkeit. Auch Gottes Macht hat ihre Grenzen. Kleist rächt sich an ihm, indem er ihm eine schwere Niederlage bereitet durch den vollen Sieg einer in ihrer Treue unerschütterlichen, adligen Menschenseele."

Th. Mann (87f.): „*Meinst du, dir sei Amphitryon erschienen?* klingt seine Stimme zu der erbebenden Alkmene herüber, und sie bittet, ahnend, begreifend, in einem Irrtum weiter wohnen zu dürfen, der eben noch nicht der ihre war, aber den sie braucht, wenn nicht *dein Licht* ihr die Seele ewig umnachten soll. Dunkle, süße Götterworte sind es, die er ihr zum Abschiede zuhaucht; und als Amphitryon, ganz Mann wieder, ganz Draufgänger, noch einmal ihn auffordert, sich zu erkennen zu geben, da schlägt sein ungeheures *Du willst es wissen?* die kecke Menschenstimme mächtig nieder. Da wallt die Wolke, da blendet's und kracht's, da schwebt der Adler, den Donnerkeil niedertragend, da stürzen sie hin in Staub, alle, bis auf einen: den Mann, den Geliebten und Gemahl, der die Nieverlorene in starken Menschenarmen hält und nun die heroische Verkündigung empfängt.

Hermes! Es ist der stolze und kurze Ruf eines Entschwindenden, der, fertig mit seinem Abenteuer, von Sehnsucht geheilt und wieder ganz er selbst, keinen Blick, keinen Abschied mehr hat für diejenigen, die nun wissen, wie ihnen geschehen. Er ruft den leichten Diener seines Gedankens, verliert sich in den Sphären. Ein Name, aus tiefster Brust sich lösend, klingt ihm nach: der Name dessen, der die Rufende hält und an den sie sich klammert: *Amphitryon!* Und während die Feldherrn ihn überwältigter Ergebenheit versichern, atmet Alkmene ihr schließliches *Ach!* worin die süße Verwirrung eines Frauenherzens mit der eines Dichtertraums zusammenschmilzt." Vgl. Henkel S. 160 f.

Fricke (94–96): „Der Anblick der beiden Amphitryon muß Alkmene vernichten. Denn nun zeigt es sich ja, daß es kein Gott, sondern ein Sterblicher war, der sie besuchte. Damit sinkt ihre Rechtfertigung hin, daß nur der allmächtige Gott, des es vermag, wahrhaft und ganz Amphitryon zu sein, sie hat gewinnen können.

Wieder spricht Jupiter – zum Befremden der Alkmene, aber dem Betrachter nunmehr ganz verständlich – die überschwängliche Bewährung, den Triumph Alkmenes aus:

> *Die ganze Welt, Geliebte, muß erfahren,*
> *Daß niemand deiner Seele nahte,*
> *Als nur dein Gatte, als Amphitryon.*
> *. . . Komm, sammle dich, dein wartet ein Triumph.*

Alles hat der Dichter nun darauf angelegt, die völlige Identität der beiden Amphitryon noch einmal sinnenfällig zu erweisen, eine Identität, vor der selbst alle sonst unfehlbaren äußeren Hilfsmittel des Erkennens versagen, wie hier z. B. der eingeknickte Helmbusch. Da erscheint Alkmene, die Gattin, als die letzte menschliche Möglichkeit, hier die Entscheidung zu treffen. Sie aber verstummt vor dieser Aufforderung, entsetzt erkennend, daß auch sie unfähig ist, das Rätsel zu lösen, – *daß ich zu ew'ger Nacht versinken könnte!* – bis sie sich schließlich, bedrängt, bestürmt, zögernd, dem – Amphitryon Jupiters zuwendet, mit dem sie diesen wachen Tag verbracht, dem sie eben, in dem vergangenen Gespräch, als er ihre Seele aus der Verzweiflung retten wollte, von neuem ihr ganzes Herz geschenkt hat. Und damit bestätigt sie vollends die grundlegende Voraussetzung der ganzen Dichtung: daß Jupiter kraft seiner Gottheit ganz, ja noch völliger Amphitryon wurde als dieser selbst.

Nie ist Alkmene dem Amphitryon treuer als in dem Augenblick, da sie sich beleidigt und voller Abscheu von ihm abwendet – in dem sie den Vernichter ihrer selbst, den Beleidiger ihres Gatten, den Betrüger ihres heiligsten Gefühles sehen muß, der sich doch zuletzt nicht als ein Gott, sondern als ein irdisch-teuflischer Doppelgänger enthüllt. Denn was anders offenbart sich in dem maßlosen Ausbruch der bisher in der ganzen zarten Schönheit echter Weiblichkeit Erscheinenden, wenn nicht das glühende, unbedingte Gefühl, mit dem sie an Amphitryon, an ihrem irdischen Gatten, an ihrer Treue hängt!

Und — die Tiefe der inneren Beziehungen der Dichtung ist unerschöpflich! — sie rechtfertigt sich unbewußt selber, überwindet des Gottes Versuchung noch einmal und verherrlicht Amphitryon, indem sie ihn schmäht: Denn indem sie sich für Jupiter entscheidet — erkennt sie ja gleichzeitig in Amphitryon den, der allein sie besucht hat, dem allein sie sich hingab in jener kürzesten und schönsten Nacht.

Das *Ach!* des Schlusses aber enthüllt den ganzen Schmerz und die ganze Seligkeit, die ganze ungeheure Spannung, aus der sie nun plötzlich erlöst wird und erwacht, indem die ihr unbegreifliche, vernichtende Verwirrung ihres Bewußtseins, in die sie versunken war, durch ein noch unbegreiflicheres Wunder herrlich sich auflöst. —"

Badewitz (81 f.): „Allein der äußerlich effektvolle Schluß läßt den Pessimismus nicht recht in Erscheinung treten und zerstört die innere Einheit vollkommen. Höchstens vom Standpunkt der Ironie ließe sich der Schluß noch organisch der Gesamtidee eingliedern: Kleist hat die demütige Unterwerfung unter den Willen dieser unbegreiflichen Gottheit als die einzige Möglichkeit, die dem Menschen bleibt, nicht wirklich ehrlich anerkannt, sondern noch betrachtet er die Tatsache, daß in so einem Falle nur der Glaube den Konflikt zu lösen vermag, mit einer feinen, nicht aufdringlichen Ironie. Denn noch ist Kleist selbst nicht so weit, daß er sich zu einer gläubigen Unterwerfung unter den Willen Gottes durchgerungen hätte".

Dorr: „Die Schlußszene . . . erweckt leicht den Eindruck einer seichten Scheinlösung, als wenn mit der Offenbarung Jupiters alles geklärt und glücklich gelöst wäre" (53). „Kleist ist hier rein äußerlich am wenigsten von der Molière'schen Vorlage losgekommen und seine Schlußgestaltung mit der Bitte des Amphitryon um den Sohn, ihrer huldvollen Gewährung durch den Gott und den kurzen Dialog Merkur-Sosias kann kaum anders als konventionell bezeichnet werden" (41).

Milch (158): „. . . ihr berühmtes *Ach* gilt ohne Zweifel zuerst dem Gefühl der Befreiung von der schwer erträglichen Spannung und Ungewißheit, [. . .] ist ihr *Ach* nicht ein Bekräftigung jenes anderen *Ach,* mit dem sie gestand, daß jene Nacht ihr kürzer als die anderen erschien, ihr Abschiedswort an den Gott, der der Vater ihres Kindes sein wird und den sie jetzt, da er sich in seiner Glorie zeigt, abschiednehmend grüßt? Ist das *Ach* nicht gar die erschütternde Erkenntnis, daß sie Amphitryon

niemals mehr geliebt hat als in der Stunde, da er nicht Amphitryon war?
. . . Ihr künftiges Leben kann nur tragisch verlaufen, sie steht zwischen
dem Gott und dem Manne, sie soll zurückkehren und vergessen, aber
das Versprechen, stets jener Nacht zu gedenken, wird sie an Jupiter
binden und ihr die Rückkehr zum Gatten verbieten. Das Problem der
Treue erhebt sich in seiner schwersten und ernstesten Bedeutung."

Korff (64 f.): „Man darf nicht fragen, ob Jupiter ein solches Ergebnis
seines Abenteuers moralisch verantworten kann, wie denn überhaupt
eine Dichtung dieser Art nicht auf alle Konsequenzen hin geprüft werden
kann, ohne als Dichtung zerstört zu werden. Denn sie ist ihrem Wesen
nach keine verstandesmäßig zu durchleuchtende Problemdichtung, sondern die vorüberschwebende Vision einer Fragestellung, in der gewisse
Wahrheiten aufleuchten, ohne als solche wirklich festgehalten werden zu
können. Gewiß, die Erscheinung des Göttlichen wirkt in ihren psychologischen Konsequenzen tödlich. [. . .] Die Wirklichkeit wird durch sie
entwertet, und das an seinem irdischen Götzen irregewordene Gefühl
bleibt in nie wieder gutzumachender Verwirrung zurück. Und doch hat
Kleist diesen tragischen Gedanken gerade nicht verfolgt, der nur in dem
Ach der zurückbleibenden Alkmene einen zwar erschütternden, aber auch
nur eben angedeuteten Ausdruck findet. Sondern er hat, was von der
einen Seite aus gesehen als Gefühlsverwirrung erscheint, vor allem von
der anderen Seite aus entwickelt, indem er Alkmene in der Hauptszene
aus der Prüfung durch den Gott als diejenige hervorgehen läßt, die
gerade ihrem irdischen Gatten trotz alledem die Treue hält. Denn
wenn es auch möglich ist, die Liebe durch ein Idealbild der geliebten
Person zu verwirren, so ist der wahre Gegenstand echter Liebe nicht,
wie angenommen wurde, die Idee, sondern die Person."

Guthke (124 f.): „[. . .] so erhellt, daß sich die Tragikomik jeder einzelnen Gestalt nur immer in ihrem Bezug auf die andere Partnerfigur aktu-
alisiert [. . .] Auch sind die letzten Worte − Amphitryon! − Alkmene! −
Ach! −, die alles in der Schwebe des Doppeldeutigen lassen, in hervor-
ragender Weise geeignet, einer Tragikomödie zum Schluß zu dienen, zu
deren Wesen die Doppelbödigkeit nun einmal dazugehört. In jedem
Punkt des Werks [. . .] dringt Kleist über den relativ gesicherten Boden
von Komödie wie von Tragödie hinaus in einen dahinterliegenden
Bereich des Doppelsinns, des Zwielichts, in dem das Tragische und
das Komische noch nicht gesondert, eher noch jeweils beides zugleich
sind."

Müller-Seidel (130−132): „Es versteht sich von selbst [. . .], daß wir das
letzte Wort, das Ach der Alkmene, nicht als einen Ton des Jubels zu
deuten befugt sind. Aber die Vieldeutigkeit sollte uns zugleich davor
bewahren, diesen Laut eindeutig, das heißt als einen Schmerzenslaut

auszulegen. Alkmene ist von der göttlichen Liebe erfüllt, die ihr zuteil
geworden ist. Sie wird ihr mit der Geburt des Herakles für alle Zeit als
Erinnerung bleiben. Das erzeugt Trauer und Sehnsucht zugleich. Zugleich aber hat die irdische Liebe durch das Wissen von einer Liebe ganz
anderer Herkunft an Tiefe gewonnen. Alle aber erkennen sie, indem sie
Amphitryon erkennen. Der Titel des Lustspiels besteht zu Recht. Die
Menschen dieser Schlußszene erkennen sich in dem, was sie sind und
sein sollen. [. . .] Erkennen sollen sie, wer der rechte Amphitryon ist, und
unterscheiden sollen sie zwischen Göttern und Menschen. [. . .] Der
Ernst, der hier unüberhörbar gebietet [. . .] Eine gewisse Opernhaftigkeit,
ins Religiöse überhöht, rückt das Drama in die Nähe des Schauspiels, in
die Nähe zumal des *Prinzen von Homburg*. Die Entfernung von dem,
was man als Tragikomödie zu bezeichnen gedenkt, wird spürbar. Um
der Tragikomödie willen hat man in jeder der Figuren eine tragische und
eine komische Seite erkennen wollen. Aber wir deuteten bereits an, daß
die Verkennung Alkmenes [. . .] der Komik weithin entrückt ist. Sie steht
schon im Kraftfeld göttlicher Ironie, die das Komische übersteigt. [. . .]
Jupiter [. . .] überschaut das Ganze und ist derjenige, der seine Menschen
in jene große Szene führt, in der sie besser als zuvor erkennen, was sie
sind. Jupiter ist die überlegene Figur schlechthin."

Gadamer (147): „[Alkmene] zögert nicht, den wahren Gatten zu
verleugnen und zu verfluchen. Das ist kein Irrtum Alkmenes. Vielmehr
ist sie damit zu der Gewißheit ihrer selbst zurückgekehrt, die wie alle
angefochtene und wiedergewonnene Gewißheit, eine höhere Gewißheit
ist, als sie je war. Das ist auch der theologische Sinn der ans Pantheistische streifenden Theophanie Jupiters: er preist sich in ihr selig. Das will
heißen: Die Göttlichkeit der Liebe ist in ihr zur Erscheinung gekommen.
Für den Gott bedeutet das die Anerkennung seines eigenen göttlichen
Seins. Mit der möglichen Unterscheidung in Gatten und Geliebten ist
auch die mögliche Verwechslung des Gatten mit dem Geliebten und dem
Gotte hinfällig geworden. [. . .] Der Triumph des Gottes und des Gatten
ist einer, weil der Sterbliche und der Göttliche, der Gatte und der
Geliebte im zustimmenden Herzen der Frau einer sind."

Szondi (57): „Zugleich wird deutlich, was sich in Alkmene zugetragen
hat. Weder hat sie, allen Versuchen Jupiters trotzend, dem Feldherrn die
Treue gehalten, noch aber hat sie sich von Amphitryon abgewandt.
Weder hat ihr Gefühl sie betrogen, noch aber hat es sie unfehlbar zu
ihrem Gatten geführt. Vielmehr sind in dem, was sie erlebt hat, Treue
und Untreue, Unfehlbarkeit und Fehlbarkeit des Gefühls auf tragisch-
paradoxe Weise in eins verschlungen. Zwar hat ihr Gefühl sie nicht
betrogen, zwar war alles, was ihr erschien, Amphitryon — aber ihrem
Gefühl galt als Amphitryon nicht der Feldherr-Gemahl, sondern dessen

ins Göttliche geläuterte Gestalt. Jene Absage Kleists an das gesellschaft-
liche Moment in Molières Komödie kehrt so thematisch bei Alkmene als
Absage ihres Gefühls an den Amphitryon der positiven Welt von Staat
und Ehegesetz wieder. Die von Molière übernommene ‚scherzhafte'
Unterscheidung endigt in dem tragischen Widerspruch von Alkmenes
Gefühl, das sich bewährt, indem es versagt. Die Überwindung dieser
Tragik aber stellt die nicht mehr erschlichene Synthese von Gott und
Mensch in dem Halbgott Herakles dar."

    Streller (93 f.): „Die tragische Vernichtung besteht darin, daß [Alk-
mene] das göttliche Anliegen nicht begreift. Nach ihrem Empfinden hebt
Jupiter das für sie gültige göttliche Gesetz auf, indem er versucht, sie
ihrem Gatten abspenstig zu machen. Dieses Gesetz, das für Kleist ein
Naturgesetz ist, erweist sich stärker als Jupiter, der zwar kraft angebo-
rener Macht Eide zerbrechen kann, der aber nicht in der Lage ist, die
Liebe Alkmenes zu gewinnen. Er kann von ihr Unterwerfung unter seine
Gewalt erreichen, aber Liebe zu erringen, bleibt ihm versagt." „So
besteht die Tragödie des Gottes darin, daß er der höchsten humanen
Fähigkeit, der Liebe, bedürftig ist, sie aber nicht gewinnen kann.
Hingebungsvolle Liebe kann nicht im Übermenschlichen gedeihen. Sie
ist an den Menschen gebunden. Der Allmacht des Gottes sind Grenzen
gesetzt. Er kann seine Schöpfungen nicht willkürlich ändern, ohne sie in
ihrem Wesenskern zu zerstören. Das Gesetz der Sittlichkeit läßt sich
nicht außer Kraft setzen. Ihm müßte sich auch der Gott unterordnen.
Aber dies tut die Gottheit nicht. Sie wirkt nach ihren eignen Gesetzen,
die den Rahmen der Sittlichkeit sprengen. Die höchste Bewährung des
Menschen aber liegt darin, sich an das göttliche Gesetz, nicht an die
göttliche Willkür zu halten." „Für Alkmene gilt die Lösung Molières
nicht, daß sich der Kodex der gesellschaftlichen Moral ändert, wenn es
sich um den Souverän handelt, daß zur Ehrung wird, was sonst
Schändung heißt."

    Arntzen (241—244): „Der Schluß ist der sieghafteste und resignativste
zugleich, den eine deutsche Komödie kennt. An die Stelle der *Truggestalt Amphitryons*, in die sich Jupiter irritierend verhüllt hatte, so daß
er Alkmene als das *ins Göttliche verzeichnete* Bild des Gatten, Amphitryon als *verruchtester Betrüger* und als *lügnerischer Höllengeist* erschienen war, tritt der sich offenbarende Gott als die ganze Wirklichkeit.
Damit ist er auch, doch erst jetzt, wahrhaft Amphitryon, und zwar
insofern dieser zu seiner eigenen Wirklichkeit, zu sich selbst gekommen
ist. So hat Amphitryon sich selbst im Gott das Ewige getan, das durch
die mythische Chiffre ‚Zeugung des Herkules' bezeichnet ist." „Und
wenn Jupiter diesem neuen Menschen den Sohn Herkules verheißt, dann
kündet er darin den neuen Aeon an, in dem das menschliche Werk als

Objektivation des Selbstbewußtseins den Menschen mit dem Göttlichen für immer versöhnt." „Für Alkmene aber bringt der sich offenbarende Gott gerade ihren Irrtum an den Tag, in dem sie bleiben will." „Ihr, die sich an das Idol klammert, wird Aufklärung, das Licht zur schlimmsten Gefahr, so sehr, daß sie um Blindheit, um das Gegenteil dessen bittet, was Amphitryon gewann." So „stilisiert sich die Komödie nicht zum Verkündigungsspiel ewiger Harmonie. Mehr als jede andere bleibt sie eine menschliche darin, daß sie neben die Erfüllung disparat das Unbewältigte stellt: erreichte und postulierte Utopie. Alkmene löst sich nichts, wie Jupiter doch versprach, zum Siege." „Alkmene mißkennt blind ihren Mann und verflucht sich selbst, weil sie sich durch ihn habe täuschen lassen. Nun ist sie wirklich verwirrt und glaubt, dem Idol, das ihr Amphitryon ist, untreu geworden zu sein." „Im *Ach* der Alkmene findet, gebrochen und fast unhörbar, das Problem seinen Ausdruck, wie denn beide wahrhaft bei ihren Namen sich rufend einander als Menschen begegnen könnten. Dies erste löste die Verheißung ein. Wie weit es bis zu dieser Einlösung ist und wie sehnlich sie zu erhoffen sei, tönt durch das letzte, was in dieser Komödie als Wort nicht, als Andeutung dessen im Laut nur hörbar wird." „Kleist erfüllt Lessings Forderung an die Komödie, auch in den Runzeln des feierlichen Ernstes noch das Lächerliche zu entdecken, wenn er in der ernsthaftesten Liebe den Selbstbetrug erkennt. Der ernsthaftesten Liebe: denn obwohl wegen der Analyse dieses sublimen Selbstbetrugs davon nicht die Rede sein konnte, ist an der Größe der Alkmene-Gestalt bei Kleist kein Zweifel."

Vohland (334): „Alkmene leistet der auf menschliche Vervollkommnung zielenden Intention der Götter jedoch Widerstand: Sie zieht die Bindung zu ihrem Mann der zu dem Gott — bei aller Verehrung für diesen — vor; sie will die große und vollkommene Liebe nur in dem Rahmen realisieren, den die eheliche Treuepflicht bestimmt, [. . .] Darin, daß sie gegen den absoluten Geltungsanspruch der Götter — auch wenn sie diesen schließlich akzeptiert — Bedenken erhebt, könnte sich, da Jupiter ihr Verhalten als *dem göttlichen Gedanken* entsprechend lobt (*V. 1571*), jene Intention der bürgerlichen Bewegung spiegeln, die den sozialen Bezügen Priorität vor praxisfernen religiösen Forderungen zubilligt."

Nordmeyer 268—283, 110—125. Silz 54, 63, 67. Thalmann 63 f. Streller 87 f., 92—97. Jancke 100—102, 107. Wittkowski 32—38. 51—57. Ryan 90—92, 98—100.

V. 2167 f. Alkmene geht einer Entscheidung zwischen Mensch und Mensch entgegen; und der gegenwärtige gilt ihr — so befremdlich er sich letzthin aufführte — nicht etwa als ein gesteigerter, sondern als der richtige Amphitryon. Daß der andere ein *Sterblicher* sein soll, hilft ihr nicht, wie Jupiter hoffen mag, zur Ahnung, sie rede jetzt mit dem Gott. Die Alternative Jupiter − Amphitryon (II, 5) ist vergessen.

V. 2170−2172, Alkmenes Ehre vor der Welt, vor der Gesellschaft soll wiederhergestellt werden − es scheint, durch das Subjektivitätsargument; dieses wird jedoch bald überhöht durch das einer pantheistischen Identität: Es war, auch wenn es der Gott war, niemand als der *Gatte*.

V. 2173. Amphitryon hätte genug Anlaß, sein eigenes Unglück zu beklagen. Stattdessen empfindet er vor allem das Alkmenes. Der Ausdruck *Unglückliche* enthält jedoch zugleich den Sinn: die durch die Umstände Schuldiggewordene. Jedenfalls erkennt Amphitryon, daß Alkmene nur allzu verständlichen Anlaß hat, den Fremden mit ihm zu verwechseln. Er erkennt ihre subjektive Schuldlosigkeit, und er nimmt diese weit ernster als der Amphitryon Molières, vgl. Anmerkung zu III, 10 (Molière III, 7).

V. 2174 Niemand! Alkmene beantwortet Jupiters Behauptung *V. 2171f. niemand* [. . .] *Als nur dein Gatte* mit bitter-schmerzlicher Ironie. Die Verbindung der Zeile mit der vorigen deutet auf ihr endgültiges Unglück − ein Motiv, das von nun an wiederholt anklingt.

V. 2176−2178. Jupiter spricht in seiner wie auch in Amphitryons Rolle von Alkmenes Pflicht, die letzte Prüfung durchzustehen. Zugleich erwartet er offenbar trotz ihrer (freilich nur theoretisch-prinzipiellen) Erklärungen in II, 5, sie werde, wenn er sich offenbare, das Erlebte als Triumph aufnehmen und seine Werbung nachträglich endlich akzeptieren.

V. 2187. Amphitryon bricht zusammen, nicht weil er seine Identität verlöre, sondern weil man ihm − gegen seine sichere Erwartung − seine Identität nicht glaubt und ihm daher verbietet, seine Rache durchzuführen.

V. 2193−2202. Man hält unter dem Eindruck des Bisherigen Jupiter für den richtigen Amphitryon. So auch *V. 2227*.

V. 2194. Amphitryons plötzliches Erwachen ist situationskomisch, scheint aber, da es beim Nennen der entscheidenden Wahl und Erkennung durch die *eigne Frau* geschieht, seine unbewußt-innerliche Liebesverbindung mit Alkmene auszudrücken. Sein Widerspruch gegen die angeblich schon vollzogene falsche Wahl führt deren tatsächlichen Vollzug erst herbei.

V. 2204−2206. Wenn Alkmene gegen ihn entscheidet, wird er nicht seine Identität verlieren. Vielmehr ist es ihm dann gleichgültig, daß er Amphitryon ist. Dann kann er ebensogut einen, der, wie er weiß, nicht Amphitryon ist, so nennen. Dadurch würde er weltschmerzlich sein eigenes Unglück vollkommen machen und zugleich in edler Selbstlosigkeit Alkmene Glück und Ruhe schenken.

V. 2208—2212. Amphitryon wirbt erneut; denn es sieht so aus, als habe er Alkmene schon verloren. Die Zartheit und Selbstlosigkeit seines Werbens drückt sich darin aus, daß er Alkmene geradezu auffordert, gegen ihn zu entscheiden und für den, den allein sie offenbar für Amphitryon halten kann, und daß er sich dann töten will, um für sie die Situation völlig zu bereinigen. Der Druck der Umstände gibt ihm Gelegenheit, seinen Edelmut zu bewähren; und diese Umstände ergaben sich unter Mitwirkung der Thebaner und Alkmenes. Daß Jupiter hier einen Erziehungsprozeß durchführte, ist schlechterdings nicht nachzuweisen. Da er später noch einmal mit Amphitryon rivalisiert, kann ihm an dessen Läuterung auch jetzt kaum gelegen sein, und früher hat gar nichts darauf hingedeutet.

V. 2215—2231. Alkmene war unausgesprochen von Anfang an, seit *V. 2207* ausdrücklich, zur Entscheidung aufgerufen. Sie schwieg. Sie schweigt auch nach Amphitryons erster, zarter Werbung. Darauf faßt der Gatte Mut und schlägt inniger drängende Töne an (*V. 2215—2220*). Alkmene gibt ihrer äußersten Qual und Unsicherheit Ausdruck (*V. 2221*), worauf Amphitryon sich schon pathetisch-frohlockend in Sicherheit wiegt (*V. 2222—2226*). Das entspricht wieder ganz der Entwicklung der Situation. — Alkmene schweigt weiter. Die Aufforderungen der Feldherrn spitzen die Lage weiter zu bis zur Unerträglichkeit (*Wir sind verloren*). Da läßt sich Jupiter im Tone gelassener Überlegenheit vernehmen (*Wahrheit, Kind*), worauf Alkmene für ihn entscheidet — mit Worten, die angesichts der lang ausgedehnten Erwartungszeit enttäuschend knapp und karg erscheinen und denen vor allem die selige Sicherheit abgeht, wie man sie erwartete, wäre es eine Entscheidung für den gesteigerten Amphitryon oder den Gott.

Vgl. Jancke (100): „Zunächst wiederholt Alkmene angesichts beider Amphitryone ihre Entscheidung für den Gott." Wiese (302): „[. . .] sie ergreift [. . .] nur den ‚Einzigen' und gelangt in der durch nichts zu erschütternden Gewißheit dieses Du zugleich zu der gnadenvollen Gewißheit ihres Ich." Dazu Silz (52, 292): „[. . .] she makes the wrong decision and choses the imposter as her Amphitryon. No amount of ‚interpretation' can explain away this crucial and final spiritual defeat. [. . .] There is no blinking the fact that she has made a fearful and irreparable mistake and that she so regards it." — Silz bezieht sich etwas verwirrend auf die Verwechslung, von der Alkmene spricht, und zugleich auf die, welche sie nun neuerdings vollzieht.

V. 2236—2262. Obwohl Alkmene gegen ihn entschied, gab Amphitryon sein Werben nicht auf. *Alkmene!* (V. 2234) *Geliebte!* (V. 2236). Dieses letzte Wort weckt ihre äußerste Erregung. Ihr Hinweis auf den *Gatten* stellt die Beziehung zu der sophistischen Unterscheidung zwi-

schen beiden (I, 4) her, die sie schon II, 4 (V. 1202–1209) durchschaute
als Gegensatz zwischen Betrüger und geliebtem Gemahl. Auch jetzt hat
sie weder den Wunsch (Ryan) noch das Vermögen (Arntzen), beide zu
einer einzigen Figur zu vereinen. Vielmehr besteht sie mit äußerster Ent-
schiedenheit auf ihrer Unterscheidung und auf der Verurteilung des
Frevlers. Daß sie dabei Jupiter für den Gatten hält und ihn, weil es ihr
nur um den Betrüger zu tun ist, achtlos beiseite stehen läßt, macht die
Szene zur bisher schwersten Niederlage des Gottes.

V. 2240–2244. Jupiter muß Alkmenes Schimpfrede auf sich beziehen,
einmal weil ja eben nicht Amphitryon, sondern der Betrüger gemeint ist;
zum andern, weil er V. 1282–1284 ganz ähnliche Worte für den Betrug
benutzte – Worte, die nun ernsthaft auf sein Tun angewendet werden.

> Vgl. auch MOLIÈRE II, 6, wo Alcmène den vermeintlichen Gatten, in Wahrheit den
> Gott, nachdem Amphitryon sie, wie sie meinte, schwer beleidigte, so anredet:
>
> Ich seh in Euch ein schrecklich Ungeheuer,
> Ein grausam rasend Ungeheuer,
> Des Nähe man vermeiden muß;
> Ein Ungeheuer, das es gleich wohin zu fliehen gilt.
> Bei Euerm Anblick leid ich unsagbare Not;
> 's ist eine Qual, die mich bedrängt,
> Und unterm Himmel kenn ich nichts
> So schrecklich, grauenhaft und hassenswert,
> Das mir erträglicher nicht wär als Ihr.
>
> *Oüy, je vous voy, comme un Monstre froyable,*
> *Un Monstre cruel, furieux,*
> *Et dent l'approche est redoutable;*
> *Comme une Monstre à fuir en tous lieux.*
> *Mon Cœur souffre, à vous voir, une peine incroyable,*
> *C'est un supplice, qui m'accable,*
> *Et je ne voy rien, sous les Cieux,*
> *D'affreux, d'horrible, d'odieux,*
> *Qui ne me fust plus que vous, suportable.*   1234–43
>
> Diese Worte gelten zwar (anders als bei Kleist) dem vermeintlichen Gatten, treffen
> aber (wie bei Kleist) Jupiter, weil dieser ja den Gatten spielte und jetzt spielt und
> dadurch in „Amphitryons" Verhalten die Widersprüche bringt, die Alcmène so
> bestürzen. – Als *Monstre* hatte eine geistliche Flugschrift den Dichter des *Tartuffe*
> bezeichnet. Es spricht für die These, daß Molière mit *Amphitryon* die klerikale
> Obrigkeit angreift, wenn er Alcmène jenen Ausdruck in so auffällig gehäufter Weise
> gegen Jupiter gebrauchen läßt.

Alkmenes Verse 2257–2251 sind die genaue Umkehrung von V. 1188–
1191 und V. 1200. Damals fand sie den Amphitryon der letzten Nacht
schöner als sonst, *ins Göttliche verzeichnet*, als ob er *aus den Sternen
niederstiege*. Das alles wird ausgelöscht. Alkmene gestattet sich nicht, an
den betrügerischen Besuch mit jenem ursprünglichen Glücksgefühl zu-
rückzudenken, das ja auch schon in jener Szene II, 4 der Unsicherheit
und fast der Verzweiflung wich. Jetzt erklärt sie den Bösen für den

Farren (= junger Stier) im Unterschied zum *Hirsch*, ja, schlimmer: für
den knechtisch Gebauten im Unterschied zu dem königlichen Wuchs
dessen, der ihr als der Gatte gilt. In Alkmenes Sicht rücken die Dinge
sich derart zurecht, daß sie zu ihren sittlichen Forderungen stimmen. So
verfuhr sie *V. 1410—1414*. *V. 1507—1511* beklagte sie implizit, daß es ihr
nicht möglich war; *V. 2305—2306* wird sie darum flehen, daß es ihr
möglich bleiben möge. Von „Manipulation" zu sprechen, ginge zu weit.
Daß der gequälte Mensch aber sein beschränktes Erkenntnisvermögen
vorsätzlich noch weiter einschränken will, ist komisch und zugleich
erschütternd.

   V. 2252—2256 muß Alkmene zu ihrem Schmerz zugeben, daß sie ihr
erkennendes Gefühl sehr zu Unrecht für untäuschbar hielt (*V. 1154—
1167*). Ihr ist und kann das aber nicht deshalb so schmerzlich sein, weil
Wahrheit und Untäuschbarkeit des Gefühls für sie die höchsten Werte
darstellten; sie ist ja, wie wir sahen, notfalls bereit, sich die Dinge in
ihrem Sinn zurechtzulegen. Vielmehr schmerzt ihr Irrtum sie deshalb,
weil er auf eine Täuschung über ihre *Unsträflichkeit* hinausläuft. Ihr
Urteil orientiert sich vor allem anderen am Maßstab des Sittlichen. Daß
sie statt des Betrügers sich selbst dreimal verflucht, zeigt die vornehme
Gesinnung, aber auch die Wehrlosigkeit des edlen, und insbesondere des
kleistischen Menschen. Wie *V. 424, 1378* spricht sie *V. 2256* von dem
Gatten (*V. 2238*) selbstverständlich als von dem *Geliebten*. Jupiter kann
das nicht für sich buchen, denn er ist nicht gemeint. Da es sich bei dem
Betrüger um einen Sterblichen handeln soll, kehrt Alkmene *V. 2257—
2260* zu ihrer Auffassung zurück, sie müsse sich als Ehebrecherin von
Amphitryon trennen; vgl. *V. 1287, 1343, 1347*. Der Betrüger habe für
immer ihrer *Seele Frieden eingeknickt*.

   V. 2262. Das Bild schon *V. 2125*, bei Amphitryon, jedoch in kenn-
zeichnender Abwandlung. Amphitryons Helmfedern stehen für ein
Liebesglück in ehrenvoller Harmonie mit der Gesellschaft. Alkmene
dachte und denkt ebenso (vgl. I, 4, *V. 423ff.*); sie setzt aber schon
sprachlich den Akzent aufs Innere. Von da aus wird sich ihr die
Möglichkeit, zu unterscheiden zwischen Innerlichkeit (Liebe) und Gesellschaft (I, 4, *V. 423ff.*), verwandeln zur Notwendigkeit; nämlich zur
Alternative zwischen Sittlichkeit und religiös sanktionierter gesellschaftlicher Ehre.

   V. 2263f. Amphitryons Antwort ist bemerkenswert unbetroffen, ja,
ausschließlich teilnehmend. Das zeichnet ihn menschlich-sittlich aus;
und es macht nochmals darauf aufmerksam, daß gar nicht er gemeint
war.
   Alkmenes Schmerzensklage (*V. 2265 die bitterste der Lebensstunden*)
müßte Jupiter nach allem, was er erfahren hat, ziemlich pessimistisch

stimmen. Alkmene hat nun erneut gegen den Besuch des Fremden protestiert. *II, 5* versagte sie, wenn auch nur hypothetisch, theoretisch-prinzipiell, dem Gott ihre Liebe und wies damit die Ablistung ihrer Zärtlichkeit, also den Besuch des Gottes ab. Trotzdem macht er jetzt (*V. 2270–2273*) wie immer bisher, gute Miene zu bösem Spiel. Ja, er scheint weiter überzeugt zu sein, dem offenbarten Jupiter werde sie nicht widerstehen können oder wenigstens nicht zu widerstehen wagen. Er läßt den Gedanken einer Abweisung und also einer Niederlage einfach nicht gelten. Dem entspricht sein Ton, der von der zweiten Zeile an sicher und autoritär klingt (*Und einen Augenblick verweilst du noch*). Auch er rückt sich die Dinge zurecht, nämlich so, daß sie mit den Erwartungen seiner göttlich hohen Selbsteinschätzung übereinstimmen. Auch er wird darin von der Wirklichkeit korrigiert werden. Auch er ist komisch – und als der „Allwissende", „Allmächtige" ist er es mehr als die Menschen. *V. 2282–2291.* Amphitryon versteht Alkmene richtig; er zeigt Verständnis, ebenso *V. 2173, 2208–2212, 2215–2220, 2263f.* Jupiter erwartet offenbar, der Feldherr werde ihn als Amphitryon anerkennen: *Glaubst du nunmehr, daß ich Amphitryon?* (*V. 2247*). Dessen erste Verse verheißen einen derartigen Erfolg für den Gott. Die Schlußzeile biegt alles Gesagte nachträglich um in das Subjektivitätsargument, das Alkmenes subjektive Reinheit bestätigt, damit aber den objektiven Irrtum offenläßt und hier deutlich voraussetzt. Amphitryon verzichtet also in letzter, überraschender Wendung gerade nicht auf seine Identität, und er hatte das ja nie getan: Jupiter erreicht nicht, was er erreichen wollte. Daher ist es ein Schlag ins Wasser, wenn er *V. 2291* Amphitryons Identität bestätigt. Auf die Gegenfrage, wer er sei, antwortet er *V. 2293–2300* mit dem Pantheismusargument: Jupiter ist alles, also auch Amphitryon. Bedenkt man indessen seine Eifersucht auf Amphitryon; sein Auftreten bei Alkmene, während jener im Felde ist; weiter seine hier ausdrücklich vorgenommene Identifizierung mit einer Figur wie dem miles gloriosus Argatiphontidas (Merkur, Sosias, Charis und Alkmene wären selbstverständlich einzuschließen), vor allem aber das so lange bemühte Argument der sittlich unschuldigen Subjektivität Alkmenes – so nimmt sich die Vorstellung unglaubwürdig und höchst lächerlich aus. Kleist dürfte hier Ähnliches andeuten, wie GEORG BÜCHNER, wenn er den oben S. 45 erwähnten Thomas Paine in *Dantons Tod*, III, 1, aussprechen läßt:

> „dann ist Gott in allem, in Ihnen, Wertester, im Philosoph Anaxagoras und in mir. Das wäre so übel nicht, aber Sie müssen mir zugestehen, daß es gerade nicht viel um die himmlische Majestät ist, wenn der liebe Herrgott in jedem von uns Zahnweh kriegen, den Tripper haben, lebendig begraben werden oder wenigstens die sehr unangenehme Vorstellung davon haben kann."

Nach Gadamer (349) dagegen spiegelt jene Stelle tatsächlich „die Aufhebung aller partikularen Icherfahrung, die sich im Anhauch des Göttlichen ergibt."

V. 2303 f. Entsetzlich! Alkmenes Schreckensruf kann bedeuten Entsetzen über das Rätselhafte des Mannes, der sich selbst als den Betrüger und sie als die wiederholt Betrogene entlarvte, aber auch entsetzensvolle Ahnung, daß es der Gott ist. Sie stieß denselben Ruf *V. 1467* aus, als sie vertraut gemacht wurde mit der Vorstellung von der Allgegenwart und vom rächenden Besuch des Gottes. Jupiter hatte damals den entschieden ablehnenden Sinn des Ausrufs begriffen und die Fürstin zu beschwichtigen gesucht. Jetzt gibt es für ihn kein Zurück. Es bleibt ihm nur die Flucht nach vorn, ein letzter, geradezu verzweifelter Frontalangriff: er stellt Alkmene ein letztes Mal vor die Alternative „Jupiter-Amphitryon".

Die Verse *2304–2308* sind der letzte, alles entscheidende Wortwechsel. *Meinst du, dir sei Amphitryon erschienen?* Jupiter stellt die Frage schwerlich in Erwartung eines „Ja" oder eines „Ja, du, der Gott, in meinem Amphitryon"; vielmehr erwartet er offenbar ein „Nein, nicht Amphitryon, sondern du, der Gott". Das *Meinst du* dürfte bedeuten: „Du meinst doch nicht etwa . . .?" während das *Glaubst du* der analogen Frage *V. 2274* hieß: „Du glaubst doch hoffentlich . . .?" Die Frage ist also eine Erneuerung der Alternativen, die Jupiter in *II, 5* aufstellte – und eine erneute Widerlegung des soeben nochmals vorgetragenen Pantheismus- und Identitätsarguments. Alkmenes Antwort ist der letzte ihrer Versuche, der Wahrheit auszuweichen (es sei denn, man zählte hierzu ihre Ohnmacht). Sie will verharren in der Annahme – von der sie weiß, daß sie nicht zutrifft –, in jener Nacht habe Amphitryon sie besucht.

Der feierliche Ausdruck *Dein Licht* könnte die zu *V. 2303* gegebene Vermutung bestätigen, daß sie ahnt, sie hat es mit dem Gott zu tun. In diesem Falle könnte man sagen, sie kleide ihre negative Antwort in eine angemessen demütige Form oder vermeide wenigstens eine verletzende Offenheit. Man könnte wohl auch meinen, sie drücke hier die Unerträglichkeit und Unbegreiflichkeit des Göttlichen für den Menschen aus. Jupiter läßt das aber nicht gelten. Er ist enttäuscht über die Zurückweisung – denn um eine solche handelt es sich in jedem früheren Fall und nun erneut; Alkmene hat ihr hypothetisch-theoretisches „Nein" von II, 5 auf praktisch-konkreter Ebene affirmativ wiederholt und damit bekräftigt – endgültig, wie die zwei *ewig* in ihrer Antwort beteuern und das *ewig* in Jupiters Erwiderung niedergeschlagen bekräftigt.

> O Fluch der Seligkeit, die du mir schenktest,
> Müßt ich dir ewig nicht vorhanden sein.

Man kann die beiden Zeilen freilich in verschiedener Weise lesen. Dank dem einleitenden *O Fluch* ist das ganze Satzgefüge ein Ausruf. Das Fehlen eines Ausrufezeichens ist kein Gegenargument (vgl. unten Ryan). Auch die vorhergehenden Befehlssätze (ALKMENE *Laß* . . .; AMPHITRYON . . . *laßt uns* . . .) haben keins. Manche Ausgaben und, ihnen folgend, manche Interpreten geben Jupiters Worte daher mit Ausrufezeichen wieder. Mit Sicherheit läßt sich allerdings nur der erste Teil des Satzes als Ausruf festlegen. Der zweite kann zwar ebenfalls ein selbständiger Ausruf sein, andererseits aber auch ein Bedingungssatz. Damit ergeben sich zwei Lesemöglichkeiten und zu jeder eine weitere Variation, je nachdem, ob man das *ewig nicht* versteht als „wäre ich nur nicht ewig vorhanden" oder „wäre ich nur ewig nicht vorhanden, unvorhanden". Also:

1. „O Fluch der Seligkeit, die du mir schenktest!
   O müßte ich dir nur nicht ewig vorhanden sein!"
2. „O Fluch . . .! O dürfte ich dir ewig unvorhanden sein!"
3. „O verflucht sein sollte die Seligkeit . . .,
   müßte ich dir nur nicht ewig vorhanden bleiben (leider)."
4. „O Fluch der Seligkeit, . . . wenn die Wahrheit dir die Seele ewig verdunkelt und ich dir deshalb ewig unvorhanden bleiben muß."

Vermutlich wird Letzteres nicht geschehen: *V. 2346 Sie wird dir bleiben* und den Herkules zur Welt bringen, vermutlich also auch mit der Wahrheit leben. Doch wer weiß? Es wäre nicht die erste Voraussage des Allwissenden, die sich nicht erfüllte. Darum aber geht es jetzt nicht. Alle Lesungen der zweiten Zeile (außer 3) nennen Möglichkeiten, die sich vermutlich nicht erfüllen werden. Die Hauptsache ist aber, wie Jupiter jetzt reagiert auf Alkmenes ‚Nein'. Version 4 besagt: Alkmene könnte in Umnachtung sinken aus Entsetzen über seine Untat. Wohl allein das kann mit *dein Licht* höflich umschrieben sein; denn müßte Alkmene überhaupt vergehen vor dem Gott, wie sie es früher sagte, dann müßte er das wissen; doch er rechnet nicht damit. Er rechnet mit der katastrophalen Wirkung seiner Tat, und er bereut. Die übrigen Versionen besagen nichts wesentlich anderes. Zufolge 1 und 2 spräche Jupiter gleichfalls den Fluch aus; zufolge 3 spräche er ihn auch am liebsten aus, er unterdrückt ihn nur. Daß er nicht tun kann, was er am liebsten tun möchte, zeigte die komische Beschränktheit seiner Allmacht gerade hier, in Version 3. In allen 4 Fällen aber will der Gott die empfangene Seligkeit verfluchen und damit die ganze Affäre am liebsten ungeschehen machen, weil er seine endgültige Abweisung und also Niederlage einsieht. Das vor allem ist im Hinblick auf seine aufwendigen Anstrengungen komisch. In allen vier Fällen macht er − analog zu Alkmenes endgültig bekräftigendem ‚Nein' — den unterdrückten Fluch *V. 1512 Verflucht der Wahn, der mich hiehergelockt!* tatsächlich und endgültig wahr. Hierin liegt das Resultat des Lustspiels. Und es ist kaum wichtig, für welche der vier Lesarten man sich entscheidet.

Im Widerspruch hierzu wählt Ryan (98 f.) ausschließlich die Version 3, ohne ihre negative und für Jupiter kompromittierend lächerliche Sinnrichtung zu gewahren — freilich ohne überhaupt mit der Logik der schwierigen Passage fertigzuwerden: „. . . unmittelbar vor seiner Selbstenthüllung will Jupiter sich des Einverständnisses der Alkmene noch einmal vergewissern, sie noch ein letztes Mal auf die Probe stellen. Auf die Frage, ob sie meine, daß Amphitryon ihr erschienen sei, bittet sie eindringlich darum, *in dem Irrtum* belassen zu werden, das heißt: in dem *Irrtum*, daß Amphitryon sie besucht habe. Wenn es nur der Gott und nicht auch Amphitryon gewesen wäre, wäre sie innerlich vernichtet, würde das *Licht* des Gottes ihr ewig die Seele umnachten. Daß sie mit dem Gott spricht, scheint sie zu ahnen, ohne es völlig zu begreifen, aber da nun ein zweiter Amphitryon vor ihr steht, müßten ihr Zweifel kommen, müßte [ihr] das Vorangegangene — [der] Einblick in das Mysterium der gottmenschlichen Identität — fraglich, als *Irrtum* erscheinen. An diesem *Irrtum*, wenn es ein Irrtum sein soll, muß sie fortan festhalten, aber der Sinn ihrer Bitte ist doch wohl der, daß es doch kein Irrtum sein möge — denn die Bitte, zur Not ewig in dem Irrtum zu bleiben, läßt ihren Wunsch durchblicken, es möge ihr auf jeden Fall (auch als *Irrtum*) das schon Gewährte erhalten bleiben. Sie möchte des göttlichen *Lichts* und gleichzeitig der Gegenwart Amphitryons noch teilhaftig werden. Daraufhin mahnt sie Jupiter ein letztes Mal daran, daß die *Seligkeit*, die sie ihm geschenkt hat, keinen Sinn hätte, ja seinem *Fluch* verfallen müßte, wenn sie im alltäglichen Liebesleben aufginge und bald wieder der Vergessenheit anheimfiele, wenn demnach in Amphitryon Jupiter selbst nicht etwa *ewig* [. . .] *vorhanden* wäre." „Von zwei Seiten — vom Vorhandensein des Amphitryon in Jupiter her (also aus der Sicht Alkmenes) wie vom Vorhandensein des Jupiter in Amphitryon her (also aus der Sicht Jupiters) wird demnach das Einverständnis Jupiters und Alkmenes noch einmal geprüft und bei aller Unsicherheit, die sich aus seiner Offenheit für die Zukunft ergibt, auch bestätigt.

Wenn nun Wittkowski die Antwort Jupiters anders versteht, nämlich dahin, daß dieser hiermit ‚die Hoffnung auf eine Sinnesänderung Alkmenes aufgibt, endgültig', so krankt seine Auslegung an einem sprachlichen Mißverständnis, das ihn dazu verführt, den Satz Jupiters fast in sein Gegenteil zu verkehren. Der Satz: *Müßt ich dir ewig nicht vorhanden sein* ist selbstverständlich nicht anders denn als Bedingungssatz zu lesen, nicht als selbständiger Wunschsatz. Dies ergibt sich schon aus Satzbau und Interpunktion (ein Ausrufungszeichen würde man sonst am Ende der beiden Verse — oder zumindest einen Punkt nach dem ersten Vers — erwarten, wenn sie als selbständige Wunschsätze aufzufassen wären; gerade mit dem Ausrufungszeichen geht Kleist etwa in den unmittelbar folgenden Versen nicht spärlich um), aber auch aus der Schwierigkeit, dem zweiten vermeintlichen Wunschsatz noch einen vertretbaren Sinn abzugewinnen. Der Satz ist demnach so zu lesen: die Jupiter von Alkmene geschenkte Seligkeit würde seinem Fluch verfallen, wenn er ihr nicht mit Sicherheit ewig vorhanden wäre. Der Fluch wird also gar nicht ausgesprochen (vom Eingeständnis einer Niederlage kann auch hier nicht die Rede sein); der Wunsch, ein peinliches Erlebnis nach Möglichkeit rückgängig zu machen, es aus der Welt zu schaffen, kommt Jupiter überhaupt nicht in den Sinn."

Dagegen wiederum Arntzen (243): „Der Jupiter, von dem sie den ewigen *Irrtum* erbittet, antwortet enigmatisch [rätselhaft, geheimnisvoll] genug: *O Fluch* [usw.] Das äußerste Glück zeigt dem Fluch als dem Ausdruck äußersten Elends sich benachbart, und *ewig* tönt als Echo auf das traurige zweifache der Alkmene."

V. 2312. Alkmene sinkt mit dem Ruf *Schützt mich, ihr Himmlischen!* in Ohnmacht. Den gleichen Ruf stößt *Käthchen* (*V. 2800*), ebenfalls in Ohnmacht sinkend, aus, als ihr größter Wunsch erfüllt wird: als der Graf sie fragt, ob sie ihn will. Im Zusammenhang unseres Textes ist er dagegen wie in vielen ähnlichen Fällen ein Entsetzensruf, eine konventionelle Formel, die die Sprecherin und den Gott ironisiert; denn Alkmene ruft ja dieselben *Himmlischen* um Schutz an, von denen sie in eine schutzbedürftige Situation gebracht wurde. Es geht in Erfüllung, wogegen sie sich II, 5 und soeben wiederum mit aller Kraft gesträubt hat:

Der Gott offenbart sich und bestätigt damit unwiderleglich, daß sie einem Verbrechen — s e i n e m Verbrechen zum Opfer fiel. Nichts liegt ihr ferner, als ihm nachzutrauern. Jupiter bezeugte eben, daß er mit keiner Änderung mehr rechnet. Und er neigt doch eher dazu, die Dinge zu seinen Gunsten auszulegen.

V. 2312—2315. Amphitryons formelhafte Huldigung — er kommandiert *In Staub*, bleibt aber selber stehen, als einziger — bereitet die Demonstration seiner hochgradigen Selbständigkeit dem Gott gegenüber vor. Vgl. Emrich oben S. 90f.

Jupiters Rede *V. 2316—2329 entspricht* „sinngemäß derjenigen bei MOLIÈRE, wo der Kernsatz lautet: *Un partage avec Jupiter n'a rien qui deshonore*" (Th. Mann 53). Jupiter spricht im Tone des großen Herrn, des Gottes, der in der Affäre durchaus keinen höheren Zweck durchsetzen wollte, sondern *Zufriedenheit* im Sich-Gefallen, im Genusse suchte. Ursprünglich mag das der Fall gewesen sein (vgl. *V. 101—104*).

Im Laufe des Geschehens aber setzte Jupiter mehr aufs Spiel: Gewinn oder Nichtgewinn von Alkmenes Liebe, damit zugleich Billigung oder Nichtbilligung seines Tuns, Anerkennung oder Nichtanerkennung seiner göttlichen Privilegien von seiten Alkmenes und ihres Ethos. Er hat dabei verloren und spricht deshalb jetzt nicht davon. Er zieht sich stattdessen zurück auf sein selbstverständliches, offiziell anerkanntes Vorrecht, die menschlichen Gesetze und Kategorien zu ignorieren. Frivol wirkt das nur, wo man diese Gesetze und Kategorien als verbindlich ansieht, also vom Standpunkt Alkmenes, den auch der Zuschauer kennenlernte. Die Verse *2319f.* implizieren, Jupiters Übergriff sei eine Ehre, ein Triumph für den betroffenen Menschen. Bei Plautus und Molière kam das deutlicher heraus. Kleist bereitet hier schon die abermalige und krönende Beschwörung des Pantheismusarguments vor:

> *Was du, in mir, dir selbst getan, wird dir,*
> *Bei mir, dem, was ich ewig bin, nicht schaden.*

Die religiöse Auszeichnung im Sinne des religiös-gesellschaftlichen, hierarchischen Denkens wird dadurch intensiver geheiligt. Jupiter differenziert jetzt genauer: er ist zeitlich in den Dingen, und diese sind in ihm, er aber besitzt ewige Identität. Insofern könnte die Stelle besagen: Jupiter hat sich in Amphitryon selbst zum Hahnrei gemacht. Stattdessen heißt es: Amphitryon machte sich in Jupiter zum Hahnrei – und allerdings damit auch diesen selbst. Ob Jupiter ihm einen solchen Übergriff ins Göttliche verzeiht, soll bei dem Gott liegen. Das ist eine kecke Umkehrung der Tatsachen und Verantwortlichkeiten. Sie wird mit zynischer Selbstverständlichkeit in der nächsten Zeile zugegeben. Im übrigen klingt die Stelle wie eine Parodie auf Schellings pantheistische Identitätsphilosophie, derzufolge es etwas gibt, „was in Gott nicht Er selbst", sondern „was Grund seiner Existenz ist".

Die Verse werden meist anders gedeutet, vgl. Gadamer (349): „Hier scheint mir der religiöse Keimgedanke der Kleistschen Umdichtung Molières zu liegen. Bei Molière hat Jupiter, als er in seiner unsterblichen Glorie erscheint, dennoch nicht im eigenen Namen triumphieren können, und der Seigneur Jupiter weiß damit seinem Lehnsmann Amphitryon *die Pille zu versüßen*. Als Kleists Jupiter aber in seiner eigenen Glorie erscheint, gibt es darin keinen Gegensatz mehr zu dem Triumph des irdischen Mannes: [V. *2321f.*] Der Triumph des Gottes und des Gatten ist einer, weil der Sterbliche und der Göttliche, der Gatte und der Geliebte im zustimmenden Herzen der Frau einer sind."

V. *2323.* Jupiter gibt zu, Amphitryon etwas schuldig geworden zu sein. Sittliche *Schuld* wird er schwerlich meinen. Jedenfalls bedeutet V. *2327 dein Dank* (= der Dank, der dir zuteil geworden ist, die Ent-

schädigung), sittlich gesehen, eine erneute Entwürdigung Alkmenes: Jupiter zahlt für die genossene Nacht. Tut er's, um sich an ihr zu rächen?
Oder weiß er es nicht besser? Kommt er sich sogar großzügig vor? Die
Geste ist da. Ihr entspricht nicht die Reaktion Amphitryons V. 2330–
2334. Deren Selbständigkeit fällt nur deshalb nicht weiter auf, weil
Jupiter glücklicherweise die Brücke dazu baute, indem er einen Wunsch
freigab. Im übrigen bleibt Amphitryon ganz im Rahmen der mythisch-
gesellschaftlichen Vorstellungen. Die Erfüllung seines Wunsches wird
Ehre hinzufügen zu derjenigen, die Jupiter verhieß, sowie zu derjenigen,
die sein Besuch bereits bedeutet. Bei Kleist erhält „Jupiters Liebes-
werben um Alkmene erst durch Amphitryons Wunsch die mythologische Rechtfertigung" (Streller 97) – womit dem Gott komischerweise
die Chance gegeben wird, seine Niederlage in ein (schein-)religiöses
Ereignis ersten Ranges umzumodeln. Vgl. Nordmeyer (123): „Für den
Betrachter ist er [der Gott] als solcher vor Alkmene immer komisch, da
er mit dieser seiner Allmacht ihm Unmögliches versucht; schließlich muß
er (und nicht sein Gegenspieler) noch gute Miene zum bösen Spiel
machen, um wenigstens die angestammte Autorität wahren zu können."
Amphitryon bekommt einen Sohn, ebenbürtig den *Dioskuren*, den
Tyndariden Kastor und Pollux, Söhnen Jupiters und der Leda, deren
Gatte Tyndaros war (vgl. *V. 1353–1355*). Der Gottessohn Herkules
aber wird selbst zum *Gott*.

Zu *V. 2335–2344 Dir wird ein Sohn geboren werden, / Des Name
Herkules* vgl. Matthäus I, 21, wo der Engel des Herrn zu Joseph sagt:
Maria „wird einen Sohn gebären, des Namen sollst du Jesus heißen."
Die Verkündigung entspricht dem Mythos. Der Anklang an das Evange-
lium und die Gottwerdung des Menschen mögen eine religiöse Interpretation nahelegen. Vermutlich geht es indessen um den Kontrast zwischen
dieser konventionellen Vergöttlichung des Tatenvollbringers und der
schon Ereignis gewordenen, aber unscheinbar-innerlichen Vergöttlichung der sittlich unbestechlichen Alkmene – welcher Jupiter selber
mehrfach göttliche Attribute zusprach.

Vgl. dagegen oben S. 89 sowie Jancke (101): „Die im Menschen ange-
legte Differenz zwischen seiner gegebenen Wirklichkeit und seiner
vollkommenen Verwirklichung wird zur Aufgabe seiner Geschichte als
eines Prozesses der Aufhebung jener Differenz zur wahren Identität; das
Göttliche und das Menschliche vereinigen sich in dem Zwitterwesen,
dem Gottmenschen, der in den ungeheuren Taten der Geschichte die
Stufen errichtet, auf denen die Entwicklung zu seinem wahren Wesen
sich vollzieht – der Einheit Gottes."

V. 2355–2360. Sosias lehnt die besingenswürdige Götterprügel ab.
Molière brachte die Episode in der vorangehenden Szene. Bei Kleist

ergibt sie an dieser Stelle einen Kontrast zu Amphitryons Annahme des göttlichen Ehebruchs und eine Analogie zum Widerspruch Alkmenes, die soeben aus ihrer Ohnmacht erwachte und an dem groben Nachspiel ablesen und in Erinnerung rufen mag, daß soeben Jupiter verschwand. Dagegen Ryan 108, zit. oben S. 91.

V. 2362. Alkmenes *Ach!* ist vielumrätselt. JEAN PAUL, Notiz für die *Vorschule zur Ästhetik*, 1807: „Das Final-Ach in Kleists Amphitryon würde zu viel bedeuten, wenn es nicht auch vielerlei bedeutete." Käthchen ruft *Ach!* ebenfalls am Ende einer Ohnmacht, in die sie fiel, weil Graf Wetter von ihr forderte, was ihren Wünschen zutiefst zuwiderlief: sie sollte sich von ihm trennen (I, 2, Z. *692*). Man könnte meinen, Jupiter tut das gewissermaßen auch. Alkmene bat ihn aber flehentlich, ganz aus dem Spiel zu bleiben. Daß andernfalls ihr Leben umnachtet sein werde, hat sie in II, 5 und soeben noch einmal mit größtem, auch von Jupiter verstandenem Nachdruck erklärt. So kann ihr Ausruf schwerlich Glück bedeuten und ebensowenig Trauer um den entschwundenen Gott. Es muß sich darin Erleichterung über die Wiedervereinigung mit Amphitryon mischen mit Trauer über das Geschehene, das auch auf ihr Verhältnis zu Amphitryon — nach allem, was sie früher dazu gesagt und ja nicht zurückgenommen hat — tiefe Schatten wirft. Und wie erst wird sie die Nachricht aufnehmen, daß sie dem Gott einen Heroen gebären wird — und das auf Verlangen des geliebten Gatten! Amphitryon, dem die Feldherrn anders als bei Molière ohne peinlichen Vorbehalt Glück wünschen, erwartet von Alkmene ein gleichartiges Echo. Daß er es nicht erhält, womöglich dieses *Ach* aber selbst mißdeutet, wirft noch auf diese traurig-tragische Schlußzeile komisches Licht.

Literatur

Ausgaben

Heinrich von Kleist: Sämtliche Werke und Briefe. Hrsg. von Helmut Sembdner. Zweite, vermehrte und auf Grund der Erstdrucke und Handschriften völlig revidierte Auflage. München [1961] 2 Bde. Dieselbe im dtv 1964, 7 Bde.

Amphitryon. Plautus, Molière, Dryden, Kleist, Giraudoux, Kaiser. Hrsg. von Joachim Schondorff. Mit einem Vorwort von Peter Szondi. München/Wien 1964. (Danach die deutschen Zitate sowie Zitate aus „Szondi, Ausgabe").

Molière: Amphitryon. Comédie. Introduction et notes par Pierre Mélèse. Paris 1946. Textes Littéraires Français.

Amphitryon-Stoff und *Amphitryon*-Kritik

(hauptsächlich Molière und Kleist)

Adam, A.: Histoire de la littérature française au XVII siècle, tome III, 1956.

Aggeler, Jürg: Der Weg von Kleists Alkmene. Bern 1972.

Anstett, Jean Jacques: Jean Giraudoux et H. von Kleist. A propos d'*Amphitryon* 38. Modern Languages (London) 33, 1951/52, 17−22.

Arntzen, Helmut: Die ernste Komödie. Das deutsche Lustspiel von Lessing bis Kleist. München 1968, 222−245.

Ayroult, Roger: Heinrich von Kleist. Paris 1934.

Badewitz, Hans: Kleists Amphitryon. Halle 1930. Bausteine zur Geschichte der deutschen Literatur 27.

Bartels, Siegfried: Vermittlung der Gegensätze in der Dichtung Heinrich von Kleists. Bürgerliche Subjektivität im Konflikt mit höfischen Machtverhältnissen. Frankfurt 1973.

Blöcker, Günter: Heinrich von Kleist oder das absolute Ich. Berlin 1960.

Böckmann, Paul: Heinrich von Kleist. Die Großen Deutschen. 1956, Bd. 2, 362−377. Erweiterter Wiederabdruck in Heinrich v. Kleist, Aufsätze und Essays, hrsg. W. Müller-Seidel. Darmstadt 1967, 296−316.

Brahm, Otto: Heinrich von Kleist. Berlin 1884.

Braig, Friedrich: Heinrich von Kleist. München 1925.

Burgess, G. S.: Molière and the Pursuit of Criteria. Symposium 1969, 5−15.

Chapman, O. A.: The Spirit of Molière. New York 1940.

Clouser, Robin: „Sosias tritt mit einer Laterne auf": Messenger to Myth in Kleist's *Amphitryon*. Germanic Review 1975, 275−293.

Collin, Joseph von: Heinrich von Kleist, der Dichter des Todes. Euphorion 27, 1926, 69−112.

202 Literatur

Crosby, Donald H.: Once more *Amphitryon*: Lines 1564—1568. In: Crosby: Studies in the German drama. Festschrift in honors of Walter Silz. Chapel Hill 1974, 203—213.

De Leeuwe, H. H. J.: Molières und Kleists *Amphitryon*. Neophilologus 30, 1946, 174—193.

Doolittle, James: Human Nature and Institutions in Molière's Plots. Studies in 17th Century French Literature, Presented to Morris Bishop, ed. J. Demorest. Ithaka, N. Y. 1962, 153—164.

Dorr, Rüdiger: Heinrich von Kleists *Amphitryon*. Deutung und Bühnenschicksal. Oldenburg i. O. 1931.

Dyer, D. G.: *Amphitryon*: Plautus, Molière, Kleist. German Life and Letters 5, 1951/52, 191—201.

Edelmann, Ernst: Kleists *Amphitryon* und sein Verhältnis zu Molière. Neue Jahrbücher für das klassische Altertum, Geschichte und deutsche Literatur und Pädagogik 49, 1922, 310—314.

Eloesser, Arthur: Heinrich von Kleist. Berlin 1905.

Emrich, Wilhelm: Kleist und die moderne Literatur. H. v. K. Vier Reden zu seinem Gedächtnis. Berlin 1962, 9—25.

Fischer, Ernst: H. v. K. In: H. v. K., hrsg. Müller-Seidel, 459—552.

Fricke, Gerhard: Gefühl und Schicksal bei Heinrich von Kleist. Berlin 1929.

Gadamer, Hans-Georg: Der Gott des innersten Gefühls. Die Neue Rundschau 72, 1961, 340—349 (hiernach zit.). Dasselbe in G.: Kleine Schriften II, Tübingen 1947, 161—169.

Gall, Ulrich: Philosophie bei Heinrich von Kleist. Bonn 1977.

Geary, John: Heinrich von Kleist. A Study in Tragedy and Anxiety. Philadelphia 1968.

Gossmann, Lionel: Molière's *Amphitryon*. Publications of the Modern Language Association 78, 1963, 201—213.

Graham, Ilse: H. v. Kleist. Word into Flesh: A poet's Quest for the Symbol. Berlin 1977.

Gundolf, Friedrich: Heinrich von Kleist. Berlin 1922.

Guthke, Karl S.: Geschichte und Poetik der deutschen Tragikomödie. Göttingen 1961, 106—125.

Hellmann, Hanna: Kleists *Amphitryon*, Euphorion 25, 1924, 241—251.

Henkel, Arthur: Erwägungen zur Szene II, 5 in Kleists *Amphitryon*. Festschrift für Friedrich Beißner, hrsg. U. Gaier u. a. Bebenhausen 1974, 147—166.

Heselhaus, Clemens: Das Kleistsche Paradox. In: Kleists Aufsatz über das Marionettentheather. Studien und Interpretationen. Berlin 1967, 112—131.

Hohoff, Curt: Komik und Humor bei H. v. Kleist. Germanische Studien 184, Berlin 1937.

Holz, Hans Heinz: Macht und Ohnmacht der Sprache. Untersuchungen zum Sprachverständnis und Stil Heinrich von Kleists. Frankfurt a. M./Bonn 1962.

Jacobi, Hansres: Amphitryon in Frankreich und Deutschland. Diss. Zürich 1952.

Jancke, Gerhard: Zum Problem des identischen Selbst in Kleists Lustspiel *Amphitryon*. Colloquia Germanica 1969, 87—110.

Kahn, Ludwig W.: Goethes *Iphigenie*, Kleists *Amphitryon* und Kierkegaard. Monatshefte (Madison) 39, 1947, 234—236.

Kayka, Ernst: Heinrich von Kleists *Amphitryon*. Zeitschrift für vergleichende Literaturgeschichte N. F. 16, 1906, 62—78.

Keller, Marie-Luise: Die Bildlichkeit in der Tragödie Heinrich von Kleists. Maschr. Diss. Tübingen 1959.

Koch, Friedrich: Heinrich von Kleist. Stuttgart 1958.

Kohrs, Ingrid: Die romantische Ironie in Theorie und Gestaltung. Hermaea N. F. 6, 1960.

Korff, Hermann August: Geist der Goethezeit, Teil 4, Hochromantik, Leipzig 1953.

Kreutzer, Hans Joachim: Die dichterische Entwicklung Heinrichs von Kleist. Berlin 1968.

Lindberger, Örjan: The Transformation of Amphitryon. Stockholm [1956].

Lübke, Diethard: Kleists Umarbeitung von Molières *Amphitryon*. Études Germaniques 23, 1968, 358–366.

Mann, Otto: Geschichte des deutschen Dramas. Stuttgart 1960.

Mann, Thomas: *Amphitryon*. Eine Wiedereroberung. Die Neue Rundschau 39, 1928, 574–608. Wiederabdruck: M., Die Forderung des Tages, Berlin 1930 und (danach zit.) H. v. K., Aufsätze und Essays, 51–88.

Martini, Fritz: Lustspiele – und das Lustspiel. Stuttgart 1974.

McClain, William H.: Kleist and Molière as Comic Writers. Germanic Review 24, 1949, 21–33.

McGlathery, James M.: Kleist's Version of Molière's *Amphitryon*: Olympian Cuckoldry and *Uno Mystica*. Molière and the Commonwealth of Letters. Patrimony and Posterity. Ed. Roger Johnson u. a., Jackson 1975, 327–44.

Meyer-Benfey, Heinrich: Das Drama Heinrich von Kleists, Bd. 1. Göttingen 1911.

Milch, Werner: Das zweifache Ach der Alkmene. Kleine Schriften. Heidelberg/Darmstadt 1957, 156–159.

Moore, W. G.: Molière's Theory of Comedy. L'Ésprit Createur 6, 1966, 137–144.

Müller-Seidel, Walter: Versehen und Erkennen. Eine Studie über Heinrich von Kleist. Köln/Graz 1961.

Ders.: Die Vermischung des Komischen mit dem Tragischen in Kleists Lustspiel *Amphitryon*. Jahrb. d. deutschen Schillergesellschaft 5, 1961, 118–135 (danach zit.).

Muschg, Walter: Kleist. Zürich 1923.

Nordmeyer, H. W.: Kleists *Amphitryon*. Monatshefte (Madison) 38, 1946, 11–19, 165–175, 268–283, 349–359, und 39, 1947, 89–125.

Palmer, John Leslie: Molière. New York 1930.

Petersen, Julius: Kleists dramatische Kunst. Jahrbuch der Kleist-Gesellschaft 1921, 1–21.

Petriconi, H.: Molières *Amphitryon* und *Amphitryon 38* von Giraudoux. Die neueren Sprachen 39, 1931, 143–152.

Plard, Henri: „Gottes Ehebruch?" Sur l'arriere-plan religieuse de l'amphitryon de Kleist. Études Germaniques 16, 1961, 335–374.

Reinhardstoettner, Karl v.: Plautus. Spätere Bearbeitungen plautinischer Lustspiele. Leipzig 1886.

Reske, Hermann: Traum und Wirklichkeit im Werk H. v. Kleists. Stuttgart 1969.

Richardson, Frank Charles: Kleist in France. Chapel Hill 1962.

Römer, Paul: Molières *Amphitryon* und sein gesellschaftlicher Hintergrund. Bonn 1967.

Ruland, Wilhelm: Kleists *Amphitryon*. Berlin 1897.

Ryan, Lawrence: Die Marionette und das „unendliche Bewußtsein" bei Heinrich von Kleist. Kleists Aufsatz über das Marionettentheater. Studien und Interpretationen. Berlin 1967, 171–195.

Ders.: Amphitryon: doch ein Lustspielstoff! Kleist und Frankreich. Berlin 1969, 83–121 (danach zit.).

Silz, Walter: Heinrich von Kleist. Philadelphia 1961.

Schmidt, Jochen: Heinrich von Kleist. Studien zu seiner poetischen Verfahrensweise. Tübingen 1974.

Sembdner, Helmut: Kleist und Falk. Zur Entstehungsgeschichte von Kleists *Amphitryon*. Jahrbuch der deutschen Schillergesellschaft 13, 1969, 361–396.

Stahl, Ernst Leopold: Heinrich von Kleist's Dramas. Oxford 1948.

Stockum, Theodor, C. van: Kleists *Amphitryon* und Rotrous *Les Sosies*. Neophilologus 34, 1950, 157–162.

Stoeßl, Franz: Amphitryon. Wachstum und Wandlung eines poetischen Stoffes. Trivium 2, 1944, 93−117.

Streller, Siegfried: Das dramatische Werk Heinrich von Kleists. Berlin 1966.

Szarota, Elida Maria: Antikes und Modernes in Kleists Amphitryon. Kwartalnik Neofilologiczny 8, 1961, 389−410.

Szondi, Peter: Amphitryon. Kleists Lustspiel nach Molière. Euphorion 55, 1961, 249−259. Wiederabgedruckt in S., Satz und Gegensatz, Frankfurt a. M. 1964 (danach zit.) und Revue des Sciences Humaines 113, 1964, 37−49 (frz.).

Thalmann, Marianne: Das Jupiterspiel in Kleists Amphitryon. Maske und Kothurn 9, 1963, 56−67 (hiernach zit.).

Dieselbe: Provokation und Demonstration in der Komödie der Romantik. Mit Grafiken . . . zum Amphitryon-Stoff. Berlin 1974.

Vohland, Ulrich: Bürgerliche Emanzipation in Heinrich von Kleists Dramen und theoretischen Schriften. Bern 1976.

Voisine, Jacques: Trois Amphitryons Modernes: Kleist, Henzen, Giraudoux. Archives des Lettres Modernes 35, 1961.

Wagner, Albert Malte: Goethe, Kleist, Hebbel und das religiöse Problem ihrer Dichtung. Leipzig/Hamburg 1911.

Wiese, Benno von: Die deutsche Tragödie von Lessing bis Hebbel. Hamburg 1948, 5. A. 1961.

Witkop, Philipp: Heinrich von Kleist. Leipzig 1922.

Wittkowski, Wolfgang: Absolutes Gefühl und absolute Kunst in Kleists Prinz Friedrich von Homburg. Der Deutschunterricht 13, 1961, H. 2, 27−71.

Ders.: Kleists Amphitryon zwischen Molière und Giraudoux. Kleist und Frankreich. Berlin 1969, 27−82 (danach zit.).

Ders.: Skepsis, Noblesse, Ironie. Formen des Als-ob in Kleists Erdbeben. Euphorion 63, 1969, 247−283.

Ders.: Die heilige Cäcilie und Der Zweikampf. Kleists Legenden und die romantische Ironie. Colloquia Germanica 1972, 17−58.

Ders.: Molière's and Kleist's Amphitryon. Comparative Literature Studies, 1972, 109−124.

Ders.: Weltgegensatz und Weltüberwindung. Zur Dramaturgie Kleists. Deutsche Dramentheorien. Hrsg. Reinhold Grimm. Frankfurt a. M. 1971, 270−292.

Ders.: Die Verschleierung der Wahrheit in und über Kleists Amphitryon. Zur dialektischen Aufhebung eines Lustspiels oder über den neuen mystischen Amphitryon und dergleichen Zeichen der Zeit (Goethe, Tagebuch 15. Juli 1807). In: Wahrheit und Sprache. Festschrift für Bert Nagel. Göppingen 1972, 151−170.

Ders.: Amphitryon: Die Kunst, Autoritätskritik durch Komödie zu verschleiern. Siehe McGlathery, 475−498.

Register

Dichter, Kritiker, Briefpartner
ohne die Nennungen von Plautus und Molière im Kommentar

Heine 7, 15, 67f.
Heiß, R. 100
Henkel 86, 89, 160f., 164, 182
Henzen, W. 48
Hesiod 14, 26, 49
Hölderlin 9, 15, 19
Hohoff 127
Hugo 7

Iser, W. 3, 13

Jacobi 45
Jancke, G. 82f., 92, 95, 98, 100, 104, 114, 122, 134, 143, 156, 158, 187, 189, 198
Jauß 3–14, 17, 100
Jens, H. 173

Kafka 90
Kahn, L. 22
Kaiser, G. 8
Kant 12, 17, 22–25, 82, 85, 108
Kayser, G. 49f.
Kierkegaard 15, 17, 22f., 100
Kirchbach, W. 105
Kleist, Marie v. 53
Kleist, Ulrike v. 53
Klingemann 57
Knutsen, H. C. 31
Körner, C. G. 53
Korff 143, 184
Krug 68, 82
Kunze, M. 9

Lenz, J. M. R. 7, 93
Lessing 45, 61
Lilienstern, R. v. 53, 153f.
Ludwig XIV. 32–34, 66, 69
Ludwig XVI. 67

Mandelkow 3
Mann, O. 143
Mann, Th. 78, 82, 86, 92, 95, 99, 114, 124, 129–131, 134f., 141, 143, 155, 164, 166, 169, 181, 196
Martini, F. 92
Marx 3, 15, 100
Mauthner, F. 73
McGlathery 162
Mendelssohn, M. 45
Meyer-Benfey 73f., 98
Milch, W. 126, 183
Mohrenheim 59

Molière 12–14, 27, 30–42, 44, 46–61, 65–82, 85–87, 91, 93, 95f., 101
Montespan 33
Moore, W. G. 35
Morel, J. 31
Müller, A. 16, 23, 53–56, 59–64, 82, 93, 101, 108
Müller-Seidel 13, 82, 92, 98, 120, 131, 150, 157, 171, 184

Napoleon 17, 62, 67, 108
Nelson, R. J. 31
Nordmeyer 87, 89, 130, 141–143, 164, 187, 198

Paine, T. 45, 192
Palmer, J. 33
Pannenberg, W. 3
Pardo, A. 30, 45
Pascal 35
Peterich, E. 50, 84
Paul, J. 199
Paulus 68
Plard 87
Platon 64
Plautus 14, 27–29, 49, 53, 57, 59, 70, 72, 76, 87, 95

Racine 6, 8f., 11, 60f., 65, 68f.
Regnard 61
Reinhard 60
Richardson, F. C. 61
Riemer 59
Rotrou 31f., 38, 40, 44, 113, 134
Rousseau 77
Ryan 13, 82f., 59, 91–93, 95, 98f., 114, 120, 122f., 131, 143f., 146, 151, 154, 158–160, 164, 166, 172, 187, 190, 194–196, 199

Schelling 15, 17, 22, 73, 100, 197
Schiller 9, 12f., 47, 55, 61
Schlegel, A. W. 32, 55, 61, 65–67, 118
Schlegel, F. 108
Schmidt, H. J. 82, 87f., 98, 136, 172
Schmidt, S. J. 9f.
Scott, W. 44
Segal 27
Sembdner 46f.
Shakespeare 31, 56, 65, 75f., 78, 93, 129
Silva, da 44f.
Silz 87, 116, 144, 161, 187

Snell, B. 26
Sophokles 27, 65
Spinoza 45
Stahl, E. L. 161
Staiger 9
Stendhal 7
Streller 131, 147, 164, 169, 186, 187, 198
Szondi 32, 35 f., 82, 104, 115, 121, 124, 158, 176, 185

Tacitus 67
Terenz 70
Thalmann 82, 126, 187
Tiberius 67
Tieck 72

Timoneda, J. 30
Toussaint 55

Unzer 61

Vitalis von Blois 29
Vohland 187
Voltaire 61, 76

Wagner, A. M. 141, 149, 180
Warning, R. 23
Wegscheider 68
Wieland 23, 53
Wiese, B. v. 99 f., 189
Witkop 82

Young, K. 44

Walter de Gruyter
Berlin · New York

Ilse Graham

Heinrich von Kleist

Word into Flesh: A Poet's Quest for the Symbol

1977. Large-octavo. XII, 296 pages. Cloth DM 68,–
ISBN 3 11 007165 7

Klaus Kanzog

Edition und Engagement

150 Jahre Editionsgeschichte der Werke und Briefe
Heinrich von Kleists

Band 1:
Darstellung
Groß-Oktav. ca. 320 Seiten. 1978. Ganzleinen ca. DM 98,–
ISBN 3 11 005978 9

Band 2:
Editorisches und dokumentarisches Material
Groß-Oktav. ca. 270 Seiten. 1978. Ganzleinen ca. DM 128,–
ISBN 3 11 005979 7

(Quellen und Forschungen zur Sprach- und Kulturgeschichte
der germanischen Völker, Band N. F. 74 u. 75)

Wolfgang Wittkowski

Der junge Hebbel

Zur Entstehung und zum Wesen der Tragödie Hebbels·
Groß-Oktav. XII, 309 Seiten. 1969. Ganzleinen DM 98,–
ISBN 3 11 000221 3

(Quellen und Forschungen zur Sprach- und Kulturgeschichte
der germanischen Völker N. F. 29/153)

Preisänderungen vorbehalten